吴晗
(1909—1969)

曾任北京市人民政府副市长
民盟中央副主席、民盟北京市委主委

吴晗年谱

【外事篇】

习之 编著

群言出版社
Qunyan Press
·北京·

图书在版编目（CIP）数据

吴晗年谱 . 外事篇 / 习之编著 .— 北京：群言出版社，
2013.11
（民盟历史文献）
ISBN 978-7-80256-502-9

Ⅰ. ①吴… Ⅱ. ①习… Ⅲ. ①吴晗（1909 ~ 1969）—
年谱 Ⅳ. ① K825.81

中国版本图书馆 CIP 数据核字（2013）第 244364 号

出 版 人　范　芳
责任编辑　张天放
封面设计　群言艺术设计中心·胡蔓青

出版发行　群言出版社（Qunyan Press）
地　　址　北京市东城区东厂胡同北巷 1 号（100006）
网　　站　www.qypublish.com
电子信箱　qunyancbs@126.com
总 编 办　010-65265404　65138815
发 行 部　010-65263345　65220236
经　　销　全国新华书店
读者服务　010-65262436　65276609
法律顾问　北京市君泰律师事务所

印　　刷　北京画中画印刷有限公司
版　　次　2014 年 1 月第 1 版　2014 年 1 月第 1 次印刷
开　　本　880 × 1230　　1/32
印　　张　15.5
字　　数　320 千字
书　　号　ISBN 978-7-80256-502-9
定　　价　50.00 元

前　言

中国民主同盟成立于1941年3月，正值抗日民族统一战线遭到国民党独裁统治破坏的危难之际。民盟以贯彻抗日主张、实践民主精神、尊重思想自由、提倡依法治国为政治纲领。民盟凝聚了当时绝大多数进步知识分子和社会精英，可谓群贤毕集。在不同的历史时期，黄炎培、张澜、沈钧儒、杨明轩、闻一多、李公朴、梁漱溟、史良、胡愈之、楚图南、吴晗、费孝通……这些民盟前辈精英们纵横捭阖、开阔放达，本着知识分子的人文良知和社会责任"奔走国是"，在政治、经济、军事、外交、教育、社会等领域都提出了明确的纲领和主张，将平等、民主、自由的思想播撒在中国的土地上。

在那苍黄翻覆、陵谷变迁的大时代，在那风云变幻、波澜壮阔的动荡岁月里，历史的浪潮将中国民主同盟，将有志于民族振兴的贤良才俊推上了风口浪尖，他们在改变中国命运的同时，也改变了自己的人生轨迹。他们为历史的进程，为国家富强、民族振兴和民主政治的进步做出了卓越的贡献；他们将自己的荣辱与民族存亡紧紧地联系在一起，为中国的民主、繁荣奋斗了一生，为后人留下了许多宝贵的精神财富；他们关于新民主主义社会的探索，至今仍具有巨大的影响和现实意义。

在和平盛世的今天，为了保存这珍贵的历史财富，为了让后人记住先辈们的独立之精神、自由之思想以及他们为国为民、励精图治的奋斗事迹，我们通过多年的精心准备和积累，出版了《民盟历史文献》丛书，这不仅仅是追忆往昔、缅怀先贤，也不仅仅是为了从学术研究的角度去厘清历史、臧否人物，更重要的是：通过回顾那段曲折的历史，传承民盟与中国共产党肝胆相照、荣辱与共的真挚感情；纪念民盟先贤为新中国做出的巨大贡献；呈现近现代中国社会的嬗变和进步知识分子的爱国情怀；同时也是为了民盟薪火相传、与时俱进的需要；为了让那些隽永传奇的人物和可歌可泣的历史再现后人的眼前。

路漫漫其修远兮，吾将上下而求索。《民盟历史文献》丛书的出版，是对先贤们多党合作历史的尊崇和传承。

《民盟历史文献》编委会

序　言

吴晗老师不仅是我国著名的历史学家，明史研究专家，而且是一位外事活动家。

兹有刁之先生，阅读了大量图书资料，包括数百本图书、数千本期刊、数万份档案、数十万张报纸以及网上几乎所有有关吴晗的条目，编出了《吴晗年谱·外事篇》专著。

这是难能可贵的行为。我在吴晗的教导下长达数十年，还没有见过这么丰富的材料，所以非常乐意地为之写作此序言。

张友仁①

2013年7月25日

于北京大学

---

① 张友仁，北京历史学会吴晗研究分会副理事长、北京大学经济学院教授、博士生导师、北京政治经济学学会会长、北京经济学总会理事、西南联合大学校友会副会长、暨南大学校友会顾问。1943年就读于西南联大时曾为吴晗的学生。他平生热爱摄影，在学习、教学和研究工作之余，拍摄了大量照片，其中有不少照片既反映了重大的历史事件，其中包括了很多吴晗、闻一多先生的照片，具有极为重要的史料价值。

自　序

吴晗是我国当代著名的历史学家，杰出的明史研究专家，是一位在学术界和知识界被广为认可的学者。但如果说吴晗还是一位勤劳的、卓越的外事活动家，恐怕了解这方面情况并且能接受这个结论的人就寥寥无几了。

实际上，这也是一个不争的事实！

之所以吴晗在外事活动方面的工作情况和成绩不为人熟知，是由于迄今为止还没有人作过系统的研究和介绍。

为了填补这一方面史料的空白，让广大读者更加全面的了解吴晗，更加准确的把握吴晗在中国当代史上的地位和作用，笔者编纂了《吴晗年谱·外事篇》一书，对吴晗勤劳的、卓越的外事活动做了较为全面的、系统的、详细的介绍。

吴晗是一个勤劳的外事活动家

说吴晗是一个勤劳的外事活动家，不是凭空臆想的下结论，而是建立在以下这些翔实的事实与数据之上的结论：

据不完全统计，自1949年12月9日宣誓就任北京市副市长到1965年11月19日最后一次出席外事活动为止，在这近16年的时间里①，吴晗共从事各类外事活动近千次。这是一个令职业外交家也将咋舌的数字！

吴晗因担任北京市副市长这个“天子脚下”的特殊的政府官员职务，经常需要负责和陪同国家领导人对外宾的迎来送往、接见会谈等工作，外事活动十分频繁，据不完全统计，在这近16年的时间里，吴晗承担的这类活动就高达近700次、占吴晗从事外事活动件次总数的近70%。

据不完全统计，在这近16年的时间里，吴晗先后出国访问的国家就有12个之多，有的国家还出访过两次以上。

在这近16年的时间里，吴晗经常是一整天都是忙于外事活动；

在这近16年的时间里，吴晗经常是连续几天都有外事活动；

在这近16年的时间里，吴晗有时在同一时间段内要参加二起外事活动；

---

① 吴晗任北京市副市长职务应该算至1966年3月2日北京市委为了保护吴晗，根据周恩来总理的指示，由副市长万里出面，让吴晗到昌平县大东流公社参加“四清”那天止，或算至1968年4月15日吴晗被正式被捕入狱那天止。但实际上1965年11月19日，是我们现在可查到的资料中，吴晗最后一次从事外事活动的记录。因此，我说是近16年的时间。

在这近16年的时间里，吴晗在一个月中最多的有半个月左右的工作日需要从事外事活动；

……

上面这些数据的罗列和分析均可在本书内一一找到答案，所以说吴晗是一个勤劳的外事活动家，应该是实至名归、当之无愧的了吧！

吴晗是一个卓越的外事活动家

说吴晗是一个卓越的外事活动家，也是有十分翔实的事实与数据说话的：

据不完全统计，在这近十六年的时间里，吴晗先后担任的涉外活动职务就有30个之多；吴晗还经常在报纸、杂志上发表一些涉及外事活动的文章；吴晗还经常在一些人民团体和社会组织作有关涉外活动的演讲、报告；吴晗有时还参与一些涉外工作宣言的签名活动、在广播电台发表涉外工作的广播讲话和为出版物撰写涉外工作的《编者的话》等……

基于上述的数据，我所作的有关“吴晗是一个勤劳的、卓越的外事活动家”的这一结论，应该是能够被学术界、知识界和广大读者所认可的了。

以上这些数据以及更为详实的历史材料都出自于，由我编撰、群言出版社出版的《吴晗年谱·外事篇》一书之中。对吴晗先生的史料感兴趣的有关研究人员和广大的读者，可以抽点时间看看这本书。

在这里，我要衷心地感谢群言出版社的责任编辑张天放先生，他为本书的出版做了不少艰辛的努力。

还要衷心地感谢北京历史学会吴晗研究分会副秘书长张丽娜女士，她也为本书的出版作了不少有益的工作。

还要衷心地感谢九十高龄的北京大学的老教授、吴晗的学生张友仁老先生为本书题写序言，使得本书为之增色、蓬荜生辉。

习　之

2013年7月18日　于北京定慧寺东

目　录

一九四九年

7月16日下午　吴晗出席中苏友好协会发起人大会。吴晗是698名中苏友好协会发起人之一。①

[按：下午3点半，中苏友好协会发起人大会在北平中南海怀仁堂隆重举行。发起人有698名，他们中主要有：宋庆龄、刘少奇、周恩来、郭沫若、丁玲、丁一林、千家驹、尹达、王冶秋、王昆仑、巴金、史良、田汉、白杨、向达、成仿吾、光未然、艾青、艾思奇、吕振羽、吴晗、沈钧儒、沙可夫、杜任之、李文宜、李何林、李伯钊、李烛尘、邵循正、竺可桢、周扬、周新民、金岳霖、林枫、尚钺、茅盾、洪深、胡绳、胡乔木、胡愈之、范文澜、俞平伯、侯外庐、马寅初、马叙伦、宦乡、夏衍、徐冰、浦熙修、陈垣、陈郁、陈毅、陈白尘、陈克寒、陈家康、翁独健、容肇祖、习仲勋、康克清、章乃器、章伯钧、陆定一、梁思成、张澜、张友渔、张奚若、区棠亮、贺龙、曾昭抡、彭真、彭泽民、黄炎培、冯文彬、焦菊隐、汤用彤、费青、费孝通、楚图南、闻家驷、雷洁琼、董必武、杨述、杨献珍、叶企荪、叶圣陶、叶剑

① 本条引自1949年7月17日《人民日报》第二版。

英、廖沫沙、廖承志、邓拓、邓小平、邓颖超、刘清扬、郑天挺、郑振铎、蒋南翔、齐燕铭、翦伯赞、谢邦定、钱俊瑞、钱端升、钱伟长、蔡若虹、欧阳予倩、薛成业、薄一波、萨空了、聂荣臻、罗常培、罗隆基、罗瑞卿、严济慈、严镜清等。]

7月17日 《人民日报》公布了81人的中苏友好协会筹委会名单。吴晗为委员。[①]

[按:这81人主要是:宋庆龄、刘少奇、周恩来、郭沫若、林伯渠、董必武、吴玉章、何香凝、李济深、谭平山、沈钧儒、张澜、黄炎培、马叙伦、陈云、陆定一、徐特立、薄一波、聂荣臻、彭真、叶剑英、章伯钧、彭泽民、、蔡畅、李德全、陈伯达、罗瑞卿、史良、马寅初、廖承志、邵力子、张治中、王昆仑、章乃器、周建人、冯文彬、胡乔木、张奚若、李达、周扬、丁一林、梁希、茅盾、钱俊瑞、陈家康、周新民、夏衍、王之相、王炳南、田汉、洪深、沈志远、侯外庐、翦伯赞、宦乡、曹禺、谢邦定。]

7月21日下午 吴晗出席欢送参加世界民主青年第二次代表大会及国际青年节[②]的中国民主青年代表团会议。[③]

[按:下午5点,中国新民主主义青年团中央委员会为欢

---

① 本条引自1949年7月17日《人民日报》第一版。

② 9月4日是当时的国际青年节。1949年8月14日至28日,三十五届国际青年节庆祝活动在匈京布达佩斯举行(因9月4日要举行世界民主青年第二次代表大会)。萧华、韩天石率领的中国民主青年代表团参加。

③ 本条引自1949年7月22日《人民日报》第一版。

送出席世界民主青年第二次代表大会及国际青年节的中国民主青年代表团在御河桥二号举行欢送会。来宾有周恩来、李立三、薄一波、张友渔、徐冰、萧明、张秀岩，张晓梅、许立群、杨伯箴等。冯文彬、吴晗、钱三强、谢邦定、肖华等先后在欢送会上讲话。吴晗在讲话中指出，代表团这次出国，是代表以共产党为领导的新民主主义的中国，必会被全世界民主青年所热烈欢迎，因此，代表团每个团员要注意个人的言语行动。]

[按：世界民主青年第二次代表大会　1949 年 9 月 2 日至 8 日，世界民主青年第二次代表大会在匈牙利首都布达佩斯召开。60 多个国家 600 余名代表与会，以萧华为团长的中国青年代表团参加了大会。大会一致通过 11 月 10 日为世界青年日，2 月 21 日为与殖民地青年团结日。会议选举了世界青年领导机构，廖承志当选为副主席。此外，廖承志、冯文彬、萧华、韩天石、陈家康、钱三强 6 人当选为世界青年理事会理事。]

8 月 14 日晚　吴晗出席中苏友好协会北平市分会第一次筹备会议并当选为常委。①

[按：晚 7 点，中苏友好协会北平分会第一次筹备会议在中山公园中山堂举行，会议推选彭真、赵振声、张友渔、余心清、吴晗、韩卓儒、张奚若、许德珩、钱端升、樊弘、梁思成、萧明、柴泽民、许立群、张晓梅、萧松、薛成业、古奇踪、贺绿

① 本条引自 1949 年 8 月 15 日《人民日报》第一版。

汀、孙孚凌、诸福棠、刘一峰、马立槐等二十三人为常务委员，推选古奇踪、吴晗、余心清、李公侠、马思聪、梁思成、徐悲鸿、浦洁修、柴泽民、严济慈等105人为委员，并推选萧松为秘书长，即日起开始进行筹备工作。]

9月6日　吴晗等全国民青常委就世界民青第二次代表大会发表谈话。[1]

[按：中华全国民主青年联合总会在北平的各位常务委员就9月2日在匈牙利开幕的世界民主青年第二次代表大会对媒体发表谈话。]

9月7日　《人民日报》发表了吴晗等就九月二日在匈牙利开幕的世界民主青年第二次代表大会发表的谈话。[2]

[按：《人民日报》第四版报道：中华全国民主青年联合总会在平各常务委员顷一致认为这一次包括近80个国家的青年大会，进一步表现了世界民主青年的大团结。全中国的青年，应以坚强的信心和无限欢欣的心情来庆祝这次大会，支持大会的召开和拥护大会的决议。发表谈话的有钱三强、吴晗、萨空了、沈体兰、李伯球、刘善本等。吴晗在谈话中说："这样规模广大而具有历史意义的盛会，我们衷心庆祝它的成功；并且深信全世界民主青年的坚强团结，必然

---

① 本条引自1949年9月7日《人民日报》第四版。

② 本条引自1949年9月7日《人民日报》第四版。

能够保证大会任务的胜利完成。庆祝和保证的根据是：第一、以苏联为首的民主和平阵营的强大和巩固，全世界爱好民主和平的人民都‘一边倒’，倒在这一边了。战争贩子们完全孤立。第二、由于中国伟大的人民解放战争已经达到了基本胜利的阶段，全国即将解放，新政治协商会议即将召开，中华人民共和国即将建立。四亿七千五百万人民拱卫世界民主和平的力量都在苏联这一边，民主和平阵营愈加强大和巩固，愈加不可战胜了。第三、由于大会的召开，各国为保卫民主、保卫和平的青年战士聚会一堂，交流经验，互相学习，不但提高了必然成功的信心，也大大增加了必然胜利的力量。”]

10月5日下午　中苏友好协会总会在北京成立。吴晗任理事。①

[按：中苏友好协会总会成立大会在北京中南海怀仁堂隆重举行。大会通过了《中苏友好协会章程》，并选举了协会领导机构，刘少奇当选首任会长，宋庆龄、吴玉章、沈钧儒、李济深、郭沫若、张澜、黄炎培为副会长，钱俊瑞任总干事，丁玲、丁西林、史良、田汉、白寿彝、艾思奇、吴晗、沈雁冰、夏衍、沙可夫、李伯钊、李文宜、徐冰、周恩来、周扬、周新民、胡乔木、胡愈之、侯外卢、马叙伦、马寅初、高崇民、宦乡、陈云、陈毅、陈家康、陆定一、章伯钧、章乃器、曹禺、习仲勋、

① 本条引自1949年10月6日《人民日报》第二版。

康克清、张奚若、张苏、冯文彬、彭真、彭泽民、贺龙、董必武、叶剑英、楚图南、刘清扬、蔡畅、邓小平、邓颖超、邓初民、蒋光鼐、翦伯赞、欧阳予倩、萧华、钱俊瑞、萨空了、谢邦定、聂荣臻、罗隆基等197人为理事。]

10月6日 《人民日报》上公布了"中苏友好协会总会正副会长、理事名单",吴晗作为理事名列其中。①

10月9日 吴晗出席北京市中苏友好协会成立大会,当选为协会副会长。②

[按:北京市中苏友好协会在中山公园内中山堂举行成立大会。出席大会的有彭真、张友渔、余心清、许德珩、钱端升、梁思成、柴泽民、张晓梅、萧松、薛成业、古奇踪、孙孚凌、刘一峰、刘仁、薛子正、马玉槐等410人。彭真当选为会长,王之相、吴晗、余心清、张友渔、张晓梅、张奚若、许德珩、曹靖华、黎锦熙、刘仁、萧明等为副会长。古奇踪、李伯钊、柴泽民、徐悲鸿、翁独健、孙孚凌、马玉槐、马约翰、崔月犁等147人为理事。]

10月10日 《人民日报》上公布了"北京市中苏友好协会正副会长及理事名单",吴晗作为副会长名列其中。③

10月23日晚 吴晗接到苏联职工会和对外文化联络协会

① 本条引自1949年10月6日《人民日报》第二版。
② 本条引自1949年10月10日《人民日报》第二版。
③ 本条引自1949年10月10日《人民日报》第二版。

的通知，邀请中国职工和文化界代表团[①]去参加十月革命32周年纪念典礼。[②]

［按：据吴晗在他的《访苏印象》一文中回忆说："十月二十三日晚才接到苏联职工会和对外文化联络协会通知，邀请中国职工和文化界代表团去参加十月革命三十二周年纪念典礼。"］

10月26日　吴晗离京参加苏联十月革命32周年庆祝典礼。[③]

［按：据王增如、李向东编著《丁玲年谱长编（上卷）》记述，1949年10月26日，参加苏联十月革命32周年庆祝典礼的中国代表团，当天晚上6点乘火车离京。到车站送行的有郭沫若、李立三、马叙伦、茅盾等。］

10月27日下午　吴晗随中国代表团一行抵达沈阳。[④]

［按：据王增如、李向东编著《丁玲年谱长编（上卷）》记述，1949年10月27日下午4点20分，参加苏联十月革命32周年庆祝典礼的中国代表团，抵达沈阳，沈阳文化界代表到车站欢迎。代表团稍憩后，于7时继续乘车前行。］

---

① 这个代表团包括工人、农民、青年、妇女、文化、教育、科学等团体代表，共计十五人，以丁玲为团长，许之祯、吴晗为副团长，沙可夫、曹禺为正副秘书长，其余团员为丁燮林、李凤莲、李永、许广平、龚普生、李培之、赵树理、马思聪、白杨、袁致和。

② 本条引自《吴晗全集》第9卷第205页。

③ 本条引自王增如、李向东编著《丁玲年谱长编　上卷》第258页。

④ 本条引自王增如、李向东编著《丁玲年谱长编　上卷》第261页。

11 月 5 日　丁玲、吴晗率中国代表团抵达莫斯科佛努科伏机场。[1]

［按：丁玲、吴晗率中国代表团抵达莫斯科佛努科伏机场，苏联全苏工会中央理事会书记库兹涅佐夫、全苏对外文化协会委员会委员卡利什扬以及全苏联对外文化协会与全苏联工会中央理事会的工作人员等到机场欢迎。

11 月 6 日　丁玲、吴晗率中国代表团出席十月革命 32 周年纪念大会。[2]

11 月 7 日　丁玲、吴晗率中国代表团参加在红场举行的纪念十月革命 32 周年盛大阅兵式。[3]

［按：红场周围的建筑物上，都挂着布尔什维克党的组织者、苏维埃国家的创立者列宁和斯大林的画像。检阅台右边台上，是来自各人民民主国家的来宾、伟大的中国人民的使节、民主德国的工人和知识分子的代表以及来自朝鲜人民民主主义共和国的来宾。游行的队伍中携有解放了的中国人民的领袖，中国中央人民政府主席毛泽东、总理周恩来和共产党书记之一刘少奇的画像。这次游行历时将近五小时，参加参加游行的人数达 100 万人以上。］

---

① 本条引自王增如、李向东编著《丁玲年谱长编　上卷》第 258 页以及 1949 年 11 月 7 日《人民日报》第一版。

② 本条引自王增如、李向东编著《丁玲年谱长编　上卷》第 259 页。

③ 本条引自王增如、李向东编著《丁玲年谱长编　上卷》第 259 页。

11 月 9 日 丁玲、吴晗率中国代表团出席苏联对外文化委员会举行的欢迎中国代表团招待会。[①]

[按:苏联对外文化协会委员会主席琴尼索夫举行招待会,招待来莫斯科参加十月革命节的中国代表团。出席招待会的,有以丁玲为首的中国代表团团员,全苏工会中央理事会书记库兹涅佐娃,科学院院士斯特鲁米林,苏联人民艺术家蒲多夫金、科兹洛夫斯基、奥赫洛普科夫,苏联对外文化协会副主席雅科夫列夫,苏联对外文化协会委员卡利什扬,作家科尔内楚克、科日夫尼科夫、米哈尔科夫,苏联外交部和对外文化协会的其他负责人员、作家、艺术家、演员等,我国驻苏大使王稼祥夫妇,大使馆参赞曾涌泉夫妇和参赞戈宝权亦应邀参加。招待会在热烈友好的气氛中进行,招待会后还举行了节目演出。]

11 月 10 日 吴晗出席中国代表团在苏联对外文化委员会举行的记者招待会。[②]

[按:抵达莫斯科参加伟大的十月社会主义革命 32 周年庆祝盛典的中华人民共和国代表团,在全苏对外文化协会举行记者招待会,报告中华人民共和国的生活情形。中国代表团团员们对于他们参加了伟大的十月社会主义革命 32 周年的庆祝盛典这一事实,表示满意。吴晗说:“我们始

---

① 本条引自《人民日报》11 月 12 日第一版。

② 本条引自《人民日报》11 月 12 日第一版。

终把苏联看作是社会组织的最高形式，看作是具有最高度文化与科学的国度。”“我们在这几天内再次加深我们的信心，世界上第一个社会主义国家的苏联，使科学真正为建设新社会而服务。”参加这次记者招待会的有《真理报》、塔斯社、《少共真理报》等十五个单位的新闻记者数十人。]

11月24日 吴晗和丁玲率代表团离开莫斯科回国。①

12月5日 吴晗和丁玲率代表团回到北京。②

12月7日晚 吴晗出席中苏友好协会总会干事会欢迎参加苏联十月革命庆典归来的我国代表团的宴会。③

12月10日下午 吴晗出席亚洲妇女代表会议开幕式并致辞祝贺。④

[按：亚洲妇女代表会议在北京正式开幕。北京市副市长吴晗、中华全总代表陈少敏、全国文联主席郭沫若、国际记者协会代表杨刚均到会致辞祝贺。吴晗在致辞中说：“亚洲妇女代表会议能够胜利召开是由于在苏联领导之下的世界各国和平民主力量壮大和世界妇女运动发展的结果，这个会议的召开将使亚洲各国妇女交流斗争经验，使世界妇女的斗争和世界人民保卫世界和平民主的斗争更密切地联系起来，对于具有如此伟大历史意义和国际意义的会议，能

---

① 本条引自吴晗的《访苏印象》。

② 本条引自吴晗的《访苏印象》。

③ 本条引自王增如、李向东编著《丁玲年谱长编　上卷》第261页。

④ 本条引自1949年12月11日《人民日报》第四版。

在北京召开，全市人民引为极大的荣幸！”。]

12月20日 吴晗出席庆祝斯大林大元帅70寿辰大会。①

[按：北京市中苏友好协会于1949年12月20日午后7时在中法大学礼堂举行庆祝斯大林大元帅70寿辰大会。该会会长彭真，副会长张奚若、许德珩、张友渔、吴晗、黎锦熙、曹靖华和该会所属200余总支会，支会以及各工厂、机关、学校、人民团体代表共九百余人出席会议。苏联对外文化协会驻华代表贺布侯和驻京总领事馆秘书唐平珂均应邀参加。北京市中苏友好协会会长彭真、副会长吴晗、工人代表朱长江、学生代表马鸿芳、妇女代表金秀玲等四人在会上讲话。吴晗在会上讲述他在苏联参观后的观感，号召大家学习苏联人民32年来建国的宝贵经验，建设新中国。]

12月21日下午 吴晗出席苏联驻我国大使馆举行的庆祝斯大林大元帅70寿辰盛大鸡尾酒会。②

[按：苏联驻我国大使馆举行盛大鸡尾酒会庆祝斯大林大元帅70寿辰。被邀请参加的有：朱德、刘少奇、李济深、张澜、林伯渠、周恩来、陈云、郭沫若、黄炎培、沈钧儒、聂荣臻、张友渔、吴晗，北京市各机关、人民团体负责人，以及波兰驻我国外交人员、苏联专家、侨民等共约千余人。]

---

① 本条引自1949年12月21日《人民日报》第四版。

② 本条引自1949年12月22日《人民日报》第一版。

一九五〇年

1 月 15 日 吴晗的《访苏印象》[1]一文在《中苏友好》[2]第 1 卷第 3 期上发表。[3]

[按:吴晗应邀组织代表团赴莫斯科,参加苏联庆祝十月革命胜利三十二周年的纪念典礼。代表团团长为丁玲,副团长为许之祯、吴晗。代表团部分成员写作的访问记,后结集出版,其中有吴晗两篇文章,《访苏印象》是其中的一篇,另一篇为《莫斯科的面包工厂》。

吴晗时任中苏友好协会总会理事、中苏友好协会北京市分会副会长、北京市副市长。]

1 月 吴晗的《莫斯科的面包工厂》一文在《新建设》第 1 卷

① 本文最先是吴晗在中国民主同盟总部的讲演,由《进步日报》记者逢远记录,后经吴晗校阅和补充的。

② 《中苏友好》,中苏友好协会总会的会刊,1949 年创刊。吴晗 1952 年 11 月兼任《中苏友好》月刊办公室主任。

③ 本条引自《吴晗全集》十卷版第九卷第 211 页。

第8期上发表。[1]

[按:《新建设》杂志是1949年9月创刊的。它的前身是《中国建设》半月刊,简称《中建》杂志(1947年春出版)。《中建》是一本综合性刊物,总社在上海,编辑出版在北平(北京)。《中建》是民主党派和无党派民主士创办的,一些共产党员也参与编辑出版工作,这就引起国民党反动派的注意,终于在1949年9月被国民党反动派查封了。《中建》被迫停刊时,正值中国共产党领导的全国政协会议召开前夕,我国学术界中民主党派和无党派民主人中一些知名人如吴晗、费青等人以团结学术工作者、以促进新中国建设为宗旨,共同商定创办了《新建设》。]

2月10日晨 吴晗到车站欢迎匈牙利驻我国特命全权公使夏法朗柯夫妇一行。[2]

[按:早晨6点40分,匈牙利人民共和国驻中华人民共和国特命全权公使夏法朗柯夫妇一行十余人由外交部驻满洲里联络处处长曾远辉陪同抵京。到站欢迎者有中央人民政府外交部副部长章汉夫、办公厅主任王炳南、交际处长王倬如,北京市人民政府副市长吴晗、京津卫戍司令部参谋长唐延杰,及朝鲜驻华大使李周渊、参事崔英,波兰代办毕罗奇,苏联大使馆参事齐赫文、副武官富敏科中校,捷克大使

① 本条引自《吴晗全集》十卷版第九卷第213页。

② 本条引自1950年2月11日《人民日报》第一版。

馆秘书罗戴等。]

2月16日 吴晗就中苏友好同盟互助条约和中长路及旅大协定、苏联贷款协定的签订发表谈话。[①]

[按:1949年2月15日上午,中苏友好同盟互助条约和中长路及旅大协定、苏联贷款协定首先以广播公告之后,全北京市的200万人民立刻掀起一片欢腾,口号与欢呼之声四起。各界人士都以极端兴奋欢跃的心情发表谈话。中苏友好协会北京分会副会长吴晗说:"这是中华人民共和国第一个对外条约,这一个条约、两个协定,基于平等互利,互相尊重领土主权完整。它的签订更进一步巩固了中苏两大民族的深厚友谊。这是中华人民共和国的伟大胜利,苏维埃社会主义共和国的伟大胜利,同时,也是世界和平民主阵营的伟大胜利。这一个条约、两个协定,给了战争贩子们、美帝国主义和造谣专家戈贝尔的门徒、美国国务卿艾奇逊等以无情的打击。中国人民以无比欢欣鼓舞的热情,欢迎与拥护新中国新外交的成就,并以同样的心情感谢我们的朋友——伟大的苏联,伟大的斯大林大元帅。"]

2月19日晨 吴晗到车站欢迎罗马尼亚首任驻我国大使一行。[②]

---

① 本条引自1950年2月16日《人民日报》第三版。

② 本条引自1950年2月20日《人民日报》第一版。

［按：早晨6点15分，罗马尼亚人民共和国首任驻中华人民共和国特命全权大使鲁登科夫妇一行10余人由外交部驻满洲里联络处曾远辉处长陪同抵京，到站欢迎者有我中央人民政府外交部副部长章汉夫，办公厅主任王炳南，副主任阎宝航，交际处处长王倬如，北京市人民政府副市长吴晗，京津卫戍司令部副参谋长王长江及波兰大使馆代办毕罗奇，苏联大使馆参事齐赫文，副武官富敏克中校，朝鲜大使馆参事崔英，参事金国辅，匈牙利公使馆参事费凯尔特，捷克大使馆秘书罗戴等。］

2月21日下午 吴晗出席苏联驻我国大使馆为庆祝中苏友好同盟互助条约的签订举行的盛大鸡尾酒会。①

［按：苏联驻我国大使馆代办史白夫为庆祝中苏友好同盟互助条约的签订，在大使馆举行盛大鸡尾酒会，邀宴中华人民共和国中央人民政府及各院部会行署首长，各民主党派和人民团体的领袖，以及各国驻我国外交使节。应邀参加这一盛大庆祝宴会的有500余人中有中央人民政府副主席刘少奇、朱德、李济深，中央人民政府秘书长林伯渠，政务院副总理董必武、陈云、郭沫若、黄炎培，中国人民革命军事委员会代理总参谋长聂荣臻，最高人民法院院长沈钧儒，外交部副部长李克农、章汉夫，北京市人民政府副市长张友渔、吴晗，中华全国总工会副主席李立三，中华全国民主妇

---

① 本条引自1950年2月22日《人民日报》第一版。

女联合会副主席邓颖超，中华全国民主青年联合总会主席廖承志，中华全国学生联合会主席谢邦定，及各界民主人士。各国使节方面出席的有捷克大使魏斯柯普夫，朝鲜大使李周渊，罗马尼亚大使鲁登科，匈牙利公使夏法朗科，波兰代办毕罗奇，及各使馆其他人员。]

2月23日下午 吴晗出席苏联驻我国大使馆举行的庆祝苏军建军32周年盛大鸡尾酒会。[①]

[按：苏联驻我国大使馆代理武官杜乐文上校为庆祝苏军建军32周年，在大使馆举行盛大鸡尾酒会。应邀赴宴的800余人中有中央人民政府副主席刘少奇，中央人民政府副主席、中国人民解放军总司令朱德，中央人民政府副主席李济深，政务院副总理董必武、郭沫若、黄炎培，人民革命军事委员会代理总参谋长聂荣臻，最高人民法院院长沈钧儒，外交部副部长李克农、章汉夫，人民革命军事委员会委员龙云，北京市副市长张友渔、吴晗等。各国使馆官员出席的有捷克大使魏斯柯普夫，朝鲜大使李周渊，罗马尼亚大使鲁登科，匈牙利公使夏法朗科，波兰代办毕罗奇等。]

2月24日 匈牙利驻我国公使夏法朗柯谒拜吴晗。[②]

[按：匈牙利人民共和国驻我国公使夏法朗柯于呈递国

---

① 本条引自1950年2月24日《人民日报》第一版。

② 本条引自1950年2月25日《人民日报》第一版。

书后，分别拜谒了我中央人民政府朱德副主席，李济深副主席，政务院董必武副总理，郭沫若副总理，北京市人民政府聂荣臻市长，张友渔、吴晗副市长及文化部沈雁冰部长。]

2月24日下午　吴晗出席庆祝中苏友好同盟互助条约签订大会并讲话。①

[按：北京市人民政府中苏友好协会总支会在中山公园音乐堂举行庆祝中苏友好同盟互助条约签订大会。到会有市府各单位的中苏友协会员4000余人。吴晗副市长在会上作了讲话，他分析了中苏友好同盟互助条约签订前后世界两个阵营的力量对比，详细解释了条约及协定的内容，并说明了新约与1945年旧约的异同。]

3月2日晨　吴晗到车站欢迎世界民主青年联盟代表②雷奥·斐盖尔抵达北京。③

[按：世界民主青年联盟代表雷奥·斐盖尔抵达北京，到站欢迎的有中国新民主主义青年团中央委员会书记冯文

---

① 本条引自1950年2月25日《人民日报》第四版。

② 世界民主青年联盟是一个国际性青年组织，简称“世界青联”。1945年11月15日，包括中、苏、美、英、法等国在内的64国青年代表在伦敦举行世界青年大会。会议上成立了世界青联。1951年世界青联总部迁至匈牙利布达佩斯。联盟成立后在团结世界青年、反对法西斯主义，争取世界和平方面都曾起到过一定的进步作用。

③ 本条引自1950年3月3日《人民日报》第一版。

彬、副书记蒋南翔、秘书长荣高棠、联络部副部长陈家康、中华全国民主青年联合总会主席廖承志、副主席钱三强、沙千里、秘书长吴晗，以及青年团北京市工委许立群等。]

5月5日晚 吴晗出席欢迎苏联青年代表团和苏联青年文艺工作团盛大酒会。①

[按：中国人民政治协商会议全国委员会、中央人民政府政务院、北京市人民政府联合举行盛大酒会，欢迎苏联青年代表团和苏联青年文艺工作团。出席者有中央人民政府副主席朱德、宋庆龄、李济深，中国人民政治协商会议全国委员会副主席沈钧儒、郭沫若、陈叔通，中央人民政府政务院总理周恩来、副总理黄炎培，北京市人民政府市长聂荣臻，副市长张友渔、吴晗。应邀作陪的有中央人民政府各院部会署行首长，中国共产党及各民主党派领袖，新民主主义青年团、中华全国民主青年联合会、中华全国学生联合会、中华全国总工会、中华全国民主妇女联合会、中苏友好协会总会以及其他人民团体的领袖等六百余人。苏联大使罗申及各人民民主国家的使节亦应邀参加。周恩来总理在酒会上致欢迎词。苏联青年代表团团长米哈依洛夫致答词。郭沫若及苏联青年作家龚查尔并发表简短演说。]

5月14日下午 吴晗到车站欢迎印度驻我国首任大使潘

① 本条引自1950年5月6日《人民日报》第一版。

尼迦。[1]

［按：下午6点多，印度驻我国首任特命全权大使潘尼迦大使夫妇及随员等一行4人，由天津市人民政府外侨事务处交际科马牧鸣科长及印度雁谒森代办陪同抵京。到车站欢迎者有外交部办公厅主任王炳南、亚洲司代司长乔冠华、交际处处长王倬如，北京市人民政府副市长吴晗，京津卫戍司令部参谋长唐延杰，苏联大使馆参事齐赫文，波兰大使馆代办毕罗奇，匈牙利公使馆参事费凯特，罗马尼亚大使馆秘书孟天努，英国政府代表胡阶森，荷兰政府代表侯卫民，缅甸政府代表吴辟等。］

5月25日晚 吴晗出席欢送苏联青年代表团回国的盛大宴会。[2]

［按：中国新民主主义青年团中央委员会举行盛大宴会欢送前来参加中国青年节的苏联青年代表团回国。到会者有中国新民主主义青年团中央书记冯文彬、副书记廖承志、蒋南翔，中央人民政府外交部副部长章汉夫，中国人民大学校长吴玉章，北京大学汤用彤、钱端升，清华大学叶企荪、张奚若，全国文联周扬，全国妇联帅孟奇、康克清，全国青联钱三强、吴晗，以及北京的战斗英雄、劳动英雄、学生代表和青年团工作干部等300余人。苏联大使罗申夫妇亦应邀

---

① 本条引自1950年5月15日《人民日报》第一版。

② 本条引自1950年5月26日《人民日报》第一版。

与会。]

6月4日晨 吴晗到车站欢迎波兰驻我首任大使布尔金等一行。[1]

[按：早晨6点，波兰共和国驻中华人民共和国首任特命全权大使布尔金等一行15人，由外交部驻满洲里联络处曾远辉处长陪同乘车抵达北京。到车站欢迎的有章汉夫、王炳南、伍修权、王倬如、吴晗等。]

6月6日下午 吴晗到车站欢迎瑞典驻我国首任大使阿马斯顿及随员等一行。[2]

[按：下午6点多，瑞典驻我国首任特命全权大使阿马斯顿及随员等一行3人，由天津市人民政府外侨事务处交际科马牧鸣科长及瑞典临时代办高罗士陪同到达北京。到车站欢迎的有外交部副部长章汉夫，办公厅主任王炳南，苏联东欧司司长伍修权，交际处处长王倬如，北京市副市长吴晗；苏联驻华大使罗申，参赞费德林、次席武官杜乐文上校，匈牙利公使夏法朗柯，波兰大使馆代办毕罗奇，朝鲜大使馆参赞崔一，罗马尼亚大使馆参赞席拉德，印度大使馆一等秘书雁谒森，捷克斯洛伐克大使馆三等秘书罗戴等。]

---

① 本条引自1950年6月5日的《人民日报》第一版。

② 本条引自1950年6月7日的《人民日报》第一版。

6月16日下午　吴晗到机场欢迎民主德国驻华外交使团团长柯尼希等一行。[①]

［按：下午5点半，德意志民主共和国驻华外交使团大使衔团长柯尼希等一行12人乘机抵京，到机场欢迎的外交部副部长章汉夫、办公厅主任王炳南、苏欧司司长伍修权、交际处处长王倬如、副处长沈平，北京市人民政府副市长吴晗，京津卫戍司令部参谋长唐延杰代表马文波处长；苏联驻华大使罗申，参赞费德林，波兰驻华大使布尔金、商务专员顾士多，匈牙利驻华大使夏法朗柯，捷克驻华大使馆参赞哈谢克，罗马尼亚驻华大使馆参赞席拉德等。］

6月24日下午　吴晗到机场欢迎蒙古国驻华大使德亚尔卡赛汉等一行。[②]

［按：下午4点半，蒙古人民共和国驻华大使德亚尔卡赛汉等一行5人乘机抵京，到机场欢迎的有外交部副部长章汉夫，办公厅副主任阎宝航，亚洲司代司长乔冠华，交际处副处长沈平，北京市人民政府副市长吴晗，京津卫戍司令部副参谋长王长江，苏联驻华大使罗申，捷克驻华大使魏斯柯普夫，朝鲜驻华大使李周渊，参赞崔一，匈牙利驻华大使夏法朗柯，参赞费凯尔特，罗马尼亚驻华大使馆参赞席拉德，波兰驻华大使馆二等秘书戴裴拉辛斯基，印度驻华大使馆

---

① 本条引自1950年6月17日《人民日报》第一版。

② 本条引自1950年6月25日《人民日报》第一版。

三等秘书古玛尔，缅甸驻华大使馆三等秘书吴藻文等。]

7月2日 吴晗出席中国人民外交学会举行的座谈会。[①]

[按：中国人民外交学会举行座谈会，讨论“美帝在东方武装侵略的新形势”。出席会议的会员有钱端升、胡愈之、罗隆基、张友渔、吴晗、连贯、陶孟和、曾昭抡、黄琪翔、萨空了、宦卿、区棠亮、张明养、梅汝璈、冀朝鼎、王任叔、翁独健、王铁崖等，及人民政协全国委员会外交组委员陈叔通、钱昌照、谢邦定等共90余人。]

7月5日 民主德国驻我国大使科尼希拜谒吴晗。[②]

[按：德意志民主共和国驻我国外交使团特命全权大使衔团长柯尼希呈递国书后，曾分别谒见朱德副主席，刘少奇副主席，李济深副主席，张澜副主席，郭沫若副总理，黄炎培副总理，并分访贸易部叶季壮部长，文化部沈雁冰部长。7月5日，谒见北京市聂荣臻市长，吴晗副市长。]

7月5日晚 吴晗出席北京市保卫世界和平签名运动大会，并在会上作报告。[③]

[按：北京市人民政府干部一万余人在劳动人民文化宫

---

① 本条引自1950年6月25日《人民日报》第一版。

② 本条引自1950年7月5日《人民日报》第三版。

③ 本条引自1950年7月7日《人民日报》第一版。

举行保卫世界和平签名运动大会。会上由吴晗副市长作报告。吴副市长的报告分三部分：一、目前的国际形势；二、一年来的世界和平民主运动的发展；三、对战争与和平问题的根本认识。]

7月10日 蒙古国驻我国大使贾尔卡赛汗拜谒吴晗。①

[按：蒙古人民共和国驻我国大使贾尔卡赛汗呈递国书后，曾分谒朱德副主席，刘少奇副主席，李济深副主席，张澜副主席，郭沫若副总理，黄炎培副总理，并分访贸易部叶季壮部长，文化部沈雁冰部长，及北京市聂荣臻市长，吴晗副市长。]

7月11日 丹麦驻我国公使穆克拜谒吴晗。②

[按：丹麦驻我国公使穆克于7月10日呈递国书后，曾分别拜谒我中央人民政府朱德副主席、刘少奇副主席、李济深副主席、张澜副主席，政务院郭沫若副总理、黄炎培副总理，外交部章汉夫副部长，文化部沈雁冰部长，贸易部叶季壮部长。7月11日，拜谒了北京市人民政府聂荣臻市长、吴晗副市长。]

---

① 本条引自1950年7月11日《人民日报》第一版。

② 本条引自1950年7月11日《人民日报》第一版。

7 月 13 日　吴晗到机场欢迎越南学生代表团。[①]

［按：前往捷京布拉格出席世界学生第二次代表大会的越南学生代表团，由团长黄明正率领由越南抵达中国首都。中华全国民主青年联合总会主席廖承志、全国学生联合会主席谢邦定、青年团中央国外联络部长区棠亮、中央人民政府外交部交际处副处长沈平、北京市副市长吴晗、北京市团工委副书记张大中、北京市学联主席古奇琮等均前往欢迎。中国出席世界学生第二次代表大会代表团的代表们也前往欢迎。］

7 月 14 日晚　吴晗出席欢迎越南学生代表团的宴会。[②]

［按：中国新民主主义青年团中央委员会、中华全国民主青年联合总会、中华全国学生联合会等三单位设宴欢迎出席世界学生第二次代表大会的越南代表团。青年团中央书记冯文彬及各部部长、全国青联主席廖承志、副主席沙千里、秘书长吴晗、全国学联主席谢邦定，市学联主席古奇琮等均出席作陪。］

7 月 31 日晚　吴晗到车站欢迎缅甸驻我国首任大使吴敏登及夫人。[③]

---

① 本条引自 1950 年 7 月 15 日《人民日报》第一版。

② 本条引自 1950 年 7 月 15 日《人民日报》第一版。

③ 本条引自 1950 年 8 月 1 日《人民日报》第一版。

［按：缅甸驻我国首任特命全权大使吴敏登及夫人，由天津市人民政府外侨事务处交际科长马牧鸣及缅甸驻我国代办吴群陪同抵京。到车站欢迎的有中央人民政府外交部办公厅主任王炳南、亚洲司代司长乔冠华、交际处处长王倬如，北京市人民政府副市长吴晗，京津卫戍司令部参谋长唐延杰，苏联大使罗申，印度大使潘尼迦，瑞典大使阿马斯顿，丹麦公使穆克，匈牙利大使馆临时代办费凯特、参赞希蒙尼，罗马尼亚大使馆一等秘书孟天努，波兰大使馆二等秘书戴裴拉辛斯基、新闻专员罗步曼，捷克大使馆三等秘书罗戴，英国政府代表胡阶森，荷兰政府代表侯卫民等。］

8 月 11 日 吴晗到车站欢送我国人民代表团赴朝鲜庆祝朝鲜解放五周年。①

［按：以郭沫若、李立三为首的中华人民共和国人民代表团，自北京启程赴朝鲜。代表团临行时，北京各界在车站举行了盛大欢送会。到会者有中国人民政协全国委员会代表陈叔通、沈钧儒、史良，政务院代表黄炎培、罗隆基，外交部副部长章汉夫，北京市副市长吴晗及各民主党派各人民团体代表邵力子、章伯钧、马叙伦、刘宁一、邓颖超、冯文彬、沈雁冰、李四光、陶孟和、竺可桢、萧明等一千五百余人。黄炎培、史良、吴晗、萧明、郭沫若先后在欢送会上讲话。］

---

① 本条引自 1950 年 8 月 15 日《人民日报》第一版。

8月24日晚　吴晗到车站欢迎前往朝鲜参加“八·一五”朝鲜解放五周年庆典的我国人民代表团。[①]

［按：前往朝鲜参加“八·一五”朝鲜解放五周年庆典的我国人民代表团返抵北京。前往车站欢迎者有中国人民政协全国委员会、中央人民政府、各民主党派、各人民团体代表陈叔通、沈钧儒、黄炎培、章伯钧、罗隆基、邵力子、章汉夫、王绍鏊、刘宁一、吴晗、王炳南、阎宝航等二百余人。参赞崔英、及使馆人员亦到车站欢迎。欢迎者在车站前举行了盛大的欢迎会。朝鲜大使馆人员、及北京市工会、妇联、青联、中苏友好协会市分会代表，曾向代表团全体团员献花。陈叔通、沈钧儒、罗隆基、刘宁一、吴晗、郭沫若、李立三、朝鲜驻我国大使李周渊先后在欢迎会上讲话。］

9月3日晚　吴晗出席北京各界人民欢迎访问朝鲜中国人民代表团返国大会。[②]

［按：“北京各界人民欢迎访问朝鲜中国人民代表团返国大会”在中国人民反对美国侵略台湾朝鲜运动委员会主持下在首都隆重举行。到会的有各机关、民主党派、人民团体、及各人民代表五千余人。刘宁一致开幕词，吴晗代表代表北京市两百万市民致欢迎词时强调指出：美帝国主义在发动侵朝战争并宣布侵略台湾之后，美机竟敢侵入我东北

---

① 本条引自1950年8月25日《人民日报》第一版。

② 本条引自1950年9月4日《人民日报》第一版。

的安东、临江、辑安等地滥肆扫射，这是中国人民所不能容忍的。朝鲜驻华大使李周渊、代表团团长郭沫若、代表团副团长李立三、秘书长章乃器及许广平也先后在大会上讲话。]

9月11日凌晨 吴晗前往满洲里车站欢迎世界民主青联代表团。①

[按：凌晨2点，应中国新民主主义青年团中央委员会和中华全国民主青年联合总会的邀请，前来参加我国首届国庆节的以世界民主青年联盟总书记布加拉为首的世界民主青年联盟代表团抵达满洲里，前往满洲里车站欢迎者有中华全国民主青年联合总会秘书长吴晗，中国新民主主义青年团中央委员会国际联络部部长区棠亮，中国新民主主义青年团东北工作委员会副书记章泽，中央人民政府外交部驻满洲里联络处处长曾远辉，中国新民主主义青年团内蒙团委会代表布路及满洲里市中共市委、市人民政府、青年团市工委及各界各民族人民代表等200余人。吴晗代表全中国青年致欢迎词。代表团长布加拉致答词]

9月11日晚上 吴晗出席在齐齐哈尔车站举行的欢迎世界民主青联代表团的盛大的欢迎大会。②

---

① 本条引自1950年9月12日《人民日报》第一版。

② 本条引自1950年9月13日《人民日报》第一版。

［按：晚上9点，由中华全国民主青年联合总会秘书长吴晗、中国新民主主义青年团中央委员会国际联络部部长区棠亮、中国新民主主义青年团东北工作委员会副书记章泽等陪同，世界民主青年联盟代表团抵达齐齐哈尔。黑龙江省、齐齐哈尔市各界代表和工人、军队、学生、群众等5000余人在车站举行了盛大的欢迎会。黑龙江省人民政府主席于毅夫、副主席杨英杰、王梓木、中共黑龙江省委书记赵德尊、青年团黑龙江省团委书记李剑白、齐齐哈尔市人民政府市长王劲如、齐齐哈尔市青年团市委书记张蒲家等均赴车站欢迎。］

9月12日上午　吴晗出席齐齐哈尔欢迎世界民主青年联盟代表团集会。[①]

［按：齐齐哈尔5万余人集会，欢迎世界民主青年联盟代表团。青年团黑龙江省团委书记李剑白、中共黑龙江省委书记赵德尊、黑龙江省人民政府主席于毅夫以及中华全国民主青年联合总会秘书长吴晗相继致词，一致对世界民主青年联盟代表团的莅临我国表示热烈欢迎。世界民主青年联盟代表团团长布加拉、苏联代表赛米恰斯尼、伊朗代表满苏里喀山、波兰代表戈拉尔斯基、非洲代表摩摩尼等亦先后发表演说。］

① 本条引自1950年9月14日《人民日报》第一版。

9月24日上午　吴晗出席北京青年热烈欢迎世界民主青年联盟代表团大会。①

［按：北京5万青年在太和殿前广场，举行盛大的欢迎大会，热烈欢迎世界民主青年联盟代表团代表。大会由中华全国民主青年联合总会主席廖承志致开会词，中国新民主主义青年团中央委员会书记冯文彬致欢迎词，北京市人民政府市长聂荣臻，中国保卫世界和平大会委员会主席郭沫若，中华全国学生联合会主席谢邦定、中华全国民主青年联合总会秘书长吴晗先后在会上致辞。］

9月27日下午　吴晗到机场欢迎保加利亚驻华大使彼得科夫及参赞察尔伏拉诺夫。②

［按：下午4点半，保加利亚人民共和国驻华大使彼得科夫及参赞察尔伏拉诺夫乘机抵达北京。到机场欢迎者有外交部副部长章汉夫，办公厅副主任阎宝航，苏欧司司长伍修权，副司长徐以新，交际处处长王倬如，北京市人民政府副市长吴晗，京津卫戍司令部副参谋长王长江，苏联驻华大使罗申，捷克斯洛伐克驻华大使魏斯柯普夫，朝鲜驻华大使李周渊，参赞崔英，罗马尼亚驻华大使鲁登科等。］

9月28日晨　吴晗等到车站欢迎北朝鲜民主青年同盟中央

---

① 本条引自1950年9月25日《人民日报》第四版。

② 本条引自1950年9月28日《人民日报》第一版。

委员会玄正民和南朝鲜民主青年同盟副委员长李焕起。[①]

[按：北朝鲜民主青年同盟中央委员会委员会玄正民和南朝鲜民主青年同盟副委员长李焕起抵京。前往车站欢迎的有中华全国民主青年联合总会主席廖承志、副主席钱三强，中国新民主主义青年团中央委员会书记冯文彬、副书记蒋南翔，中华全国学生联合会主席谢邦定，北京市人民政府副市长吴晗，以及中央人民政府外交部、中国人民革命军事委员会总政治部、中华全国民主妇女联合会、中苏友好协会、及北京市各人民团体代表约 400 余人。]

10 月 17 日下午 吴晗出席欢迎世界民主青年联盟代表团的宴会。[②]

[按：下午 1 点，中共中央华北局、中国人民解放军华北军区、北京市人民政府、中共北京市委员会、中国新民主主义青年团北京市工作委员会及北京市学生联合会等六单位在颐和园欢宴世界民主青年联盟代表团。席间，由吴晗致词。他对全世界 7000 万民主青年的优秀代表对华北和北京所作的访问表示热烈欢迎。]

10 月 30 日晚 吴晗等到车站欢送出席第二届世界保卫和

---

① 本条引自 1950 年 9 月 29 日《人民日报》第一版。

② 本条引自 1950 年 10 月 18 日的《人民日报》第一版。

平大会的中国代表团启程出国。①

［按：晚10点，出席第二届世界保卫和平大会的中国代表团，由郭沫若团长率领自北京启程出国。代表团临行时，北京各界在车站举行了盛大的欢送会。出席会议的有中央人民政府副主席李济深、张澜，政务院副总理黄炎培及各部、院、署首长，中国人民保卫世界和平反对美国侵略委员会副主席彭真、陈叔通，常务委员司徒美堂、李立三、沈雁冰、邵力子、胡乔木、马叙伦、张奚若、许德珩、梁希、蔡畅、彭泽民、罗隆基，北京市副市长吴晗，以及各民主党派、各机关、学校和人民团体代表1000余人。］

10月 吴晗、丁玲等合著的《访苏印象》一书出版。②

［按：本书是由中苏友好协会总会编辑，人民出版社出版，新华书店发行的“中苏友好丛书”之三。内容包括1949年以丁玲为团长，吴晗为副团长的代表团赴苏参加苏联庆祝十月革命胜利三十二周年的纪念典礼，代表团部分成员写作的访问记。其中包括有丁玲的《苏联人》、吴晗的《访苏印象》、沙可夫的《深厚无比的友情》、丁西林的《我的几点印象》以及吴晗的另一篇文章《莫斯科的面包工厂》等。］

11月6日下午 吴晗出席中国人民保卫世界和平反对美国

---

① 本条引自1950年10月31日《人民日报》第一版。

② 本条引自“孔夫子旧书网”。

侵略者委员会北京分会筹备会议。[1]

[按:下午2点,中国人民保卫世界和平反对美国侵略者北京分会筹备会议在协商会会议室召开。出席会议的有刘仁、廖沫沙、崔月犁、汤用彤、沈一帆、周游、凌其峻、陈垣、薛愚、徐悲鸿、张晓梅等31人。会议有萧明主持。会议推选出常委37人他们主要有:王纯、崔月犁、吴晗、余心清、廖沫沙、梁思成、薛愚、柴泽民、徐悲鸿等。]

11月8日下午 中国人民保卫世界和平反对美国侵略委员会北京市分会召开成立大会,吴晗任主席团成员。[2]

[按:下午2点,中国人民保卫世界和平反对美国侵略委员会北京市分会在中山公园中山堂举行成立大会。出席会议的有北京市各民主党派,人民团体以及工人、学生等代表共约700人。中国人民保卫世界和平反对美国侵略委员会副主席彭真、陈叔通曾亲自到会指导。大会首先通过11人的主席团:张奚若、刘仁、吴晗、许德珩、曾昭抡、舒舍予、宁武、李乐光、林汉达、凌其峻、丘锷仑。吴晗代表北京市民盟在会上讲话。]

11月8日下午 吴晗在中国人民保卫世界和平反对美国侵

---

① 本条引自北京档案馆档案号为127—001—00189的档案。

② 本条引自1950年11月9日《人民日报》第四版。

略委员会北京市分会成立大会发表讲话。①

［按：在中国人民保卫世界和平反对美国侵略委员会北京市分会成立大会上，民盟北京市支部主任委员吴晗代表各民主党派发表讲话，他说：“中国人民保卫世界和平反对美国侵略委员会北京市分会的成立，代表了北京市200万人民的意志。美帝是中国人民的死敌，处心积虑要侵略中国，不顾中国人民多次警告，侵略朝鲜台湾，并进一步企图侵略我东北。全国人民忍无可忍，一致要求反抗美帝侵略支援朝鲜保家卫国。我们要建设人民自己的国家，必须击退侵略者。全国人民要紧紧团结在一起，用努力工作、加紧生产和一切有效行动使抗美援朝保家卫国的胜利加速完成。”］

11月8日下午　吴晗在中国人民保卫世界和平反对美国侵略委员会北京市分会成立大会上被选为任副主任委员。②

［按：中国人民保卫世界和平反对美国侵略委员会北京市分会成立大会通过了该委员会委员194人，该委员会主席张奚若，副主席刘仁、吴晗、曾昭抡、舒舍予。］

11月9日　吴晗在中国人民保卫世界和平反对美国侵略委员会北京市分会成立大会上的发言（摘录）在《人民日报》上

---

① 本条引自1950年11月9日《人民日报》第四版。

② 本条引自1950年11月9日《人民日报》第四版。

发表。①

[按:《人民日报》第四版上发表了吴晗在中国人民保卫世界和平反对美国侵略委员会北京市分会成立大会上的发言(摘录),原文系属一篇新闻报道稿,题目是《保卫世界和平反对美国侵略委员会　北京市分会昨日正式成立　代表200万人民的意志坚决抗美援朝　通过决议拥护各民主党派联合宣言》。]

11月9日下午　吴晗出席瑞典驻华大使馆举行的瑞典逝世国王古斯塔夫五世追悼会。②

[按:下午5点,瑞典驻华大使馆在北京市联合教堂举行瑞典逝世国王古斯塔夫五世追悼会,余心清局长代表中央人民政府主席应邀前往参加。此外,出席者还有中央人民政府外交部章汉夫副部长、北京市人民政府吴晗副市长及苏、捷、罗、印、波、匈、缅、保、丹等国使节。]

11月10日　吴晗、闻家驷③等369人联名发表《中国民主同盟北京市盟员为抗美援朝奋斗到底》的宣言。④

[按:这369人主要有:吴晗、闻家驷、曾昭抡、李何林、

---

① 本条引自1950年11月9日《人民日报》第四版。

② 本条引自1950年11月10日《人民日报》第四版。

③ 闻家驷(1905～1997),原名闻籍,著名法国文学专家、翻译家。著名诗人、学者、民主斗士闻一多先生的胞弟。

④ 本条引自《吴晗全集》十卷版第十卷第553页。

陈鼎文、张曼筠、陶大镛、关世雄、常任侠、沈一帆、王麦初、金若年、潘光旦、余冠英、孙毓棠、胡愈之、邓初民、罗隆基、马叙伦、柳亚子、周新民、李文宜、千家驹、沈志远、彭泽民、周建人、张东荪、沈兹九、浦熙修、史良、沙千里、张伯驹、容肇祖等。]

11 月 11 日上午 吴晗出席中国人民保卫世界和平反对美国侵略委员会北京市分会举行第一次常务委员会议。①

[按:中国人民保卫世界和平反对美国侵略委员会北京市分会举行第一次常务委员会议。到会的有该会主席张奚若,副主席刘仁、吴晗、曾昭抡、舒舍予,常务委员王纯、王静、古奇踪、李宗恩、林汉达、林砺儒、胡锡奎、徐悲鸿、高尚仁、凌其峻、柴泽民、陈文润、陈哲文、陈垣、张晓梅、汤用彤、杨伯箴、杨德亮、宁武、叶企荪、廖沫沙、闻家驷、刘火、萧明、钱端升、薛愚及各工作部门负责人等共 41 人。]

11 月 11 日 吴晗等 369 人签名的民盟北京市盟员"为抗美援朝奋斗到底"的宣言在《光明日报》上发表。②

[按:宣言说:"美帝是今天全世界人民最凶恶的压迫者,它企图奴役全世界的人民,它妄想建立一个世界帝国,因此,纷碎美帝的侵略计划,就是保卫世界的和平,援助朝

① 本条引自 1950 年 11 月 12 日《人民日报》第一版。

② 本条引自 1950 年 11 月 11 日《光明日报》第四版。

鲜兄弟抗击美帝，就是保障亚洲的和平！我们坚决拥护周总理的报告：‘中国人民决不能容忍外国的侵略，也不能听任帝国主义者对自己的邻人肆行侵略而置之不理。’和各民主党派联合宣言：‘誓以全力拥护全国人民的正义要求，拥护人民在志愿基础上为着抗美援朝保家卫国的神圣任务而奋斗。’所以，我们抱定决心，要为抗美援朝保家卫国而奋斗到底！我们决心献出所有的力量，来击退美帝的侵略，来争取持久和平与巩固人民民主，为全人类的自由幸福而斗争。”]

11 月 12 日 吴晗出席招待访问我国首都的朝鲜保卫和平全国民族委员会委员长韩雪野先生与朝苏文化协会委员长李箕永先生的宴会。①

[按：中国人民保卫世界和平反对美国侵略委员会总会与该会北京市分会举行宴会，招待访问我国首都的朝鲜保卫和平全国民族委员会委员长韩雪野先生与朝苏文化协会委员长李箕永先生。朝鲜民主主义人民共和国驻我国大使李周渊先生应邀作陪。出席宴会的有中国人民保卫世界和平反对美国侵略委员会总会副主席彭真、陈叔通、常委沈钧儒、邵力子、马叙伦、章乃器、罗隆基、彭泽民、许德珩、许宝驹、蒋南翔、谢邦定、该会北京市分会副主席吴晗等 40 余人。]

---

① 本条引自 1950 年 11 月 17 日《人民日报》第四版。

11 月 14 日 吴晗等到机场欢送伍修权、乔冠华等出席联合国安全理事会。[①]

［按：出席联合国安全理事会讨论中华人民共和国中央人民政府所提出的控诉武装侵略台湾案的中华人民共和国特派代表伍修权、顾问乔冠华等一行 9 人起飞赴成功湖。前往机场欢送的有中华人民共和国出席联合国首席代表张闻天，中国人民保卫世界和平反对美国侵略委员会副主席彭真、常务委员彭泽民，外交部副部长李克农、章汉夫，中国人民外交学会会长张奚若，中国人民保卫世界和平反对美国侵略委员会北京市分会副主席吴晗、曾昭抡，中华全国总工会秘书长许之桢，中华全国学生联合会执行委员会主席谢邦定，中国新民主主义青年团中央委员会秘书长荣高棠以及中华全国民主妇女联合会，中华全国民主青年联合总会，中苏友好协会总会各单位代表和北京市各团体代表共约 100 余人。］

11 月 20 日 吴晗发表关于反对收听“美国之音”的书面发言。[②]

［按：11 月 16 日，清华大学外文系基层组开讨论会时，对于“美国之音”进行了热烈的讨论，一致认为：“美国之音”对全国人民的精神毒害，其严重性远胜于美帝用来吓唬人

---

① 本条引自 1950 年 11 月 15 日《人民日报》第一版。

② 本条引自 1950 年 11 月 21 日《人民日报》第二版。

的原子弹。因为原子弹是有形的,“美国之音”是无形的;一颗原子弹爆炸的范围充其量不过五公里方圆,而“美国之音”的“放射性”却是无孔不钻,无远不达的;原子弹所装的面孔是一副吓人的面孔,而“美国之音”的那一套却是诱人的甜言蜜语。决议向工会提出一封公开信,要求工会号召每个会员都自觉自动地决不收听“美国之音”。生物系、航空系等基层组也都谈到这个问题,并向工会做了类似的建议。16 日晚工会墙报社就组织了一次访问,采访会员们关于这个问题的意见,在第二天的墙报上刊登出来。以后又在许多基层组的学习会上也都自然而然地讨论了这个问题。土木系基层组还贴出一张墙报,认为:不听“美国之音”是仇美的具体行动表现,表示要坚决支持外文系的建议。为了更广泛、更深入地进行讨论,壁报社发出征文启事,号召会员们针对这个问题写稿子。20 日该墙报已把这些稿子和其他几位会员的发言刊登出来。吴晗的书面发言也在其中。]

11 月 21 日 吴晗关于反对收听“美国之音”的书面发言在《人民日报》上发表。①

12 月 5 ~6 日 吴晗出席中国人民保卫世界和平反对美国侵略委员会举办的各民主党派来京开会的全体代表茶会。②

[按:中国人民保卫世界和平反对美国侵略委员会邀请

---

① 本条引自 1950 年 11 月 21 日《人民日报》第二版。

② 本条引自 1950 年 12 月 8 日《人民日报》第一版。

各民主党派来京开会的全体代表举行茶会，座谈有关抗美援朝运动问题。到会各民主党派代表160余人。座谈会由保卫和平反对侵略委员会副主席彭真、陈叔通主持，该会常委司徒美堂、沈钧儒、邢西萍、邵力子、马叙伦、张奚若、许德珩、许宝驹、黄炎培、彭泽民、蔡畅、罗隆基等均到会参加。我国出席世界和大代表章伯钧并曾在会上报告了二届世界和大会议的经过。到会各民主党派代表李烛尘、陈铭枢、楚图南、胡子昂、吴晗等相继发言。大家发言后由北京分会副会长吴晗向会议报告了北京市抗美援朝运动情况。]

12月8日晚 吴晗出席北京市各民主党派联合举行的招待来京参加各民主党派中央会议的代表文艺晚会。①

［按：北京市各民主党派——中共北京市委会、民革北京市分部、民盟北京市支部、民建北京市分会、民进北京市分会、中国农工民主党北京市党务整理委员会、青年团北京市委员会八日联合举行文艺晚会，。应邀到会的来宾400余人。晚会由民盟北京市支部主任委员吴晗致简短欢迎词。他说："正当各党派中央会议召开之际，朝鲜前线传来粉碎美帝侵略军'总攻势'解放平壤的捷报，北京市和全国各地人民都在热烈祝贺这伟大的胜利。今天的晚会除了欢迎各位代表外，也是庆祝胜利的晚会。我们深信各位代表经过这次中央会议以后带着丰富的成果回到各地方去，以更大

① 本条引自1950年12月10日《人民日报》第三版。

的努力推进抗美援朝保家卫国的工作，获得更大更辉煌的胜利。”]

12月9日上午 吴晗出席中国人民保卫世界和平反对美国侵略委员会北京市分会工作会议。[1]

[按：上午9点，中国人民保卫世界和平反对美国侵略委员会北京市分会举行工作会议，讨论有关各界人民集会祝捷与输送各界慰劳品到前方去的问题。出席有该会主席张奚若、副主席刘仁、吴晗、曾昭抡及各部门负责人等10余人。会议决定：最近召开包括全市各阶层人民代表参加的祝捷大会。各区并在同一天分别举行群众性的集会，使全市爱国人民都有机会尽情庆祝朝鲜人民军与中国人民志愿军在朝鲜战场上的伟大胜利。会议还决定各单位捐献的慰劳物品应尽速整理后，即日送交该会统一运送前方。]

12月9日上午 吴晗在检阅台上检阅北京市工商界庆祝光复平壤、反对美国帝国主义侵略的示威游行。[2]

[按：北京市工商界五万三千多人举行了庆祝光复平壤、反对美国帝国主义侵略的盛大的示威游行。参加游行的有全市136个行业公会的代表。站在检阅台上的是中国人民保卫世界和平反对美国侵略委员会副主席彭真、陈叔

---

① 本条引自1950年12月10日《人民日报》第一版。

② 本条引自1950年12月10日《人民日报》第一版。

通,常务委员许德珩,北京分会主席张奚若、副主席刘仁、吴晗、曾昭抡、舒舍予,北京市人民政府副市长张友渔及北京市各民主党派,各人民团体代表。]

12月15日 吴晗在北京市中苏友好协会与苏联对外文化协会举行讲演会上作《站在保卫世界和平最前线的苏联人民》的演讲。①

[按:晚7点,北京市中苏友好协会与苏联对外文化协会时在南河沿19号苏联对外文协举行讲演会,由吴晗作题为《站在保卫世界和平最前线的苏联人民》的演讲。]

12月19日晚 吴晗在北京市青年会作题为《在抗美援朝运动中基督徒应该做什么》的讲座。②

[按:晚7点,为配合抗美援朝保家卫国运动,北京市青年会请吴晗副市长给青年们作讲座,题目为《在抗美援朝运动中基督徒应该做什么》。]

12月21日晨 吴晗到机场欢迎出席在华沙举行的第二届世界保卫和平大会的中国代表团返京。③

[按:出席在华沙举行的第二届世界保卫和平大会的中

① 本条引自1950年12月15日《人民日报》第六版。
② 本条引自1950年12月19日《人民日报》第六版。
③ 本条引自1950年12月22日《人民日报》第一版。

国代表团，由郭沫若团长率领，于21日晨返抵北京。前往车站欢迎者有：中央人民政府副主席李济深、政务院副总理黄炎培、秘书长李维汉及各部门首长，中国人民保卫世界和平反对美国侵略委员会副主席陈叔通、常务委员司徒美堂、李立三、沈钧儒、邵力子、胡乔木、许宝驹、彭泽民、罗隆基，以及日前先行回国之代表团团员章伯钧、萧三，中国人民保卫世界和平反对美国侵略委员会北京分会主席张奚若，北京市人民政府副市长吴晗，和各民主党派、人民团体、机关、学校代表1500余人。]

12月25日 吴晗出席欢迎访问我国的苏联体育代表团宴会。[①]

[按：中央人民政府教育部、中国新民主主义青年团中央委员会、北京市人民政府、中苏友好协会总会、中华全国体育总会筹委会等单位举行宴会，欢迎访问我国的苏联体育代表团。教育部副部长韦悫、青年团中央委员会副书记廖承志、蒋南翔、北京市副市长吴晗、中苏友好协会总会研究出版部主任张仲实、中华全国体育总会筹委会副主任荣高棠、徐英超等均出席。中央人民政府外交部交际处处长王倬如、华北军区政治部主任张致祥、青年团北京市委会副书记张大中、北京市体育分会主任侯俊岩以及苏联大使馆一等秘书贾比才等应邀作陪。]

① 本条引自1950年12月26日《人民日报》第四版。

一九五一年

2 月 28 日　芬兰驻我国公使瓦尔万尼拜谒吴晗。①

［按：芬兰驻我国公使瓦尔万尼呈递国书后，曾分别拜谒我中央人民政府朱德副主席、刘少奇副主席、张澜副主席、政务院黄炎培副总理、外交部章汉夫副部长、文化部沈雁冰部长、贸易部叶季壮部长及北京市人民政府吴晗副市长等。］

3 月 11 日下午　吴晗出席丹麦驻我国公使举办的庆祝丹麦国王寿辰的招待会。②

［按：下午 5 点半，丹麦驻我国公使穆克为庆祝丹麦国王斐特烈九世寿辰，在国际俱乐部举行招待会。应邀出席者有中央人民政府政务院郭沫若副总理及中央人民政府外交部章汉夫副部长，邮电部朱学范部长，铁道部吕正操副部长，文化部丁燮林副部长，北京市人民政府张友渔、吴晗副市长等。外交使节应邀出席者有捷克斯洛伐克大使魏斯柯

① 本条引自 1951 年 3 月 1 日《人民日报》第四版。

② 本条引自 1951 年 3 月 12 日《人民日报》第四版。

普夫，印度大使潘尼迦，苏联大使馆一等秘书贾丕才等。]

4月2日　吴晗出席中国人民保卫世界和平反对美国侵略委员会北京分会扩大工作会议。[①]

[按：中国人民保卫世界和平反对美国侵略委员会北京分会召开扩大工作会议，讨论并布置了关于普及和深入抗美援朝运动的工作。到会的有张奚若、吴晗、曾昭抡、舒舍予以及各部负责同志和各民主党派、各人民团体、宗教界、少数民族、中央、市、区各机关代表等共40多人。]

4月9日　吴晗出席中国人民外交学会第二届会员大会。[②]

[按：中国人民外交学会举行第二届会员大会，与会者一致签名拥护缔结和平公约并举行关于日本问题的投票。出席会议的有陶孟和、陈翰笙、邵力子、胡愈之、许德珩、王昆仑、章汉夫、吴晗、乔冠华、梅汝璈、冀朝鼎、柯柏年、何戊双、楼邦彦、曾炳钧、陈芳芝、刘王立明、屈武、刘贯一、张明养、刘尊棋、宦乡、章文晋、严信民、凌其翰等152人。]

4月13日上午　吴晗到机场欢送新任驻苏联大使张闻天一行赴莫斯科莅任。[③]

---

① 本条引自1951年4月5日《人民日报》第一版。

② 本条引自1951年4月9日《人民日报》第一版。

③ 本条引自1951年4月14日《人民日报》第一版。

[按:中华人民共和国新任驻苏联特命全权大使张闻天偕随员一行乘飞机离北京赴莫斯科莅任。前往机场欢送的有:人民革命军事委员会代总参谋长聂荣臻,办公厅副主任朱早观,中央人民政府典礼局局长余心清,外交部副部长章汉夫、伍修权,办公厅主任王炳南,公安部办公厅主任李国章,贸易部办公厅主任胡仁奎,文化部办公厅主任沙可夫,中国共产党中央办公厅主任杨尚昆,中国新民主主义青年团中央委员会书记冯文彬,副书记蒋南翔,中国人民抗美援朝总会副主席陈叔通,常务委员邵力子,中国人民外交学会会长张奚若,副会长乔冠华,中苏友好协会总会副总干事赵仲池,北京市人民政府副市长吴晗等百余人。苏联驻我国特命全权大使罗申夫妇及大使馆人员亦前往欢送。]

4 月 17 日 吴晗出席华北人民抗美援朝代表会议筹备委员会首次会议。①

[按:华北人民抗美援朝代表会议筹备委员会举行首次会议。会议上由聂真同志报告了筹备计划,议定了会议内容、会议程序及各地区出席代表人数、代表产生方法等。出席会议的有筹备委员会的委员聂真、张磐石、平杰三、吴晗、朱继圣、董鲁安、张致祥、李济寰、白坚等九人。]

4 月 22 日 吴晗出席北京市天主教徒举行的拥护五大国缔

① 本条引自 1951 年 4 月 19 日《人民日报》第一版。

结和平公约[①]反对美国重新武装日本的示威大游行。[②]

[按:北京市天主教徒举行了盛大的拥护五大国缔结和平公约反对美国重新武装日本的示威大游行。参加游行的有天主教各堂口,各大、中、小学及各修女会等49个单位的教徒1万多人。中央人民政府政务院文化教育委员会宗教事务处处长何成湘,北京市抗美援朝分会副主席吴晗、秘书长李乐光和北京市人民政府文教局副局长薛成业出席指导。北京市佛教界保卫世界和平反对美国侵略委员会宣传部长达如亦应邀参加。]

4月22日 吴晗出席华北人民抗美援朝代表会议开幕式。[③]

[按:华北人民抗美援朝代表会议开幕。在会议上,各族各界代表30余人曾相继讲话,一致表示为坚决贯彻大会的决议而努力。全体代表159人签名拥护世界和平理事会关于缔结和平公约的宣言,并一致投票反对美国武装日本。]

4月23日 吴晗在北京市天主教徒举行的拥护五大国缔结和平公约反对美国重新武装日本的集会上的讲话(摘录)在《人民日报》上发表。[④]

---

① 五大国缔结和平公约 即五大国(美国、苏联、中国、英国和法国)政府举行协商缔结和平公约。

② 本条引自1951年4月23日《人民日报》第一版。

③ 本条引自1951年4月17日《人民日报》第一版。

④ 本条引自1951年4月23日《人民日报》第一版。

4月23日下午 吴晗打电话给北京市工商界普及深入抗美援朝广播大会。[①]

[按：下午2点半，北京市工商界普及深入抗美援朝广播大会在北京人民广播电台举行，工商界参加收听者达14万7千多人。会议中大有粮栈经理常子久提议：以大会名义号召全市每一个工商业户，签订本户爱国公约，他并向全市工商户提出挑战，当即获得全场一致响应。这时，会场外工厂、商店响应号召的应战电话，便无间断地涌进了电台，应战书也像雪片般的纷纷被送到大会会场。在不断的应战声中，吴晗也打电话到广播大会，在电话里他更进一步地说明了订立爱国公约的重要性。]

4月24日 中国人民抗美援朝总会华北区首届代表会议闭幕，吴晗当选为华北抗美援朝总分会副主席。[②]

[按：中国人民抗美援朝总会华北区首届代表会议闭幕。在这次会议上，华北抗美援朝总分会正式成立。各代表团经过充分酝酿和民主协商，选出聂真为该会主席，吴晗、李济寰、董鲁安、朱继圣为副主席，并选出包括各民族各界代表的委员83人。]

4月24日下午 吴晗到机场欢迎国际学生联合会主席格罗

---

① 本条引自1951年4月25日《人民日报》第一版。

② 本条引自1951年4月27日《人民日报》第一版。

曼一行。[1]

［按：下午5点半，来北京出席国际学生联合会执行委员会会议的国际学生联合会主席格罗曼、执行委员会委员、列席会议的各国学生代表及工作人员等一行36人，由中华全国学生联合会驻国际学联代表柯在铄陪同飞抵北京。到机场欢迎的有国际学生联合会副主席杨诚，中华全国学生联合会主席谢邦定，中国新民主主义青年团中央委员会书记冯文彬，副书记蒋南翔，中央人民政府教育部、中国人民抗美援朝总会、中华全国总工会、中华全国民主妇女联合会和中苏友好协会总会的代表，北京市人民政府副市长吴晗，北京市学生联合会、中国新民主主义青年团北京市委员会和北京市民主青年联合会筹备委员会的代表，以及北京市大、中学生等500余人。］

4月25日上午　吴晗到车站欢迎越南驻我国大使衔代表黄文欢。[2]

［按：上午6点40分，越南民主共和国驻中华人民共和国特命全权大使衔代表黄文欢乘车抵达北京。到车站欢迎的有中央人民政府外交部副部长章汉夫、亚洲司代司长陈家康、交际处处长王倬如、北京市人民政府副市长吴晗、京津卫戍司令部参谋长唐延杰、苏联驻华大使罗申、朝鲜驻华

---

① 本条引自1951年4月25日《人民日报》第四版。

② 本条引自1951年4月26日《人民日报》第一版。

大使李周渊、罗马尼亚驻华大使鲁登科、波兰驻华大使布尔金、德意志民主共和国驻华外交使团团长柯尼希、保加利亚驻华大使彼得科夫、捷克驻华大使馆参赞哈谢克、蒙古驻华大使馆参赞拉布丹等。]

4月28日下午 吴晗到机场欢迎英国人民访问中国代表团一行。[1]

[按:下午1点,前来参加我国五一劳动节庆祝典礼的英国人民访问中国代表团一行9人飞抵北京。前往机场欢迎的有中华全国总工会副主席刘宁一,中国人民外交学会会长张奚若,北京市副市长吴晗,中国人民保卫世界和平反对美国侵略委员会秘书长刘贯一,政务院文化教育委员会对外文化联络事务局局长洪深,北京大学教授钱端升、王铁崖,清华大学教授周培源,中华全国自然科学专门学会联合会副秘书长涂长望,中华全国民主妇女联合会副秘书长曾宪植等数十人。]

4月 吴晗为人民出版社出版的《美国侵华史料》[2]一书撰写《〈美国侵华史料〉编者的话》。[3]

---

① 本条引自1951年4月29日《人民日报》第一版。

② 《美国侵华史料》,该书由中人民保卫世界和平反对美国侵略委员会北京分会编,吴晗、廖沫沙主编。1951年4月由人民出版社出版。

③ 本条引自《吴晗全集》十卷版第九卷第214页。

6月21日下午 吴晗到车站欢迎朝鲜人民访华代表团抵京。[①]

[按:下午4点多,朝鲜人民访华代表团由沈阳到达北京。到车站欢迎的有中国人民抗美援朝总会主席郭沫若,中国人民赴朝慰问团团长廖承志,中央人民政府外交部副部长章汉夫,北京市人民政府副市长吴晗,各民主党派、各人民团体的代表邢西萍、蔡廷锴、史良、黄炎培、许广平、彭泽民、司徒美堂、张溪若、朱学范、茅盾、梁希、荣高棠、曾宪植、谢邦定以及首都各界代表等500余人。]

7月5日晨 吴晗到车站欢迎中苏友好协会赴苏参加"五一"节观礼代表团、中国人民参加德中友好月代表团返京。[②]

[按:晨7点,中苏友好协会赴苏参加"五一"节观礼代表团、中国人民参加德中友好月代表团返抵北京。到车站欢迎的有中苏友好协会总会副会长李济深、郭沫若、张澜、黄炎培,副总干事阎宝航、赖亚力、赵仲池,理事董必武、蔡廷锴、章伯钧、史良、彭泽民、朱学范、吴晗、梁希、辛志超,中国人民抗美援朝总会副主席彭真、陈叔通,秘书长刘贯一,中央人民政府外交部副部长伍修权、办公厅主任王炳南,以及首都各机关团体代表等共300余人。]

7月11日晚 吴晗出席蒙古国驻我国大使贾尔卡赛汗为庆

① 本条引自1951年6月22日《人民日报》第一版。

② 本条引自1951年7月6日《人民日报》第一版。

祝蒙古人民革命胜利30周年举行的招待会。①

[按:蒙古国驻我国大使贾尔卡赛汗为庆祝蒙古人民革命胜利30周年在北京举行招待会。应邀出席的有中央人民政府副主席朱德、李济深,政务院副总理黄炎培,外交部副部长章汉夫、伍修权,及张奚若、彭泽民、马寅初、马叙伦、沈雁冰、谢觉哉、罗瑞卿、章伯钧、李书城、傅作义、史良等中央人民政府各部门首长,各人民团体负责人,以及北京市人民政府副市长吴晗等共300多人。]

7月15日下午 吴晗到车站欢迎瑞典驻我国大使赛德勃隆抵京。②

[按:下午6点29分,瑞典驻我国特命全权大使赛德勃隆乘车抵京。到车站迎接的有外交部办公厅副主任阎宝航,欧非司司长宦乡,交际处处长王倬如,北京市人民政府副市长吴晗,此外尚有印度大使,丹麦公使,瑞士公使,印尼和缅甸使馆的临时代办,苏联,瑞典等使馆人员及英国、挪威、荷兰政府谈判代表等。]

7月23日上午 吴晗等到车站欢迎越南人民访华代表团。③

[按:上午8点20分,由越南国民联协战线副主席黄国

① 本条引自1951年7月12日《人民日报》第一版。

② 本条引自1951年7月16日《人民日报》第四版。

③ 本条引自1951年7月24日《人民日报》第一版。

越率领的越南人民访华代表团到达北京。到车站欢迎的有中国人民政治协商会议全国委员会副主席李济深、沈钧儒、郭沫若、陈叔通，中央人民政府外交部副部长章汉夫、北京市人民政府副市长吴晗，各民主党派、各人民团体的代表章伯钧、马叙伦、邢西萍、彭泽民、许德珩、梁希、史良、邵力子、蒋光鼐、蔡廷锴、王绍鏊、朱学范、许之桢、康克清、罗叔章、李昌、谢邦定、余心清及首都各界代表700余人。]

7月27日 吴晗离京赴德参加第三届世界青年学生和平联欢节。[①]

[按：出席八月初在德国柏林举行的第三届的中国青年代表团，在代表团团长冯文彬、副团长吴晗率领下离京赴德。前往欢送的有中华全国民主青年联合总会、中国新民主主义青年团中央委员会、中华全国学生联合会、中央人民政府外交部、人民革命军事委员会总政治部、北京市人民政府、青年团北京市委会等单位负责人和代表共200余人。]

8月3日上午 吴晗飞抵柏林出席世界青年与学生和平联欢节。[②]

[按：出席世界青年与学生和平联欢节的中国青年代表团团长冯文彬、副团长吴晗，与苏联代表团团长米哈依洛夫

---

① 本条引自1951年7月29日《人民日报》第四版。

② 本条引自1951年8月5日《人民日报》第四版。

同机飞抵柏林。前往机场欢迎的有联欢节筹备委员会主席比林格尔，自由德国青年联盟主席昂纳克，以及来自各国的青年代表们。苏联外交使团团长普式金和中国外交使团团长姬鹏飞也到机场欢迎。]

8月5日 吴晗在柏林出席世界青年与学生和平联欢节开幕式。①

[按：第三届世界青年与学生和平联欢节在柏林乌布利希广场举行开幕式，我国代表团团长冯文彬，副团长吴晗，副团长荣高棠和其他代表团成员出席了开幕式。我国代表团团长冯文彬在开幕式上发表了讲话。]

8月21日～24日 吴晗出席世界民主青年联盟理事会议。②

[按：世界民主青年联盟，在第三届世界青年与学生和平联欢节闭幕后，于8月21日～24日在柏林召开理事会，参加与列席的共有91个国家215个青年组织的代表。出席的各国青年代表，一致肯定了本届联欢节的伟大成就，表示了团结一致保卫和平与制止新的战争危险的决心，并通过了关于联欢节的成就与明年召开国际保卫青年权利大会的决议。出席这次理事会的中国青年代表团由冯文彬、吴晗、荣高棠、区棠亮、赵复三、钱大卫等组成。]

① 本条引自1951年9月19日《人民日报》第五版。

② 本条引自1951年9月14日《人民日报》第四版。

8月29日 吴晗随中国青年代表团团抵达莫斯科。[①]

［按：参加联欢节的中国青年代表团团长冯文彬、副团长吴晗等一行抵达莫斯科。苏联青年反法西斯委员会代表曾往机场欢迎。中国代表团另一部分团员将于数日内抵此，他们将赴苏联各地参观，然后返国。］

9月5日下午 吴晗等参加世界青年与学生和平联欢节后乘飞机返抵首都北京。[②]

［按：参加世界青年与学生和平联欢节的我国青年代表团团长冯文彬、副团长吴晗等一行7人，于五日下午乘飞机返抵首都北京。前往机场欢迎的有中华全国民主青年联合总会主席廖承志、副主席钱三强，中国新民主主义青年团中央委员会副书记蒋南翔，及中华全国学生联合会等单位代表60余人。］

9月9日 吴晗出席保加利亚驻华大使彼得科夫特举行的盛大招待会。[③]

［按：保加利亚人民共和国驻华大使彼得科夫特在京举行盛大招待会。应邀出席的有中央人民政府副主席朱德、刘少奇、李济深，政务院总理兼外交部长周恩来，副总理陈

---

① 本条引自1951年9月1日《人民日报》第四版。

② 本条引自1951年9月6日《人民日报》第三版。

③ 本条引自1951年9月10日《人民日报》第一版。

云、郭沫若，以及何香凝、徐特立、马叙伦、沈雁冰、陈叔通、司徒美堂、彭泽民、张奚若、柳亚子、陈郁、李书城、梁希、罗隆基、邵力子、章汉夫、伍修权、雷任民、廖承志、冯文彬、萧华等中央人民政府各部门首长，各民主党派和各人民团体负责人及北京市人民政府副市长吴晗等300余人。]

9月15日下午 吴晗前往机场欢迎苏联作家爱伦堡等一行。①

[按：下午3点，苏联"加强国际和平"斯大林国际奖金委员会委员、苏联作家爱伦堡、与智利作家聂鲁达、和爱伦堡夫人、聂鲁达夫人等一行抵达北京。爱伦堡和聂鲁达是代表"加强国际和平"斯大林国际奖金委员会来北京以奖金授与世界和平理事会执行局委员宋庆龄的。他们应中国人民保卫世界和平，反对美国侵略委员会主席郭沫若的邀请，并将留在北京参加我国国庆节庆祝大会。前往机场欢迎的有世界和平理事会执行局委员宋庆龄、郭沫若、茅盾、中国人民保卫世界和平、反对美国侵略委员会副主席陈叔通、秘书长刘贯一，中苏友好协会总会总干事钱俊瑞、副总干事赖亚力，中华全国总工会副主席刘宁一，中华全国民主妇女联合会副秘书长曾宪植，中国新民主主义青年团中央委员会国际联络部部长区棠亮，中华全国文学艺术界联合会副主席周扬，及北京市人民政府副市长吴晗等30余人。]

---

① 本条引自1951年9月16日《人民日报》第一版。

9月17日下午 到车站欢迎缅甸驻华特命全权大使吴拉茂乘车抵京。[①]

[按：下午3点50分，缅甸驻华特命全权大使吴拉茂乘车抵京。到车站迎接的有外交部办公厅主任王炳南、亚洲司代司长陈家康、交际处处长王倬如、北京市人民政府副市长吴晗、京津卫戍司令部副参谋长曾美，此外尚有印度大使、瑞典大使、丹麦公使、瑞士公使，印尼、巴基斯坦、波兰及匈牙利大使馆的临时代办，苏联及保加利亚使馆的参赞，捷克、罗马尼亚使馆及越南代表团人员以及英国、挪威、荷兰政府谈判代表等。]

10月3日下午 吴晗到机场欢迎巴基斯坦人民观礼代表团团长米安·伊夫提卡鲁丁。[②]

[按：应邀参加我国国庆节庆祝典礼的巴基斯坦人民观礼代表团团长、新闻工作者米安·伊夫提卡鲁丁，因中途迟滞，于10月3日下午抵达北京。到机场欢迎的有中国人民保卫世界和平反对美国侵略委员会主席郭沫若、副主席陈叔通、秘书长刘贯一，中华全国民主妇女联合会副秘书长曾宪植、国际工作部副部长廖梦醒，中华全国文学艺术界联合会副主席茅盾，中华全国总工会副主席朱学范，中国新闻出版印刷工会筹备委员会主任委员范长江，中华全国民主青

① 本条引自1951年9月18日《人民日报》第一版。

② 本条引自1951年10月4日《人民日报》第一版。

年联合总会副主席钱三强，中苏友好协会总会理事曹靖华，北京市人民政府副市长吴晗等人。]

10月7日下午 吴晗出席欢迎参加我国国庆节庆祝典礼的各国人民观礼代表团的青年代表的欢迎大会。①

[按：中华全国民主青年联合总会和中国新民主主义青年团中央委员会联合举行欢迎大会，欢迎参加我国国庆节庆祝典礼的各国人民观礼代表团的青年代表。中华全国民主青年联合总会主席、中国新民主主义青年团中央委员会副书记廖承志，中华全国民主青年联合总会副主席钱三强、秘书长吴晗、副秘书长陈家康，中国新民主主义青年团中央委员会常务委员李昌、荣高棠，北京市民主青年联合会主席张大中、青年团北京市委书记杨伯箴都出席了欢迎会。参加欢迎会的有工厂、农村、学校、机关和部队的青年800余人。]

10月7日晚 吴晗出席民主德国驻我国外交使团团长柯尼希为庆祝民主德国成立两周年举行的招待会。②

[按：晚7点，德意志民主共和国驻我国外交使团大使衔团长柯尼希，为庆祝德意志民主共和国成立两周年在京举行招待会。应邀参加招待会的有中央人民政府副主席朱德、宋庆龄，中央人民政府秘书长林伯渠，政务院总理兼外交部长周

① 本条引自1951年10月9日《人民日报》第一版。

② 本条引自1951年10月8日《人民日报》第一版。

恩来，副总理董必武、黄炎培，最高人民法院院长沈钧儒、副院长张志让，人民革命军事委员会代总参谋长聂荣臻，最高人民检察署副检察长蓝公武，外交部副部长章汉夫、伍修权，北京市人民政府市长彭真、副市长吴晗，中央人民政府委员会委员、政务院政务委员、及政务院所属各委、部、会、院、署、行首长徐特立、马叙伦、沈雁冰、陈叔通、蔡廷锴、彭泽民、傅作义、章伯钧、柳亚子、潘震亚、罗瑞卿、叶季壮、朱学范、梁希等以及中国新民主主义青年团中央委员会书记冯文彬，中华全国民主妇女联合会副主席邓颖超等200余人。]

10月9日上午 吴晗到机场欢送苏联作家爱伦堡和智利诗人聂鲁达、和爱伦堡夫人、聂鲁达夫人一行离京。①

［按：代表"加强国际和平"斯大林国际奖金委员会前来我国授奖给宋庆龄先生并参加我国国庆节庆祝典礼的苏联作家爱伦堡和智利诗人聂鲁达、和爱伦堡夫人、聂鲁达夫人一行4人乘飞机离北京赴莫斯科。到机场欢送的有中国人民保卫世界和平反对美国侵略委员会主席郭沫若，副主席陈叔通，委员章伯钧，秘书长刘贯一，中苏友好协会总会理事邵力子、曹靖华，中华全国总工会副主席刘宁一，中国新闻出版印刷工会筹备委员会主任委员范长江，中国新民主主义青年团中央委员会秘书长荣高棠，中华全国民主妇女联合会副秘书长曾宪植和国际工作部副部长廖梦醒，中华

① 本条引自1951年10月10日《人民日报》第一版。

全国文学艺术界联合会副主席茅盾、周扬，作家丁玲、艾青、沙可夫，和北京市人民政府副市长吴晗等人。]

10月10日 吴晗等到车站欢送印度亲善访华团、缅甸和印尼的人民观礼代表团及巴基斯坦人民观礼代表团团员杰利斯等一行离京。[①]

[按：应邀参加我国国庆节庆祝典礼的印度亲善访华团、缅甸和印尼的人民观礼代表团及巴基斯坦人民观礼代表团团员杰利斯等一行23人，在今天离开北京前往东北参观访问。到车站欢送的有中国人民保卫世界和平反对美国侵略委员会主席郭沫若，副主席陈叔通，常务委员许德珩，秘书长刘贯一，中华全国总工会副主席朱学范、刘宁一，中国新闻出版印刷工会筹备委员会主任委员范长江，中华全国民主青年联合总会副主席沙千里，中国新民主主义青年团中央委员会秘书长荣高棠，中华全国民主妇女联合会副主席邓颖超、许广平，副秘书长曾宪植、国际工作部副部长廖梦醒，中苏友好协会总会理事邵力子、曹靖华，及北京市人民政府副市长吴晗等人。]

10月23日早上 吴晗到机场欢送出席世界和平理事会第二届会议的中国代表团部分人员。[②]

---

① 本条引自1951年10月11日《人民日报》第一版。

② 本条引自1951年10月24日《人民日报》第四版。

［按：早上6点，出席世界和平理事会第二届会议的中国代表团部分人员茅盾、蔡廷锴、梅汝璈、刘贯一、陈定民等11人，乘飞机离京赴莫斯科转赴维也纳参加会议。到机场欢送的有：刘宁一、吴晗、许宝驹、艾青、吴茂荪、廖梦醒、董越千、龚澎、赵仲池、崔月犁等30多人。］

［按：二战后，由于核武器的发展，世界人民不愿再遭受新的大战的浩劫与毁灭性的核灾难，在许多国家中开展了声势浩大的反对核军备竞赛和保卫和平的运动。1948年在法国、德国、意大利、波兰建立了保卫和平的组织。1949年4月在巴黎和布拉格召开了第一届世界保卫和平大会，大大推动了世界和平运动的发展。1950年11月在华沙召开第二届世界保卫和平大会，大会决定成立世界和平理事会，主席是法国的约里奥·居里，副主席是意大利的南尼、苏联的法捷耶夫、英国的贝尔纳和我国的郭沫若。］

10月25日　吴晗出席首都各界举行庆祝抗美援朝一周年纪念大会。①

［按：首都各界二十五日举行庆祝抗美援朝一周年纪念大会。到会有中国人民政治协商会议第一届全国委员会副主席、中国人民抗美援朝总会主席郭沫若，中国人民抗美援朝总会副主席彭真、陈叔通，常务委员沈钧儒、邵力子、马寅初、梁希、彭泽民、廖承志、谢雪红，华北抗美援朝总分会主

① 本条引自1951年10月26日《人民日报》第一版。

席聂真，副主席李济寰，北京市抗美援朝分会主席张奚若，副主席吴晗、曾昭抡，以及首都各界代表共1500余人。应邀参加大会的还有政协第一届全国委员会第三次会议代表和中国人民志愿军战斗英雄代表等。]

10月30日上午　吴晗到机场欢送匈牙利人民观礼代表团和波兰人民观礼代表团离京。①

［按：上午6点，应邀参加我国国庆典礼的匈牙利人民观礼代表团和波兰人民观礼代表团乘飞机离北京返国。到机场欢送的有中国人民保卫世界和平反对美国侵略委员会副秘书长吴茂荪，中华全国总工会副主席刘宁一，中华全国总工会文教部长刘子久，中国新民主主义青年团中央委员会秘书长荣高棠，中华全国民主妇女联合会国际工作部副部长廖梦醒，中苏友好协会总会副总干事赵仲池和北京市人民政府副市长吴晗等多人。]

11月1日上午　吴晗到机场欢迎巴基斯坦政府驻我国首任大使罗查等一行抵京。②

［按：上午8点多，巴基斯坦政府驻我国首任大使罗查等一行乘专车由广州抵京。到车站迎接的有外交部办公厅主任王炳南、亚洲司代司长陈家康、交际处处长王倬如、北

① 本条引自1951年10月31日《人民日报》第一版。

② 本条引自1951年11月2日《人民日报》第四版。

京市人民政府副市长吴晗和京津卫戍司令部副参谋长曾美。瑞典大使赛德勃隆、缅甸大使吴拉茂、瑞士公使任佐立、巴基斯坦大使馆临时代办阿默德·艾礼等。]

11月2日上午 吴晗到机场欢送罗马尼亚、捷克斯洛伐克和民主德国的人民观礼代表团离京。①

[按:应邀参加我国国庆典礼的罗马尼亚、捷克斯洛伐克和德意志民主共和国的人民观礼代表团乘飞机离北京返国。到机场欢送的有中国人民保卫世界和平反对美国侵略委员会副主席陈叔通、副秘书长吴茂荪,中华全国总工会副主席刘宁一、女工部副部长杨之华,中国新民主主义青年团中央委员会秘书长荣高棠,中华全国民主妇女联合会国际工作部副部长廖梦醒,中华全国文学艺术界联合会秘书长沙可夫,中苏友好协会总会副总干事赖亚力、赵仲池,北京市人民政府副市长吴晗等人。]

11月3日上午 吴晗到机场欢送保加利亚的人民观礼代表团离京。②

[按:11月3日晚,应邀参加我国国庆典礼的保加利亚人民观礼代表团离开北京。到车站欢送的有:中国人民保卫世界和平反对美国侵略委员会副主席陈叔通、副秘书长

---

① 本条引自1951年11月5日《人民日报》第四版。

② 本条引自1951年11月5日《人民日报》第四版。

吴茂荪，中华全国总工会副主席刘宁一、女工部副部长杨芝华，中华全国民主妇女联合会国际工作部副部长廖梦醒，中华全国文学艺术界联合会秘书长沙可夫、联络部部长洪深，中苏友好协会总会联络部副主任张震，和北京市人民政府副市长吴晗等多人。]

11月7日下午 吴晗出席北京市中苏友好协会第一届会员代表大会开幕式。①

[按：北京市中苏友好协会为了庆祝伟大的苏联十月革命三十四周年纪念日，加强与发展今后中苏友好的工作，举行了北京市中苏友好协会第一届会员代表大会开幕式。出席大会的有各支会的会员代表、各界来宾共600多人。中苏友好协会总会代表钱俊瑞和苏联对外文化协会代表茹克福也到会讲话。]

11月8日下午 吴晗在北京市中苏友好协会第一届会员代表大会上被选举为副会长。②

[按：北京市中苏友好协会第一届会员代表大会闭幕，会议历时一天半。会议选举彭真为会长，张奚若、许德珩、刘仁、吴晗、余心清、萧明、张晓梅、舒舍予、孙晓村、曹靖华、廖沫沙、王之相等十二人为副会长。]

---

① 本条引自1951年11月8日《人民日报》第二版。

② 本条引自1951年11月9日《人民日报》第一版。

12月1日 吴晗到车站欢迎我国出席世界和平理事会维也纳会议代表团返京。①

[按:我国出席世界和平理事会维也纳会议代表团,由郭沫若团长率领乘车返抵北京。前往车站欢迎的有彭真、陈叔通、沈钧儒、邵力子、胡乔木、马叙伦、张奚若、许德珩、许宝驹、蔡廷锴、吴晗、周扬、竺可桢、阳翰笙、沙可夫、崔月犁等一百多人。]

12月30日下午 吴晗出席罗马尼亚驻我国大使为庆祝罗马尼亚人民共和国成立四周年举行的招待会。②

[按:下午6点,罗马尼亚人民共和国驻我国大使鲁登科,为庆祝罗马尼亚人民共和国成立四周年在北京举行招待会。应邀出席的有中央人民政府副主席朱德,政务院副总理董必武、郭沫若、黄炎培,人民革命军事委员会代总参谋长聂荣臻,最高人民法院院长沈钧儒、副院长张志让,最高人民检察署副检察长蓝公武,中央人民政府典礼局局长余心清,外交部副部长伍修权,以及中央人民政府各部门首长和各人民团体负责人朱学范、李立三、沈雁冰、马叙伦、李德全、廖承志、冯文彬和北京市人民政府副市长吴晗等共100余人。]

---

① 本条引自1951年12月2日《人民日报》第一版。

② 本条引自1951年12月31日《人民日报》第一版。

一九五二年

1月18日下午　吴晗到车站欢迎中国人民志愿军归国代表团和朝鲜人民访华代表团到达北京。[①]

［按：下午1点20分，中国人民志愿军归国代表团和朝鲜人民访华代表团一行270人到达北京。前往车站欢迎的有中国人民抗美援朝总会主席郭沫若、副主席彭真及常务委员沈钧儒、邵力子、马叙伦、马寅初、张奚若、许德珩、许宝驹、彭泽民，中央人民政府人民革命军事委员会总政治部副主任萧华，中央人民政府典礼局局长余心清，华北抗美援朝总分会主席聂真，北京市人民政府副市长吴晗，北京市民主妇女联合会主席张晓梅，各民主党派的代表，各人民团体的代表，工人、部队、机关、学校的代表和少年儿童队队员等约1200人。］

1月18日晚　吴晗出席越南驻我国代表团周亮为庆祝越南

① 本条引自1952年1月19日《人民日报》第一版。

外交胜利纪念日两周年在北京举行招待会。[1]

［按：越南民主共和国驻我国代表团临时代办周亮为庆祝越南民主共和国外交胜利纪念日两周年在北京举行招待会。应邀出席的有中央人民政府政务院总理周恩来、副总理郭沫若，最高人民法院院长沈钧儒，人民革命军事委员会办公厅副主任朱早观，中央人民政府各部门首长和人民团体负责人李立三、沈雁冰、马叙伦、章汉夫、姚依林、曾昭抡、余心清、冯文彬及北京市人民政府副市长吴晗等130多人。］

2月14日下午 吴晗出席为纪念中苏友好同盟互助条约签订两周年苏联驻我国大使罗申举行的酒会。[2]

［按：下午5点，为纪念中苏友好同盟互助条约签订二周年，苏联驻我国大使罗申在苏联大使馆举行酒会。应邀出席酒会的有中央人民政府副主席朱德、刘少奇、李济深，中央人民政府政务院总理兼外交部长周恩来，副总理郭沫若、黄炎培，人民革命军事委员会代总参谋长聂荣臻，最高人民法院院长沈钧儒，最高人民检察署副检察长蓝公武，中苏友好协会总会副会长吴玉章，中国人民保卫世界和平反对美国侵略委员会副主席陈叔通和中央人民政府各部门首长及民主党派、人民团体负责人李立三、何香凝、薄一波、徐

---

① 本条引自1952年1月19日《人民日报》第一版。

② 本条引自1952年2月15日《人民日报》第一版。

特立、司徒美堂、张奚若、柳亚子、邵力子、彭泽民、陆定一、章汉夫、伍修权、叶季壮、朱学范、章伯钧、梁希、傅作义、丁西林、李德全、史良、余心清、刘宁一、廖承志、冯文彬，北京市人民政府副市长张友渔、吴晗等六百五十多人。]

2月23日下午　吴晗出席苏联驻我国大使馆武官柯托夫在大使馆举行盛大鸡尾酒会。①

[按：为庆祝苏军建军34周年，苏联驻我国大使馆武官柯托夫中将在大使馆举行盛大鸡尾酒会。应邀到会的有中央人民政府副主席、人民革命军事委员会副主席、中国人民解放军总司令朱德，中央人民政府副主席李济深，政务院总理兼人民革命军事委员会副主席周恩来，政务院副总理郭沫若、黄炎培，最高人民法院院长沈钧儒，人民革命军事委员会代总参谋长聂荣臻、副总参谋长粟裕，最高人民检察署检察长、中国人民解放军总政治部主任罗荣桓，中国人民解放军总政治部副主任萧华，空军部队司令刘亚楼，海军部队司令萧劲光，炮兵部队司令陈锡联，装甲部队司令许光达，外交部副部长章汉夫、伍修权，中国人民保卫世界和平反对美国侵略委员会副主席陈叔通，以及中国人民解放军陆空海军高级军官、中央人民政府各部门首长和各民主党派、人民团体负责人，北京市人民政府副市长张友渔、吴晗等共500余人。]

① 本条引自1952年2月24日《人民日报》第一版。

3月7日中午　吴晗到车站欢迎朝鲜驻我国大使权五稷抵京。①

［按：中午12点15分，朝鲜驻我国特命全权大使权五稷乘车抵京。赴车站欢迎的有中央人民政府外交部副部长章汉夫、亚洲司代司长陈家康、交际处副处长魏宝善，北京市人民政府副市长吴晗，京津卫戍司令部副参谋长曾美。］

3月15日下午　吴晗到机场欢迎捷克斯洛伐克驻我国大使康萨拉抵京。②

［按：下午5点，捷克斯洛伐克驻我国特命全权大使康萨拉乘飞机抵京。到赴机场欢迎的有中央人民政府外交部副部长伍修权、交际处副处长魏宝善、苏联东欧司专员吴青，北京市人民政府副市长吴晗，京津卫戍司令部副参谋长曾美。］

4月1日晚　吴晗出席全国政协和中国人民保卫世界和平反对美国侵略委员会举行的欢送国际民主法律工作者协会调查团的宴会。③

［按：晚7点半，国际民主法律工作者协会派到朝鲜和我国东北调查美国侵略者暴行的调查团，定于2日离北京返

---

① 本条引自1952年3月8日《人民日报》第一版。

② 本条引自1952年3月16日《人民日报》第一版。

③ 本条引自1952年4月2日《人民日报》第一版。

国。中国人民政治协商会议全国委员会和中国人民保卫世界和平反对美国侵略委员会举行宴会欢送。出席欢送会的有中国人民政治协商会议全国委员会副主席李济深、沈钧儒、陈叔通，中国人民保卫世界和平反对美国侵略委员会副主席彭真，以及首都法律工作者、各民主党派和人民团体代表林伯渠、何香凝、吴溉之、张志让、蓝公武、谢觉哉、王崑崙、章伯钧、马寅初、张奚若、梁希、章汉夫、陈瑾昆、李四光、吴晗、钱端升、史良、施复亮、老舍、朱学范、许广平、雷洁琼、冯文彬等 80 多人。]

[按：国际民主法律工作者协会，该协会于 1946 年 10 月在巴黎成立。其宗旨为：1. 促进法律工作者之间的接触和交流，以增进相互的谅解和友谊；2. 鼓励研究法学和国际法；3. 支持有利于维护和平和各国间合作的民主原则；4. 推动各民族的独立，反对对民族独立的任何立法或实际的限制。国际民主法律工作者协会的活动包括：1. 研究法律问题；2. 研究和实行有利于维护国际和平与合作的民主原则；3. 在立法和法律实践中保护和发展民主权利和自由。该协会每 4 年举行一次大会。]

[按：国际民主法律工作者协会调查团，由奥地利、意大利、英国、法国、中国、比利时、巴西、波兰等八国的法律工作者组成的“国际民主法律工作者协会调查团”于 3 月 3 日到达朝鲜，按照法律的方式，调查美国在朝鲜进行细菌战的事实，到 3 月 19 日结束。其后，又在我国东北地区调查了美国使用细菌武器的事实。随后公布了调查报告，用大量事实

证实了美国在朝鲜和中国东北地区进行细菌战的事实。]

4月4日晚 吴晗等出席匈牙利驻我国大使夏法朗柯举行匈牙利人民共和国国庆日招待会。①

[按:晚7点,匈牙利驻我国大使夏法朗柯在匈牙利大使馆举行匈牙利人民共和国国庆日招待会。应邀出席的有中央人民政府副主席朱德、李济深,政务院总理兼外交部长周恩来、副总理陈云、黄炎培,最高人民法院院长沈钧儒,人民革命军事委员会代总参谋长聂荣臻、副总参谋长粟裕,中国人民保卫世界和平反对美国侵略委员会副主席陈叔通,以及中央人民政府各部门首长、各民主党派和人民团体负责人司徒美堂、张奚若、彭泽民、马寅初、陆定一、朱学范、李书城、梁希、傅作义、史良、许德珩、徐特立、吴玉章、章汉夫、伍修权、姚依林、邵力子、余心清、冯文彬、和北京市人民政府副市长吴晗等500多人。]

4月26日 吴晗到车站欢迎缅甸文化代表团抵京。②

[按:缅甸文化代表团一行15人,在团长宇吞帕率领下由广州乘专车到达北京。前往车站欢迎的有中央人民政府外交部副部长章汉夫、文化部副部长丁西林、教育部副部长曾昭抡、中央人民政府办公厅副主任余心清、政务院文化教

① 本条引自1952年4月5日《人民日报》第一版。

② 本条引自1952年4月27日《人民日报》第一版。

育委员会副秘书长范长江、外交部办公厅副主任阎宝航、外交部亚洲司代司长陈家康、文化教育委员会对外文化联络事务局局长洪深、外交部交际处处长王倬如、副处长魏宝善及北京市人民政府副市长吴晗。]

4月26日下午 吴晗到车站欢迎中国人民志愿军归国代表团和朝鲜人民访华代表团等一行抵京。①

[按:中国人民志愿军归国代表团李雪三团长和朝鲜人民访华代表团洪淳哲团长等一行七人,在上海、南京、杭州、广州、长沙、武汉、西安、青岛、济南等地胜利完成报告工作后返抵北京。前往车站欢迎的有中国人民抗美援朝总会副主席陈叔通、秘书长刘贯一、副秘书长吴茂荪、北京市人民政府副市长吴晗、人民革命军事委员会及人民解放军陆、海、空、装甲、炮兵部队代表等七十余人。]

4月26日晚 吴晗出席中央人民政府外交部举行的欢迎缅甸文化代表团的宴会。②

[按:中央人民政府外交部副部长章汉夫设宴欢迎缅甸文化代表团。出席作陪的有中央人民政府文化部部长沈雁冰、副部长丁西林、教育部副部长曾昭抡、卫生部副部长贺诚、贸易部副部长沙千里、出版总署署长胡愈之、中国人民

---

① 本条引自1952年4月27日《人民日报》第一版。

② 本条引自1952年4月27日《人民日报》第一版。

大学校长吴玉章、中国科学院副院长陶孟和、中国人民政治协商会议全国委员会副秘书长邢西萍、中央人民政府办公厅副主任余心清、政务院文化教育委员会副秘书长范长江、外交部办公厅主任王炳南、亚洲司代司长陈家康、政务院文化教育委员会对外文化联络事务局局长洪深、中国人民保卫世界和平反对美国侵略委员会秘书长刘贯一、中华全国文学艺术界联合会全国委员会秘书长沙可夫、我国前赴印缅文化代表团副团长李一氓及北京市人民政府副市长吴晗等共九十余人。]

4月27日下午　吴晗到机场欢迎我国出席莫斯科国际经济会议的代表团返抵北京。①

[按:我国出席莫斯科国际经济会议的代表团团长南汉宸偕团员6人乘飞机返抵北京。到机场欢迎的有国际贸易促进委员会委员冀朝鼎、刘宁一,中央人民政府贸易部副部长姚依林,人民银行副行长胡景澐,北京市人民政府副市长吴晗,农工民主党中央委员季方,中华全国工商业联合会筹备委员会筹备处委员项叔翔,民主建国会总会常务委员孙晓村,北京市工商业联合会主任委员傅华亭等多人。]

4月28日下午　吴晗到机场欢迎法国、意大利著名人士法

---

① 本条引自1952年4月28日《人民日报》第一版。

奇、班菲等一行抵达北京。[①]

［按：应中国人民保卫世界和平反对美国侵略委员会邀请，前来我国参加"世界四大文化名人（雨果、果戈理、芬奇、阿维森纳）纪念大会"的法国、意大利著名人士法奇、班菲等一行乘飞机抵达北京。到机场欢迎的有中国人民保卫世界和平反对美国侵略委员会主席郭沫若，副主席陈叔通，秘书长刘宁一，刘贯一；中华全国文学艺术界联合会全国委员会副主席茅盾，秘书长沙可夫，副秘书长舒群；中华全国文学工作者协会副主席丁玲；中华全国自然科学专门学会联合会主席李四光，中国物理学会理事长周培源和北京市人民政府副市长吴晗。］

4月29日 吴晗到机场迎接印度文化代表团一行。[②]

［按：印度文化代表团一行22人，在团长潘迪特夫人率领下，于29日由广州飞抵北京。前往机场迎接的有中央人民政府外交部副部长章汉夫、文化部副部长丁西林、教育部副部长韦悫、中央人民政府办公厅副主任余心清、政务院文化教育委员会副秘书长范长江、外交部办公厅副主任阎宝航、外交部亚洲司代司长陈家康、政务院文化教育委员会对外文化联络事务局局长洪深、外交部交际处处长王倬如、副处长魏宝善及北京市人民政府副市长吴晗。］

---

① 本条引自1952年4月29日《人民日报》第一版。

② 本条引自1952年4月30日《人民日报》第一版。

4月29日 吴晗出席北京市各界代表欢迎缅甸文化代表团集会。①

［按:北京市各界代表于29日晚集会,欢迎缅甸文化代表团。参加欢迎会的有北京市人民政府市长彭真、副市长吴晗、副秘书长柴泽民,北京市人民代表会议协商委员会副主席刘仁,北京市人民政府文化教育委员会副主任廖沫沙,文教局局长翁独健,外事处处长马振武,北京市文学艺术界联合会主席老舍及北京市各界代表共九百多人。］

4月29日下午 吴晗到机场欢迎沈钧儒、柯柏年等从维也纳返抵北京。②

［按:国际民主法律工作者协会副主席沈钧儒、理事柯柏年等,在出席了4月中旬在维也纳举行的国际民主法律工作者协会理事会会议之后,于29日下午乘飞机返抵北京。到机场欢迎的有首都法律工作者和人民团体的代表史良、张志让、吴溉之、胡愈之、吴晗、范长江、阎宝航、闵刚侯、董越千、刘贯一、吴茂荪等多人。］

5月2日晚 吴晗出席中央人民政府文化部举行的招待缅甸文化代表团酒会。③

---

① 本条引自1952年4月30日《人民日报》第一版。

② 本条引自1952年5月1日《人民日报》第四版。

③ 本条引自1952年5月3日《人民日报》第一版。

［按：中央人民政府文化部在2日晚举行酒会，招待以宇吞帕为首的缅甸文化代表团。招待会由沈雁冰主持。出席招待会的有外交部副部长章汉夫，文化部副部长周扬、丁西林，教育部副部长韦悫，贸易部副部长沙千里，出版总署署长胡愈之，中央人民政府办公厅副主任余心清。出席招待会的还有各大学负责人马寅初、叶企孙、茅以升、林砺儒、陈垣、孙晓村、费孝通，科学界人士竺可桢、裴文中，文学艺术界人士周立波、老舍、赵树理、欧阳予倩、李伯钊、沙可夫、曹禺、梅兰芳、吕骥、齐白石、许广平，以及我国前赴印缅文化代表团副团长李一氓和在京团员、北京市副市长吴晗等150余人。］

5月5日晚 吴晗出席北京市人民政府市长彭真举行的招待来中国参加"五一"节观礼和参观的外宾的酒会。①

［按：北京市人民政府市长彭真5日晚举行酒会，招待来中国参加"五一"节观礼和参观的外宾。出席作陪的有北京市人民政府副市长张友渔、吴晗，北京市各界人民代表会议协商委员会副主席刘仁、钱端升，委员彭泽民，北京市人民政府委员、各局、处首长，中国人民保卫世界和平委员会北京市分会主席张奚若、北京市文学艺术界联合会主席老舍、北京大学校长马寅初、北京师范大学校长林砺儒、清华大学校务委员会主任委员叶企孙、辅仁大学校长陈垣以及

① 本条引自1952年5月6日《人民日报》第一版。

北京市各人民团体负责人。]

5月6日晚 吴晗出席印度驻华大使潘尼迦举行的招待印度文化代表团的酒会。[①]

[按：印度驻华大使潘尼迦在6日晚举行酒会，招待印度文化代表团。应邀参加招待会的还有中央人民政府副主席朱德，中央人民政府政务院副总理黄炎培，中央人民政府贸易部部长叶季壮，文化部部长沈雁冰、副部长周扬、丁西林，卫生部部长李德全，外交部副部长章汉夫，教育部副部长韦悫、曾昭抡，中央人民政府各部其他负责人及北京文化界人士：马寅初、蔡廷锴、张奚若、陈劭先、王昆仑、罗隆基、章乃器、邵力子、李四光、陶孟和、邢西萍、余心清、范长江、陈克寒、陈家康、钱端升、许广平、许德珩、欧阳予倩、沙可夫、洪深、郑振铎、李伯钊以及北京市副市长吴晗等共200余人。]

5月8日晚 吴晗出席北京市各界欢迎印度文化代表团集会。[②]

[按：北京市各界代表举行集会欢迎印度文化代表团。参加欢迎会的有北京市人民政府市长彭真、副市长张友渔、吴晗，秘书长薛子正，副秘书长柴泽民，北京市各界人民代

① 本条引自1952年5月7日《人民日报》第一版。

② 本条引自1952年5月9日《人民日报》第一版。

表会议协商委员会副主席刘仁、钱端升,北京市人民政府文化教育委员会副主任廖沫沙,文教局局长翁独健,外事处处长马振武,中国人民保卫世界和平委员会北京分会主席张奚若,北京市文学艺术界联合会副主席李伯钊,北京市民主妇女联合会主席张晓梅及北京市各界代表共900余人。]

5月9日 吴晗出席捷克斯洛伐克驻我国大使康萨拉为纪念苏军解放捷克斯洛伐克7周年在北京举行宴会。①

[按:为纪念苏军解放捷克斯洛伐克7周年,捷克斯洛伐克驻我国大使康萨拉在北京举行宴会。应邀出席的有中央人民政府副主席朱德、李济深、政务院总理兼外长周恩来、副总理董必武、郭沫若、黄炎培,最高人民法院院长沈钧儒,人民革命军事委员会代总参谋长聂荣臻,以及中央人民政府各部门首长、各民主党派和人民团体负责人和北京市人民政府副市长吴晗等300多人。]

5月10日晚 吴晗中央人民政府外交部举行的欢送缅甸文化代表团宴会。②

[按:缅甸文化代表团在北京参观后,即将离京前往各地参观。中央人民政府外交部副部长章汉夫特于十日晚举行宴会送行。出席作陪的有中央人民政府文化部部长沈雁

---

① 本条引自1952年5月10日《人民日报》第一版。

② 本条引自1952年5月11日《人民日报》第一版。

冰，副部长丁西林，卫生部部长李德全，教育部副部长曾昭抡，贸易部副部长姚依林，中国科学院副院长竺可桢，中国人民大学校长吴玉章，北京市人民政府副市长吴晗等以及我国驻印度大使袁仲贤，我国前赴印缅文化代表团副团长李一氓和在京团员多人。]

5月12日 吴晗出席印度文化代表团团长潘迪特夫人举行的招待我中央人民政府首长、各人民团体负责人和文化界人士的酒会。①

[按：印度文化代表团团长潘迪特夫人于12日举行酒会，招待我中央人民政府首长、各人民团体负责人和文化界人士。中央人民政府政务院周恩来总理应邀参加酒会。应邀参加酒会的还有：最高人民法院院长沈钧儒，人民革命军事委员会代总参谋长聂荣臻，政务院副总理黄炎培，政务院政治法律委员会副主任彭泽民，贸易部部长叶季壮，邮电部部长朱学范，交通部部长章伯钧，农业部部长李书城，林业部部长梁希，文化部部长沈雁冰、副部长丁西林，卫生部部长李德全、副部长贺诚，司法部部长史良，华侨事务委员会主任委员何香凝，外交部副部长章汉夫，教育部副部长韦悫、曾昭抡，人事部副部长邢西萍，法制委员会副主任委员许德珩，民族事务委员会副主任委员刘格平，海关总署署长孔原，出版总署署长胡愈之、副署长周建人，中国科学院副

① 本条引自1952年5月13日《人民日报》第一版。

院长李四光、陶孟和、竺可桢、吴有训。应邀参加酒会的还有各人民团体负责人和文化界人士张奚若、邓颖超、刘贯一、吴玉章、叶企孙、陈垣、孙晓邨、汤用彤、裴文中、严济慈、齐白石、梅兰芳、沙可夫、李伯钊等以及北京市人民政府副市长吴晗。]

5月14日 吴晗出席中央人民政府外交部举行的欢送印度文化代表团离京前往各地参观的宴会。①

[按:印度文化代表团在北京参观后,即将离京前往各地参观。我中央人民政府外交部副部长章汉夫特举行宴会,为代表团送行。参加宴会的有沈雁冰、丁西林、李德全、曾昭抡、姚依林、竺可桢、吴玉章、吴晗、袁仲贤、李一氓等。]

5月15日 吴晗出席中央人民政府外交部举行的欢送印度文化代表团离京前往各地参观的送行宴会。②

[按:印度文化代表团在北京参观后,即将离京前往各地参观。我中央人民政府外交部副部长章汉夫特举行宴会,为代表团送行。参加宴会者有沈雁冰、丁西林、李德全、曾昭抡、姚依林、竺可桢、吴玉章、吴晗等。]

5月24日 下午,吴晗出席抗美援朝总会、人民革命军事委

---

① 本条引自1952年5月16日《人民日报》第一版。

② 本条引自1952年5月16日《人民日报》第一版。

员会总政治部、华北抗美援朝总分会、北京市人民政府、北京市抗美援朝分会举办的欢送即将返回朝鲜的志愿军归国代表团和朝鲜人民访华代表团宴会。①

[按：中国人民抗美援朝总会、中央人民政府人民革命军事委员会总政治部、华北抗美援朝总分会、北京市人民政府、北京市抗美援朝分会于24日下午五时半举行宴会，欢送即将返回朝鲜的中国人民志愿军归国代表团和朝鲜人民访华代表团。中国人民志愿军归国代表团和朝鲜人民访华代表团的代表全体出席。中国人民抗美援朝总会副主席彭真、中央人民政府人民革命军事委员会总政治部副主任萧华、中国人民抗美援朝总会常务委员、北京市分会主席张奚若、北京市人民政府副市长吴晗等出席招待。]

5月25日下午 吴晗等北京各界代表到车站欢送志愿军代表团和朝鲜人民访华团离京返朝。②

[按：中国人民志愿军归国代表团和朝鲜人民访华代表团离开北京返回朝鲜。到车站欢送的有北京各界人民代表张奚若、萧华、曾昭抡、吴晗等八百多人。朝鲜民主主义人民共和国驻华大使权五稷也到站欢送。]

① 本条引自1952年5月25日《人民日报》第一版。

② 本条引自1952年5月26日《人民日报》第一版。

6月5日 吴晗到机场欢迎波兰驻我国大使基里洛克抵京。[①]

[按:波兰驻我国特命全权大使基里洛克乘飞机抵京。到机场欢迎的有中央人民政府外交部副部长伍修权、苏联东欧司副司长徐以新、交际处处长王倬如、北京市人民政府副市长吴晗等人。到机场欢迎的还有各国驻华外交使节。波兰大使馆临时代办古拉及全体馆员亦前往欢迎。]

6月6日晚 吴晗出席彭真市长举行的招待各国代表的宴会。[②]

[按:北京市市长彭真举行宴会,招待来京参加亚洲及太平洋区域和平会议筹备会议的各国代表。我国方面出席宴会的有:郭沫若、陈叔通、李德全。南汉宸、吴耀宗、李四光、张奚若、张友渔、吴晗、以及首都文化、教育、科学、经济、宗教等各界著名人士200多人。]

6月16日 吴晗出席中印友好协会举行的欢送酒会。[③]

[按:中印友好协会举行酒会,欢送奉调离任的印度驻我国大使潘尼迦。参加欢送酒会的有郭沫若、陈叔通、黄炎培、沈钧儒、章汉夫、李德全、邵力子、彭泽民、蔡廷锴、吴晗、

---

① 本条引自1952年6月6日《人民日报》第一版。

② 本条引自1952年6月7日《人民日报》第一版。

③ 本条引自1952年6月18日《人民日报》第一版。

丁西林、陈翰笙等100余人。]

6月19日 吴晗出席北京苏联红十字医院[1]开幕典礼，并在会上致辞。[2]

[按：北京苏联红十字医院于十九日在北京正式开幕。参加开幕典礼的有彭真、李德全、彭泽民、陈其瑗、贺诚、傅连暲、吴晗、胡兰生及首都各人民团体、医院代表约二百人。苏联罗申大使及使馆人员也到会致贺。李德全、贺诚、吴晗都在会上致词，热烈庆贺该院的成立。]

7月11日 吴晗出席蒙古国驻华大使贾尔卡赛汗为庆祝蒙古人民革命胜利第31周年举行的招待会。[3]

[按：为庆祝蒙古人民革命胜利第31周年，蒙古人民共和国驻华大使贾尔卡赛汗举行招待会。应邀出席招待会的有中央人民政府副主席朱德、李济深，秘书长林伯渠，最高人民法院院长沈钧儒，政务院副总理董必武、黄炎培，中央人民革命军事委员会代总参谋长聂荣臻，中央人民政府外

① 北京苏联红十字医院，始建于1952年。是新中国成立后，斯大林元帅和毛泽东主席亲自商定，由前苏联政府和苏联红十字会援助，党和政府在首都建立的第一所大医院。毛泽东主席、刘少奇副主席、周恩来总理、朱德委员长亲笔为医院题词。1957年3月，前苏联政府将医院正式移交我国。该医院现名为首都医科大学附属北京友谊医院。

② 本条引自1952年6月20日《人民日报》第一版。

③ 本条引自1952年7月12日《人民日报》第一版。

交部副部长伍修权以及中央人民政府各部首长、北京市人民政府副市长吴晗等约200人。]

7月19日晚 吴晗出席马叙伦举行的欢迎波兰篮球代表队全体人员的宴会。①

[按:中央人民政府教育部部长、中华全国体育总会主席马叙伦特设宴欢迎波兰篮球代表队全体人员。参加宴会的有韦悫、康克清、荣高棠、吴晗、马约翰等数十人。波兰驻我国大使基里洛克也应邀出席了宴会。]

7月22日 吴晗出席波兰驻华大使基里洛克为庆祝波兰共和国国庆举行招待会。②

[按:波兰驻华大使基里洛克为庆祝波兰共和国国庆举行招待会。应邀出席的有中央人民政府副主席朱德、李济深,秘书长林伯渠,政务院总理周恩来、副总理郭沫若,最高人民法院院长沈钧儒,人民革命军事委员会代总参谋长聂荣臻,中央人民政府外交部副部长伍修权,以及中央人民政府各部门首长和北京市人民政府副市长吴晗等200多人。]

8月1日 吴晗出席瑞士驻我国公使馆临时代办施褆纳特

---

① 本条引自1952年7月20日《人民日报》第一版。

② 本条引自1952年7月23日《人民日报》第一版。

为庆祝瑞士联邦国庆日举行招待会。[1]

［按：瑞士驻我国公使馆临时代办施褆纳特为庆祝瑞士联邦国庆日举行招待会。郭沫若、章汉夫应邀出席招待会。出席招待会的还有中央人民政府各机关首长、北京市人民政府副市长吴晗暨来宾百余人。］

8月14日 吴晗出席巴基斯坦驻华大使罗查为庆祝巴基斯坦独立5周年举行的宴会。[2]

［按：巴基斯坦驻华大使罗查在北京举行宴会，庆祝巴基斯坦独立5周年。应邀出席的有中央人民政府副主席朱德、李济深，政务院副总理郭沫若、黄炎培，最高人民法院院长沈钧儒，人民革命军事委员会代总参谋长聂荣臻，中央人民政府外交部副部长章汉夫，以及中央人民政府各部门首长和北京市人民政府副市长吴晗等200余人。］

8月15日晚 吴晗出席朝鲜驻我国大使权五稷举办的宴会。[3]

［按：朝鲜驻我国大使权五稷举办宴会，庆祝“8·15”朝鲜解放7周年。应邀出席宴会的有中央人民政府副主席刘少奇、李济深，政务院副总理郭沫若，最高人民法院院长沈

---

① 本条引自1952年8月2日《人民日报》第四版。

② 本条引自1952年8月15日《人民日报》第一版。

③ 本条引自1952年8月16日《人民日报》第一版。

钧儒，中国人民革命军事委员会代总参谋长聂荣臻，中国人民政治协商会议全国委员会副主席陈叔通，中央人民政府外交部副部长章汉夫，以及中央人民政府各部门首长、各民主党派负责人和北京市人民政府副市长吴晗等200余人。]

8月17日 吴晗出席印度尼西亚驻我国大使馆代办伊沙·玛蒂为庆祝印度尼西亚独立第7周年举行的招待会。①

[按：印度尼西亚共和国驻中国大使馆代办伊沙·玛蒂在北京举行招待会，庆祝印度尼西亚独立第7周年。应邀出席的有中央人民政府政务院副总理郭沫若，外交部副部长章汉夫，以及中央人民政府各部门首长和北京市人民政府副市长吴晗等200余人。]

8月20日 吴晗出席匈牙利驻我国大使夏法朗柯为庆祝匈牙利人民共和国宪法颁布3周年举行的招待会。②

[按：匈牙利人民共和国驻我国大使夏法朗柯，为庆祝匈牙利人民共和国宪法颁布3周年在北京举行招待会。应邀出席的有最高人民法院院长沈钧儒，中央人民政府外交部副部长伍修权，中央人民政府各部门首长、各民主党派、各人民团体负责人和北京市人民政府副市长吴晗等200多人。]

---

① 本条引自1952年8月18日《人民日报》第一版。

② 本条引自1952年8月21日《人民日报》第一版。

8 月 21 日晚 吴晗出席中央人民政府文化部举行的欢迎罗马尼亚部队歌舞团宴会。①

[按:中央人民政府文化部举行宴会,欢迎罗马尼亚共和国部队歌舞团全体人员,出席宴会的有以莫耐斯古·考尔耐丽乌为首的罗马尼亚共和国部队歌舞团全体人员,出席宴会作陪的有人民革命军事委员会总政治部副主任萧华,北京市人民政府副市长吴晗和首都的文化艺术界人士、中国人民解放军文化艺术工作者欧阳予倩、李兆炳、舒舍予、周巍峙、史东山、郑振铎、宋之的、马彦祥、赵沨、罗合如、吴晓邦、戴爱莲、陈其通、叶盛兰、蓝马、新凤霞等以及外交部交际处副处长沈平等 90 多人。]

8 月 23 日下午 吴晗出席罗马尼亚驻我国大使鲁登科为庆祝罗马尼亚解放八周年举行的招待会。②

[按:罗马尼亚驻我国大使鲁登科在北京举行招待会,庆祝罗马尼亚解放八周年。应邀出席招待会的有中央人民政府副主席朱德、李济深,政务院副总理郭沫若,人民革命军事委员会代总参谋长聂荣臻,外交部副部长章汉夫、伍修权,中央人民政府各部门首长、各民主党派领袖、各人民团体负责人和北京市人民政府副市长吴晗等 200 多人。]

---

① 本条引自 1952 年 8 月 22 日《人民日报》第一版。

② 本条引自 1952 年 8 月 24 日《人民日报》第一版。

9月9日 吴晗出席保加利亚人民共和国驻我国大使彼得科夫特为庆祝保加利亚国庆节举行的招待会。①

[按:保加利亚人民共和国驻我国大使彼得科夫特为庆祝保加利亚国庆节在北京举行招待会。应邀出席招待会的有中央人民政府副主席刘少奇,政务院副总理董必武、黄炎培,最高人民法院院长沈钧儒,人民革命军事委员会代总参谋长聂荣臻,外交部副部长伍修权,以及中央人民政府各部门首长、各民主党派领袖、各人民团体负责人和北京市人民政府副市长吴晗等400多人。]

9月13日上午 吴晗等到车站欢迎印度共和国新任驻我国大使赖嘉文抵京。②

[按:上午8点52分,印度共和国新任驻我国特命全权大使赖嘉文乘车抵京。到车站迎接的有中央人民政府外交部办公厅主任王炳南、亚洲司副司长何英、交际处处长王倬如、北京市人民政府副市长吴晗和京津卫戍司令部副参谋长曾美等。到车站欢迎的还有各国驻华使节和外交官员,以及印度驻华大使馆临时代办高尔及全体馆员。]

9月25至29日 吴晗等先后到车站欢迎来首都参加第三

---

① 本条引自1952年9月10日《人民日报》第一版。

② 本条引自1952年9月14日《人民日报》第一版。

届国庆盛典的各国代表团。[①]

［按：来首都参加第三届国庆盛典的印尼、缅甸、印度、朝鲜等地华侨回国观光团及马来亚、泰国归国华侨观礼代表，已先后于25日和29日到达北京。先后到车站欢迎的有：中央人民政府委员兼华侨事务委员会委员彭泽民、蔡廷锴、司徒美堂，中央人民政府内务部副部长兼华侨事务委员会委员陈其瑗、华侨事务委员会副主任委员廖承志、李铁民、庄希泉，北京市人民政府副市长吴晗及各民主党派、各人民团体、各机关代表和华侨学生等多人。］

10月4日 吴晗出席毛泽东主席举行的欢迎蒙古人民共和国政府代表团的宴会。[②]

［按：毛泽东主席在中南海勤政殿欢宴以蒙古人民共和国总理泽登巴尔为首的蒙古人民共和国政府代表团。中国方面出席作陪的有中央人民政府副主席朱德、李济深，秘书长林伯渠，政务院总理兼外交部部长周恩来，副总理陈云、黄炎培、邓小平，最高人民法院院长沈钧儒，人民政协全国委员会副主席陈叔通，人民革命军事委员会代总参谋长聂荣臻，副总参谋长粟裕，总政治部副主任萧华，政务院财政经济委员会副主任兼财政部部长薄一波，副主任贾拓夫，副主任兼对外贸易部部长叶季壮，政务院文化教育委员会副

---

① 本条引自1952年9月30日《人民日报》第四版。

② 本条引自1952年10月5日《人民日报》第一版。

主任兼教育部部长马叙伦，副主任陆定一，副主任兼文化部部长沈雁冰，副主任习仲勋，中共中央办公厅主任杨尚昆，中央人民政府部长罗瑞卿、章乃器、滕代远、朱学范、章伯钧、李书城、梁希、李立三、李德全、赖传珠，副部长章汉夫、伍修权、周扬、钱俊瑞，中国人民解放军海军副司令员罗舜初，中国人民解放军空军参谋长王秉璋，中央人民政府典礼局局长余心清，外交部办公厅主任王炳南，副主任阎宝航，亚洲司司长陈家康，交际处处长王倬如，北京市人民政府副市长吴晗。]

10月5日 吴晗出席印度尼西亚驻我大使馆武官沙林中校举行的庆祝印度尼西亚建军节的招待会。①

[按：印度尼西亚共和国驻中国大使馆武官沙林中校在北京举行招待会，庆祝印度尼西亚建军节。应邀到会的有中国人民革命军事委员会代总参谋长聂荣臻、总政治部副主任萧华、办公厅主任萧向荣、文化部副部长李兆炳、宣传部副部长黄远、青年部副部长刘西元、对外联络处副处长朱凤熙等。应邀到会的尚有外交部副部长章汉夫、对外贸易部副部长雷任民、文化部副部长丁西林、典礼局局长余心清、外交部办公厅副主任阎宝航、亚洲司副司长何英、交际处副处长沈平及北京市人民政府副市长吴晗等。]

① 本条引自1952年10月6日《人民日报》第四版。

10月6日 吴晗出席捷克斯洛伐克共驻我国大使馆武官普罗查上校举行的庆祝捷克斯洛伐克军队建军节的招待会。[①]

［按：捷克斯洛伐克共和国驻我国大使馆武官普罗查上校在北京举行招待会，庆祝捷克斯洛伐克共和国军队建军节。应邀到会的有中国人民革命军事委员会代总参谋长聂荣臻、总政治部副主任萧华、办公厅主任萧向荣、文化部副部长李兆炳、宣传部副部长黄远、青年部副部长刘西元、对外联络处副处长朱凤熙等。应邀到会的尚有外交部副部长章汉夫、对外贸易部副部长雷任民、文化部副部长丁西林、典礼局局长余心清、外交部办公厅副主任阎宝航、亚洲司副司长何英、交际处副处长沈平及北京市人民政府副市长吴晗等。］

10月7日晚 吴晗出席民主德国驻我国外交使团团长柯尼希为庆祝民主德国成立3周年举行的招待会。[②]

［按：晚7点，德意志民主共和国驻我国外交使团团长柯尼希，为庆祝德意志民主共和国成立3周年在北京举行招待会。应邀出席招待会的有中央人民政府副主席朱德、李济深，政务院总理周恩来，副总理郭沫若、黄炎培，最高人民法院院长沈钧儒，人民革命军事委员会代总参谋长聂荣臻，外交部副部长伍修权，中央人民政府各部门首长、各民主党

---

① 本条引自1952年10月7日《人民日报》第四版。

② 本条引自1952年10月8日《人民日报》第一版。

派领袖、各人民团体负责人和北京市人民政府副市长吴晗等约300人。]

10月7日晚 吴晗出席中央人民政府人民革命军事委员会总政治部举行的欢迎捷克斯洛伐克维特·尼耶德利军队文工团的全体人员的宴会。①

[按:中央人民政府人民革命军事委员会总政治部于七日晚欢宴捷克斯洛伐克维特·尼耶德利军队文工团的全体人员。宴会由萧华副主任主持,应邀作陪的有军委总后勤部杨立三部长,中国人民解放军空军副政委吴法宪,中国人民解放军公安部队副政委李天焕,中国人民解放军华北军区政治部副主任张致祥,中央人民政府人民革命军事委员会办公厅副主任朱早观,总政治部文化部副部长李兆炳,中国人民解放军国庆观礼代表团团长、副团长陈奇涵、张凯、李作鹏、丁秋生、尹先炳、高维嵩、王辉球和中国人民志愿军国庆归国观礼代表团团长甘泗淇,中央人民政府典礼局局长余心清,北京市人民政府副市长吴晗等400余人。]

10月8日 吴晗的《和平的长城》一文在《光明日报》上发表。②

[按:在亚洲及太平洋区域和平会议在北京召开之际,

---

① 本条引自1952年10月8日《人民日报》第一版。

② 本条引自1952年10月8日《光明日报》第六版。

吴晗的《和平的长城》一文在《光明日报》1952 年 10 月 8 日第六版发表。吴晗在文章中说："和平会议向全世界表明：亚洲人民站起来了，太平洋区域各国人民站起来了，亚洲及太平洋区域 16 亿人民的大团结，就是保卫世界和平的一支无比强大的战斗力量。和平会议会向全世界表明：在各国人民之间，没有猜忌，没有仇恨、没有利益的冲突，大家可以和平相处，生活在一个友爱合作的大家庭里。和平会议会向全世界表明：一切战争挑拨者的阴谋和暴行，都将受到历史的裁判！每一个黩武主义者和法西斯分子，都是世界人民的公敌。"。]

10 月 12 日 吴晗出席波兰驻我国大使馆武官莫纳特上校为庆祝波兰军队建军节举行的招待会。①

[按：波兰人民共和国驻我国大使馆武官莫纳特上校在北京举行招待会，庆祝波兰军队建军节。应邀到会的有中央人民政府人民革命军事委员会代总参谋长聂荣臻、副总参谋长张宗逊，总政治部副主任萧华、中国人民解放军防空司令员周士第、炮兵司令员陈锡联、工兵司令员陈士榘、海军副司令员王宏坤、空军副政治委员吴法宪、空军参谋长王秉璋、中央人民政府最高人民法院院长沈钧儒、政务院财政经济委员会副主任曾山、政务院文化教育委员会副主任马叙伦、外交部副部长伍修权及中央人民政府各部门首长和

① 本条引自 1952 年 10 月 13 日《人民日报》第四版。

各民主党派、人民团体负责人，北京市人民政府副市长吴晗等。]

10 月 28 日 北京市成立“中苏友好月”办公室，吴晗任办公室主任。[1]

[按：北京市成立“中苏友好月”办公室，具体组织和领导北京市“中苏友好月”的各项活动。北京市中苏友好协会副会长、北京市人民政府副市长吴晗、作家老舍、中共北京市委宣传部副部长廖沫沙、北京市总工会副主席刘莱夫等，分别担任办公室主任、副主任。]

11 月 2 日下午 吴晗等前往车站欢迎参加我国“中苏友好月”活动的苏联艺术科学代表团和苏军红旗歌舞团抵京。[2]

[按：以吉洪诺夫为首的苏联艺术科学工作者代表团和苏军红旗歌舞团一行 290 人抵达北京。前往车站欢迎的有中苏友好协会总会副会长宋庆龄、吴玉章、李济深、郭沫若，中苏友好协会总会总干事钱俊瑞，中国人民保卫世界和平委员会副主席陈叔通，中央人民政府人民革命军事委员会总政治部副主任萧华，中央人民政府人民革命军事委员会总政治部文化部副部长李兆炳，中华全国民主妇女联合会副主席邓颖超，中华全国民主青年联合总会主席廖承志，中

① 本条引自 1952 年 10 月 28 日《人民日报》第一版。

② 本条引自 1952 年 11 月 3 日《人民日报》第一版。

华全国文学艺术界联合会全国委员会副主席茅盾、周扬，中华全国总工会国际联络部副部长金子明，中国科学院副院长陶孟和，北京市中苏友好协会副会长张奚若、刘仁、钱端升，北京市副市长吴晗，首都文化艺术科学工作者及首都各界人民4500多人。]

11月7日下午　吴晗出席北京市纪念苏联十月革命35周年庆祝大会并在会上讲话。[①]

[按：北京市人民4万多人七日下午在先农坛举行大会，庆祝苏联十月社会主义革命35周年。在主席台上的，有北京市中苏友好协会副会长吴晗、许德珩、舒舍予，中国共产党北京市委员会副书记刘仁，北京市人民政府秘书长薛子正，中国人民解放军华北军区政治部副主任张致祥，中苏友好协会总会和华北中苏友好协会筹备委员会代表，北京市各界人民代表会议协商委员会委员和市人民政府委员，劳动模范，北京市各民主党派、人民团体和主要的工矿、企业、学校的负责人以及文化、艺术、科学界著名人士。]

11月7日下午　吴晗出席苏联驻我国大使馆为庆祝十月社会主义革命35周年举行的招待会。[②]

[按：下午5点，苏联驻我国大使馆临时代办顾德夫，为

① 本条引自1952年11月8日《人民日报》第一版。

② 本条引自《胡耀邦史料信息网》文及《人民日报》1952年11月8日。

庆祝伟大的十月社会主义革命35周年，在北京举行招待会。出席招待会的有中央人民政府副主席朱德、宋庆龄、高岗，秘书长林伯渠，政务院总理兼外交部长周恩来，副总理陈云、郭沫若、邓小平，最高人民法院副院长吴溉之、张志让，中央人民政府人民革命军事委员会代总参谋长聂荣臻、副总参谋长张宗逊、总政治部副主任萧华，中国人民解放军海军司令员萧劲光、炮兵司令员陈锡联、装甲兵司令员许光达、空军副司令员常乾坤，中央人民政府各委、部首长张奚若、彭泽民、薄一波、马寅初、贾拓夫、马叙伦、陈伯达、沈雁冰、习仲勋、谢觉哉、罗瑞卿、陈郁、黄敬、赵尔陆、李四光、滕代远、朱学范、章乃器、李书城、梁希、李立三、史良、安子文、李维汉、何香凝、胡愈之，以及京津卫戍司令部副司令员杨成武，北京市人民政府副市长张友渔、吴晗等。]

11月7日晚 吴晗在北京人民广播电台作题为《我们要加强中苏友谊，要善于向苏联学习》的广播讲话。①

11月8日 吴晗在北京市纪念苏联十月革命35周年庆祝大会上的讲话（摘录）在《人民日报》上发表。②

11月8日下午 吴晗出席苏联图片展览会开幕典礼。③

［按：中苏友好协会总会为庆祝十月社会主义革命35

---

① 本条引自1952年11月4日《人民日报》第一版（节目预告）。

② 本条引自1952年11月8日《人民日报》第一版。

③ 本条引自1952年11月9日《人民日报》第一版。

周年和“中苏友好月”而举办的苏联图片展览会在北京市劳动人民文化宫隆重举行开幕典礼。参加开幕典礼的有中苏友好协会总会副会长吴玉章、总干事钱俊瑞，中央人民政府最高人民法院副院长张志让、外交部副部长章汉夫、文化部副部长丁西林、中国科学院副院长竺可桢、吴有训、水利部副部长张含英、交通部副部长季方、北京市人民政府副市长吴晗。]

11月8日下午 吴晗参加为庆祝苏联十月革命35周年，北京市政府和市北京市中苏友协会联合举行的宴会和庆祝晚会。[①]

[按：为了庆祝伟大的十月社会主义革命35周年和“中苏友好月”揭幕，北京市人民政府和北京市中苏友好协会联合欢宴现在北京市工作的苏联专家。晚间并举行了盛大的庆祝晚会。应邀参加宴会和庆祝晚会的有北京苏联红十字医院副院长耶果洛夫，市政建设专家土曼副卡娅和北京苏联红十字医院的苏联医学专家及医务人员。出席宴会的有张友渔、吴晗、张奚若、许德珩、刘仁、曹靖华、王之相、钱端升、蒋光鼐等。吴晗代表北京市人民政府和首都人民在宴会上致辞。他向具体帮助首都各方面工作的苏联专家祝贺伟大的节日，并感谢他们在加速首都生产建设事业上所作的努力。]

---

① 本条引自1952年11月12日《人民日报》第一版。

11月10日晚 吴晗出席中央人民政府人民革命军事委员会总政治部举行的酒会。[①]

[按:中央人民政府人民革命军事委员会总政治部在十日晚间举行酒会,欢迎以吉洪诺夫为首的苏联文化工作者代表团、由楚拉基领导的苏联艺术工作团、以鲍·亚·亚历山大罗夫为首的苏军红旗歌舞团和以费道罗夫为首的苏联电影艺术工作者代表团。出席酒会的有中央人民政府人民革命军事委员会代总参谋长聂荣臻、副总参谋长张宗逊、总政治部副主任萧华、总后勤部部长杨立三、总干部部副部长赖传珠、中国人民解放军海军司令员萧劲光、炮兵司令员陈锡联、装甲兵司令员许光达、铁道兵团司令员滕代远、空军副司令员常乾坤、防空司令部副司令员谭家述、公安部队副政治委员李天焕,华北军区政治部主任朱良才、中国人民志愿军副司令员陈赓将军、中苏友好协会总会总干事钱俊瑞,中央人民政府外交部副部长伍修权,文化部部长沈雁冰,北京市人民政府副市长吴晗,首都文化艺术界人士和部队文艺工作者萧三、欧阳予倩、老舍、曹禺、戴爱莲、李兆炳、宋之的、虞棘、陈其通、陈播、田华等人。]

11月11日中午 吴晗出席苏军红旗歌舞团表演会并上台致词。[②]

---

① 本条引自1952年11月11日《人民日报》第一版。

② 本条引自1952年11月12日《人民日报》第一版。

[按:中午12点,以鲍·亚·亚历山大罗夫为首的苏军红旗歌舞团北京先农坛继续举行表演会。参观这次表演的有首都各工厂矿山工人、郊区农民、机关干部和北京市民共3万5千多人。吴晗代表首都人民上台致词,他说:“由于你们的卓越的艺术和广大的中国人民见面,更加增进了中苏两国人民之间的友谊和文化交流,使我们更深刻地认识到伟大的苏联军队不仅是一支保卫世界和平的不可战胜的力量,而且也是一支最有文化修养的军队。”吴晗说:“首都人民热爱苏联,我们牢牢地记着:苏联是我们的良师益友,苏联的今天就是我们的明天。我们正沿着十月社会主义革命所指示的道路前进。”]

11月12日 吴晗在苏军红旗歌舞团表演会并上的致词(摘录)在《人民日报》上发表。①

11月26日下午 吴晗到车站欢迎瑞典驻我国特命全权大使魏斯特朗抵京。②

[按:魏斯特朗大使由瑞典驻我国大使馆临时代办贝凡陪同乘车抵京。到车站迎接的有中央人民政府外交部办公厅副主任阎宝航、西欧非洲司司长宦乡、交际处处长王倬如,北京市人民政府副市长吴晗和京津卫戍司令部副参谋长曾美等。到站迎接的还有各国驻我国使节和外交官员

① 本条引自1952年11月12日《人民日报》第一版。

② 本条引自1952年11月27日《人民日报》第一版。

多人。]

11 月　吴晗兼任《中苏友好月刊》办公室主任。[①②]

12 月 2 日晚　吴晗等到车站欢迎苏联文化工作者代表团和苏联艺术工作团返京。[③]

[按:苏联文化工作者代表团和苏联艺术工作团从上月15 日离开北京,分别访问了武汉、长沙、广州、杭州、兰州、西安、上海等城市后,于 12 月 2 日晚返抵北京,到车站欢迎的有中苏友好协会总会总干事钱俊瑞,中华全国文学艺术界联合会副主席周扬,北京市中苏友好协会副会长张奚若,北京市人民政府副市长吴晗,和文化艺术界人士沙可夫、田汉、欧阳予倩、郑振铎、洪深、曹靖华、周巍峙、曹禺、艾青、王亚平、丁瓒等数十人。苏联对外文化协会代表茹克福也到站欢迎。]

12 月 3 日晚　吴晗主持盛大宴会欢送即将离京的以吉洪诺夫为首的苏联文化工作者代表团并在会上致辞。[④]

[按:北京市人民政府彭真市长举行盛大宴会,欢送行将离京的苏联文化工作者代表团。北京市人民政府吴晗副

① 本条引自徐友春主编《民国人物大词典》第 579 页。

② 中苏友好协会总会的机关报是《中苏友好报》(四开双周报,郭沫若题写报名),刊物为《中苏友好》月刊,总编辑为《人民日报》原副总编廖经天同志。

③ 本条引自 1952 年 12 月 3 日《人民日报》第一版。

④ 本条引自 1952 年 12 月 4 日《人民日报》第一版。

市长代表彭真市长主持宴会。出席宴会的有中苏友好协会总会副会长吴玉章、李济深，总干事钱俊瑞，中央人民政府人民革命军事委员会总政治部副主任萧华，北京市中苏友好协会副会长张奚若、许德珩、萧明、孙晓村、曹靖华，北京市各界人民代表会议协商委员会副主席钱端升，北京市人民政府秘书长、副秘书长、各局处长和人民团体负责人，以及首都文化界人士周扬、李四光、范文澜、翦伯赞、艾青、田汉、欧阳予倩、李兆炳、何其芳、陈荒煤等。]

12 月 4 日晨 吴晗等到机场欢送苏联文化工作者代表团离京返苏。①

[按：应中苏友好协会总会邀请前来我国的苏联文化代表团在赴全国各大城市参加了“中苏友好月”活动以后于 12 月 4 日晨乘专机离京返苏，到机场欢送的有中苏友好协会总会副会长吴玉章、李济深，总干事钱俊瑞，中华全国文学艺术界联合会副主席周扬，中华全国总工会副主席朱学范，中国科学院副院长竺可桢，中央人民政府出版总署署长胡愈之，中央人民政府农业部副部长杨显东，中央人民政府人民革命军事委员会总政治部文化部副部长李兆炳，中国新民主主义青年团中央书记处书记李昌、刘导生，北京市中苏友好协会副会长张奚若，北京市人民政府副市长吴晗，和文化艺术界人士范文澜、沙可夫、田汉、欧阳予倩、郑振铎、洪深、

① 本条引自 1952 年 12 月 5 日《人民日报》第一版。

曹靖华、曹禺、周建人、王亚平、艾青、陈荒煤等100多人。]

12月4日 吴晗在欢送即将离京的以吉洪诺夫为首的苏联文化工作者代表团的宴会上的致辞(摘录)在《人民日报》上发表。①

12月5日上午 吴晗到车站欢迎第二届赴朝慰问团抵京。②

[按:中国人民第二届赴朝慰问团由天津抵达北京。前往车站欢迎的有北京市抗美援朝分会主席张奚若,北京市人民政府副市长吴晗,中国人民抗美援朝总会组织部部长许宝驹,副部长谭惕吾、莫艺昌,华北抗美援朝总分会常务委员张致祥,组织部副部长文英,中央人民政府人民革命军事委员会总政治部宣传部部长刘志坚,文化部副部长李兆炳、刘白羽,中华全国总工会国际联络部副部长金子明及首都各界人民共600多人。]

12月6日下午 吴晗出席芬兰驻我国公使克诺林为庆祝芬兰独立35周年举行的招待会。③

[按:下午6点,芬兰驻我国公使克诺林为庆祝芬兰独立三十五周年在北京举行。应邀出席宴会的有中央人民政

---

① 本条引自1952年12月4日《人民日报》第一版。

② 本条引自1952年12月6日《人民日报》第一版。

③ 本条引自1952年12月7日《人民日报》第一版。

府政务院总理兼外交部部长周恩来，高等教育部部长马叙伦，教育部部长张奚若，外交部副部长章汉夫、伍修权，文化部副部长丁西林，对外贸易部副部长雷任民，人民革命军事委员会办公厅主任萧向荣，北京市人民政府副市长吴晗等近200人。]

12月9日 吴晗前往机场欢迎新任苏联驻我国大使潘友新。①

[按：苏联前任驻我国大使罗申已奉调返国，苏联最高苏维埃主席团已任命潘友新为驻我国大使。潘友新大使在9日下午乘飞机由莫斯科到达北京。前往机场欢迎的有中央人民政府外交部副部长伍修权，政务院副秘书长齐燕铭，外交部办公厅主任王炳南、苏联东欧司司长徐以新、交际处处长王倬如，京津卫戍司令部副司令员杨成武，北京市人民政府副市长吴晗及中苏友好协会总会总干事钱俊瑞等人。]

12月13日 吴晗到北京车站欢迎苏军红旗歌舞团抵京。②

[按：以鲍·亚·亚历山大罗夫为首的苏军红旗歌舞团，在访问了天津、济南。南京、上海、杭州、广州、武汉等城市后，于12月13日下午，乘专车由武汉返抵北京，吴晗、钱俊瑞等到车站欢迎。]

---

① 本条引自1952年12月10日《人民日报》第一版。

② 本条引自1952年12月14日《北京日报》第一版。

12 月 18 日晚 吴晗参加并主持了北京市政府举行的欢送行将离京的由楚拉基为首的苏联艺术工作团部分团员和以费道罗夫为首的苏联电影艺术工作者代表团全体团员的盛大宴会。①

［按：北京市人民政府彭真市长举行盛大宴会，欢送行将离京的由楚拉基领导的苏联艺术工作团一部分团员和以费道罗夫为首的苏联电影艺术工作者代表团全体团员。宴会由副市长吴晗代表彭真市长主持。出席宴会的有中苏友好协会总会副会长吴玉章、李济深，总干事钱俊瑞、北京市中苏友好协会副会长萧明、孙晓邨，华北中苏友好协会筹备会代表李之乾，北京市第四届各界人民代表会议协商委员会副主席钱端升，北京市人民政府各部门负责人和北京市各人民团体负责人，以及首都文化艺术界人士周扬、阳翰笙、田汉、郑振铎、熊复、张仲实、曹禺、李伯钊、周巍峙、吴雪、王阑西、蔡楚生、史东山、田方、汪洋、罗光达、李兆炳等。吴晗副市长在宴会上致词。

1952 年 11 月，以费道罗夫为首的苏联电影艺术工作代表团来中国参加“中苏友好月”活动，11 月 29 日～12 月 1 日，费道罗夫为首的苏联电影工作者代表团到上影参观访问，并与上影部分导演、演员、摄影等举行座谈。代表团还到了长春参观访问，参观了东北电影制片厂，与电影工作者进行了座谈。代表团成员斯米尔诺娃应邀到东北师大了解关于电影《乡村女教师》创作经过的报告。］

① 本条引自 1952 年 12 月 19 日《人民日报》第一版。

12 月 19 日　吴晗在欢送行将离京的由楚拉基为首的苏联艺术工作团部分团员和以费道罗夫为首的苏联电影艺术工作者代表团的宴会的讲话（摘录）在《人民日报》上发表。①

12 月 19 日晚　吴晗出席苏联电影艺术工作者代表团和苏联影片输出公司驻华总代表处联合举行的宴会。②

［按：为庆祝“中苏友好月”及“苏联影片展览月”胜利结束，苏联电影艺术工作者代表团特在十九日晚和苏联影片输出公司驻华总代表处联合举行宴会，招待首都各界人士。中央人民政府政务院总理周恩来应邀出席了宴会。应邀出席宴会的还有中苏友好协会总会副会长吴玉章、李济深，总干事钱俊瑞和在京的理事、干事，中央人民政府人民革命军事委员会总政治部副主任萧华，中央人民政府文化部副部长周扬、丁西林，北京市中苏友好协会副会长许德珩、曹靖华，北京市人民政府副市长吴晗，中央人民政府文化部电影局副局长王阑西和各人民团体的代表，以及电影、戏剧、文学界人士阳翰笙、冯雪峰、欧阳予倩、舒舍予、沙可夫、蔡楚生、史东山、郑振铎、李伯钊、曹禺、光未然、张庚、田方、司徒慧敏、成荫、王震之、徐肖冰、罗光达、蓝马等 180 多人。］

12 月 20 日晨　吴晗等到车站欢送以费道罗夫为首的苏联

---

① 本条引自 1952 年 12 月 19 日《人民日报》第一版。

② 本条引自《人民日报》1952 年 12 月 20 日一版。

电影艺术工作者代表团离京返国。[①]

［按：应邀前来我国的苏联电影艺术工作者代表团在先后访问北京、上海等十二大城市，参加了“中苏友好月”活动之后乘火车离北京回苏联。到车站欢送的有中苏友好协会总会总干事钱俊瑞，中央人民政府文化部副部长周扬、丁西林，北京市中苏友好协会副会长张奚若、曹靖华，北京市人民政府副市长吴晗，中央人民政府文化部电影局副局长王阑西和首都文化、艺术、电影界人士翦伯赞、蔡楚生、史东山、章泯、高戈、蓝马、王震之、徐肖冰、司徒慧敏和各人民团体代表以及北京电影学校学生等共250人。］

12月20日 吴晗到机场欢送苏联艺术工作团离京飞赴沈阳。[②]

［按：苏联艺术工作团由北京乘专机飞赴沈阳。苏联艺术工作团离京时，中苏友好协会总会副总干事阎宝航、李沾吾，中华全国文学艺术界联合会副主席周扬，北京市中苏友好协会副会长张奚若、曹靖华，北京市人民政府副市长吴晗和首都艺术界代表等曾到机场欢送。］

12月23日下午 吴晗到车站欢迎苏军红旗歌舞团返京。[③]

---

① 本条引自《人民日报》1952年12月21日一版。

② 本条引自《人民日报》1952年12月22日一版。

③ 本条引自1952年12月24日《人民日报》第一版。

［按：以鲍·亚·亚历山大罗夫为首的苏军红旗歌舞团，在访问了天津、济南、南京、上海、杭州、广州、武汉等城市后，已于23日下午乘专车由武汉返抵北京。到车站欢迎的有中苏友好协会总会总干事钱俊瑞，副总干事阎宝航、李霑吾，中央人民政府人民革命军事委员会总政治部文化部副部长李兆炳，北京市中苏友好协会副会长许德珩，北京市人民政府副市长吴晗和首都文学艺术界人士曹禺、李炜、蓝马、田华等60余人。］

12月23日下午 吴晗到机场欢迎罗马尼亚新任驻我国大使郭佐文抵京。[①]

［按：罗马尼亚人民共和国新任驻我国特命全权大使郭佐文乘飞机到达北京。前往机场欢迎的有中央人民政府外交部副部长伍修权、苏联东欧司司长徐以新、交际处处长王倬如，北京市人民政府副市长吴晗，京津卫戍司令部副参谋长曾美等。］

12月25日晚 吴晗出席观看苏军红旗歌舞团告别表演会。[②]

［按：苏军红旗歌舞团在北京怀仁堂举行告别表演会。出席观看的有中国人民解放军总司令朱德、中苏友好协会

---

① 本条引自1952年12月24日《人民日报》第一版。

② 本条引自1952年12月26日《人民日报》第一版。

总会副会长吴玉章、总干事钱俊瑞，中央人民政府人民革命军事委员会总政治部副主任萧华，人民革命军事委员会办公厅主任萧向荣，总政治部文化部部长陈沂，北京市人民政府副市长吴晗，和中国人民解放军高级将领，中央、华北、北京市各机关各人民团体负责人，以及首都和部队的文艺工作者共1000多人。]

12月26日晚 吴晗代表彭真主持酒会，欢送行将离京的苏军红旗歌舞团。①

[按：北京市人民政府彭真市长举行盛大酒会，欢送行将离京的以鲍·亚·亚历山大罗夫上校为首的苏军红旗歌舞团全体团员。副市长吴晗代表彭真市长主持酒会。出席酒会的有中苏友好协会总会副会长吴玉章、李济深，总干事钱俊瑞，中央人民政府人民革命军事委员会总政治部副主任萧华，中央人民政府文化部副部长周扬，人民革命军事委员会办公厅主任萧向荣，人民革命军事委员会总政治部文化部部长陈沂，北京市中苏友好协会副会长张奚若、曹靖华，北京市人民政府各单位负责人，以及文化艺术界人士田汉、郑振铎、周巍峙、曹禺、李伯钊、程砚秋、赵沨、宋之的、李伟、陈其通、蓝马等。]

12月27日 吴晗在欢送行将离京的苏军红旗歌舞团的酒

① 本条引自1952年12月27日《人民日报》第一版。

会上的致辞(摘录)在《人民日报》上发表。[①]

12月30日 吴晗出席罗马尼亚驻华大使郭佐文为庆祝罗马尼亚人民共和国成立5周年举行的招待会。[②]

[按:罗马尼亚人民共和国驻华大使郭佐文为庆祝罗马尼亚人民共和国成立5周年举行招待会。应邀出席的有中央人民政府副主席李济深,政务院总理兼外交部部长周恩来,人民革命军事委员会总政治部副主任萧华,中央人民政府外交部副部长伍修权,以及中央人民政府各部门首长及各人民团体负责人和北京市人民政府副市长吴晗等200余人。]

① 本条引自1952年12月27日《人民日报》第一版。

② 本条引自1952年12月31日《人民日报》第四版。

一九五三年

1月4日 吴晗出席缅甸联邦驻华大使馆临时代办吴蜜栋为庆祝缅甸联邦第五届国庆举行的招待会。①

[按:缅甸联邦驻华大使馆临时代办吴蜜栋为庆祝缅甸联邦第五届国庆在北京举行招待会。应邀到会的有中央人民政府政务院副总理董必武,中央人民政府农业部部长李书城,外交部副部长章汉夫,文化部副部长丁西林,中缅友好协会会长郑振铎,北京市人民政府副市长吴晗等200余人。]

1月18日 吴晗出席越南驻华大使馆临时代办周亮举行的纪念越南民主共和国和中华人民共和国建立邦交3周年招待会。②

[按:为纪念越南民主共和国和中华人民共和国建立邦交3周年,越南民主共和国驻华大使馆临时代办周亮在北京

① 本条引自1953年1月5日《人民日报》第一版。

② 本条引自1953年1月19日《人民日报》第一版。

举行招待会。应邀参加的有中央人民政府政务院副总理邓小平，中央人民政府外交部副部长章汉夫，对外贸易部副部长雷任民，文化部副部长丁西林，卫生部副部长贺诚以及北京市人民政府副市长吴晗等100多人。]

1月24日上午 吴晗到车站欢迎出席世界人民和平大会中国代表团团长宋庆龄回到北京。[①]

[按：出席世界人民和平大会中国代表团团长宋庆龄乘火车回到北京。到车站欢迎的有中国人民保卫世界和平委员会主席郭沫若，副主席彭真，秘书长刘贯一，中国人民保卫世界和平委员会华北总分会副主席聂真，北京市分会主席张奚若，副主席吴晗。到车站欢迎的还有中国人民政治协商会议全国委员会副主席周恩来、陈叔通，各民主党派和各人民团体的代表林伯渠、徐冰、齐燕铭、章伯钧、李烛尘、马叙伦、彭泽民、沙千里、崔月犁、以及先行回到北京的出席世界人民和平大会的中国代表史良、马寅初、常香玉、梅兰芳、贺绿汀、蔡廷锴、罗隆基等。]

1月26日 吴晗出席印度驻华大使赖嘉文为庆祝印度共和国成立3周年举行的招待会。[②]

[按：印度共和国驻华大使赖嘉文，为庆祝印度共和国

---

① 本条引自1953年1月25日《人民日报》第一版。

② 本条引自1953年1月27日《人民日报》第一版。

成立3周年在北京举行招待会。应邀参加的有中央人民政府政务院副总理郭沫若，中央人民政府粮食部部长章乃器，外交部副部长章汉夫，对外贸易部副部长雷任民，中印友好协会会长丁西林，大学校长吴玉章、马寅初，北京市人民政府副市长吴晗等200人。]

2月6日晚 吴晗出席滕代远举行的欢迎朝鲜访华铁道艺术团的宴会。[①]

[按：晚7点多，中央人民政府铁道部部长滕代远举行宴会，欢迎以朝鲜民主主义人民共和国内阁铁道省副相李青求为首的朝鲜民主主义人民共和国访华铁道艺术团全体团员。出席宴会的有中央人民政府铁道部副部长赵健民、石志仁，中国铁路工会全国委员会副主席梁永福、政治部宣传部副部长陈春森等负责人。应邀作陪的有中国人民抗美援朝总会秘书长刘贯一，中央人民政府文化部办公厅副主任赵沨、外交部亚洲司副司长何英及北京市副市长吴晗等。]

2月8日晚 吴晗出席朝鲜驻华大使权五稷举行庆祝朝鲜人民军建军5周年招待晚会。[②]

[按：为纪念"二·八"朝鲜人民军建军5周年，朝鲜民

---

① 本条引自1953年2月7日《人民日报》第一版。

② 本条引自1953年2月9日《人民日报》第一版。

主主义人民共和国驻华大使权五稷在北京举行庆祝招待晚会，由朝鲜民主主义人民共和国访华铁道艺术团表演节目。出席晚会的有中央人民政府人民革命军事委员会副总参谋长张宗逊、总政治部副主任萧华、办公厅主任萧向荣，中央人民政府铁道部部长滕代远、邮电部部长朱学范、外交部副部长章汉夫、文化部副部长丁西林、对外贸易部副部长雷任民，以及中央人民政府各部门首长、各人民团体负责人和北京市人民政府副市长吴晗等800多人。]

2月17日晚 吴晗出席中国人民抗美援朝总会举行的欢迎朝鲜访华铁道艺术团的宴会。①

[按：中国人民抗美援朝总会举行宴会，欢迎以李青求团长为首的朝鲜民主主义人民共和国访华铁道艺术团全体人员。出席作陪的有中国人民抗美援朝总会陈叔通、张奚若、罗隆基、许宝驹、许德珩、刘贯一、吴茂荪、崔月犁等人。应邀作陪的还有中央人民政府文化部副部长周扬、铁道部副部长赵健民、军委总政治部文化部部长陈沂、北京市副市长吴晗、外交部亚洲司副司长何英及文化艺术界人士老舍、艾青、曹禺、赵沨、徐肖冰等。]

2月23日下午 吴晗出席苏联驻我国大使馆举行的庆祝苏

---

① 本条引自1953年2月18日《人民日报》第一版。

联建军35周年酒会。[1]

[按:为庆祝苏联建军35周年,苏联驻我国大使馆武官柯托夫中将在北京举行酒会。应邀到会的有中央人民政府副主席、人民革命军事委员会副主席朱德,中央人民政府副主席李济深,中央人民政府副主席、人民革命军事委员会副主席高岗,人民革命军事委员会副主席程潜,人民革命军事委员会代总参谋长聂荣臻,政务院副总理董必武、郭沫若,最高人民法院副院长张志让,人民革命军事委员会副总参谋长黄克诚、张宗逊,办公厅主任萧向荣,中国人民解放军炮兵司令员陈锡联,装甲兵司令员许光达,防空司令员周士第,空军副司令员常乾坤,海军副司令员罗舜初,中央人民政府外交部副部长章汉夫,北京市人民政府副市长吴晗等共400余人。]

3月5日晚 吴晗等前往苏联大使馆表达北京市人民对斯大林病情的关怀。[2]

[按:3月2日凌晨斯大林突发中风且神志不清,瘫痪不起,3月3日上午搞了一次大规模的会诊,按照马林科夫的要求,这次会诊要对斯大林的病情做出正式诊断。会诊的结论是一致的,斯大林的生命已无法挽救,很可能是在最近几天逝世。

① 本条引自1953年2月24日《人民日报》第一版。

② 本条引自1953年3月6日《人民日报》第一版。

北京市委书记、市长彭真偕同副市长张友渔、吴晗和市委副书记刘仁等前往苏联大使馆会见潘友新大使，向他表达北京市全体人民和全体共产党员对斯大林主席病情的关怀与慰问，衷心祝望斯大林主席早日恢复健康，并请他把这个心情转达给斯大林主席和苏联全体人民。]

3月6日下午 吴晗等到苏联大使馆沉痛吊念斯大林逝世。[①]

[按:1953年3月5日晚9点50分，斯大林去世。3月6日下午2点30分起，中央人民广播电台连续广播了斯大林逝世的消息后，下午3点，中共北京市委书记、市长彭真、副书记刘仁，以及副市长吴晗、协商会的主席、副主席等都先后到苏联大使馆沉痛悼念斯大林不幸逝世。]

3月11日下午 吴晗出席丹麦驻我国公使穆克为庆祝丹麦国庆日举行的招待会。[②]

[按:下午5点半，丹麦驻我国公使穆克在北京举行招待会，庆祝丹麦国庆日。应邀参加招待会的有中央人民政府外交部副部长章汉夫、对外贸易部副部长雷任民、文化部副部长丁西林、北京市人民政府副市长吴晗、各国驻华外交使节和使馆人员等共百余人。]

---

① 本条引自1953年3月7日《人民日报》第三版。

② 本条引自1953年3月12日《人民日报》第一版。

3月15日 吴晗前往捷克斯洛伐克驻我国大使馆，沉痛吊唁捷克斯洛伐克共和国总统、捷克斯洛伐克共产党主席克利门特·哥特瓦尔德同志的逝世。①

［按：中央人民政府各部门首长和各民主党派、人民团体的负责人，以及北京市各界人民纷纷前往捷克斯洛伐克驻我国大使馆，沉痛吊唁捷克斯洛伐克共和国总统、捷克斯洛伐克共产党主席克利门特·哥特瓦尔德同志的逝世。前往捷大使馆吊唁的有中央人民政府办公厅主任齐燕铭，各部部长黄敬、陈正人、陈郁、蒋光鼐、黄炎培、滕代远、朱学范、梁希、傅作义、章乃器、李四光、沈雁冰、马叙伦、张奚若、史良，署长胡愈之，扫除文盲工作委员会主任委员楚图南，北京市委员会副书记刘仁，北京市人民政府副市长张友渔、吴晗，北京市各界人民代表会议协商委员会副主席钱端升等。］

4月4日 吴晗出席匈牙利人民共和国艺术展览会揭幕典礼。②

［按：为庆祝匈牙利人民共和国解放八周年，中央人民政府政务院文化教育委员会对外文化联络事务局主办的“匈牙利人民共和国艺术展览会”在北京中山公园水榭正式揭幕。参加揭幕典礼的有中央人民政府政务院副总理、文

---

① 本条引自1953年3月16日《人民日报》第一版。

② 本条引自1953年4月5日《人民日报》第一版。

化教育委员会主任郭沫若，高等教育部部长马叙伦、副部长曾昭抡，教育部部长张奚若，文化部副部长丁西林，外交部苏联东欧司司长徐以新，政务院文化教育委员会副秘书长范长江，对外文化联络事务局局长洪深和中央人民政府各部门首长，各人民团体负责人以及中国人民大学校长吴玉章，北京市人民政府副市长吴晗等100余人。]

4月4日晚 吴晗出席匈牙利人民共和国驻华大使夏法朗柯特为庆祝匈牙利解放八周年举办的招待会。①

[按：晚7点，为庆祝匈牙利解放八周年，匈牙利人民共和国驻华大使夏法朗柯特在匈牙利大使馆举行招待会。应邀出席的有中央人民政府副主席高岗，政务院副总理郭沫若，最高人民法院副院长张志让，人民革命军事委员会总政治部副主任萧华，外交部副部长伍修权以及中央人民政府各部门首长、各民主党派和人民团体负责人、文化艺术界人士、劳动模范和战斗英雄以及北京市人民政府副市长吴晗等500余人。]

4月22日晚 吴晗出席张奚若举行的欢迎芬兰文化代表团的宴会。②

[按：晚7点，中国人民外交学会会长张奚若在北京设

① 本条引自1953年4月5日《人民日报》第一版。

② 本条引自1953年4月23日《人民日报》第四版。

宴欢迎以吉科宁夫人为首的芬兰文化代表团到京团员。出席宴会作陪的有中国人民外交学会副会长周鲠生、陈翰笙、胡愈之、钱端升，中国人民大学校长吴玉章，中华全国文学艺术界联合会副主席茅盾、周扬，中华全国总工会副主席朱学范，中华全国民主妇女联合会国际工作部副部长廖梦醒，中国人民保卫世界和平委员会秘书长刘贯一，中华全国体育总会副主席荣高棠，中华医学会秘书长方石珊，中国国际贸易促进委员会秘书长冀朝鼎及首都文学艺术界曹禺、于蓝、草明、赵沨、张梦庚、中央人民政府对外贸易部副部长雷任民、北京市人民政府副市长吴晗、中国进出口公司经理卢绪章、外交部交际处副处长沈平等。]

4月24日上午　吴晗出席并主持捷克斯洛伐克共和国布拉格州维纳尔日采村送给北京市丰台区张郭庄村一批农业生产机器的授礼仪式。①

［按：捷克斯洛伐克共和国布拉格州维纳尔日采村“统一农业合作社”送给我国北京市丰台区张郭庄村农民们一批农业生产机器。4月24日上午，隆重的授礼仪式在张郭庄举行，参加仪式的有中央人民政府农业部部长李书城、副部长杨显东，中央人民政府外交部苏联东欧司副司长温宁，北京市人民政府副市长吴晗、农林局局长周凤鸣、外事处处长马振武；以及张郭庄村全体农民和附近各村农民代表共

---

① 本条引自1953年4月25日《人民日报》第一版。

约900多人。]

4月25日中午 吴晗出席芬兰驻华公使克诺林夫妇举行的招待芬兰文化代表团到京的宴会。①

[按:芬兰驻华公使克诺林夫妇在北京设宴招待以吉科宁夫人为首的芬兰文化代表团到京团员。应邀出席宴会的有中央人民政府外交部副部长章汉夫、对外贸易部副部长雷任民、北京市人民政府副市长吴晗、外交部西欧非洲司司长宦乡、交际处副处长沈平、中国人民外交学会会长张奚若、副会长周鲠生、陈翰笙、钱端升、秘书长吴茂荪、理事会理事梅汝璈、罗隆基,中华全国体育总会副主席荣高棠,中华全国民主妇女联合会国际工作部副部长廖梦醒,中国国际贸易促进委员会秘书长冀朝鼎,中国人民杂技团副团长张梦庚等。]

4月27日 吴晗出席民主德国对外贸易协会与中国国际贸易促进委员会联合主办的民主德国工业展览会开幕典礼。②

[按:德意志民主共和国对外贸易协会与中国国际贸易促进委员会联合主办的德意志民主共和国工业展览会在北京市劳动人民文化宫开幕。参加开幕典礼的有中央人民政府政务院副总理邓小平,中央人民政府各部、署首长滕代

① 本条引自1953年4月日《人民日报》第版。

② 本条引自1953年4月28日《人民日报》第四版。

远、蒋光鼐、李四光、李书城、章乃器、沈雁冰、马叙伦、胡愈之，外交部副部长伍修权，对外贸易部副部长雷任民、徐雪寒、李哲人及北京市人民政府副市长吴晗等共200余人。]

4月28日 吴晗的文章《加强中德两国的经济合作》在《人民日报》发表。①

[按：吴晗在文章中说："德意志民主共和国工业展览会开幕了。我们首都的全体人民热烈欢迎这个展览会的开幕，并深信通过这个展览会必将进一步发展中德两国人民的友谊，加强中德两国的经济合作……让我们为进一步发展中德两国人民的友谊，加强中德两国的经济合作而努力；让我们在毛主席的英明领导下，加紧学习苏联，学习一切先进的科学技术，和民主德国的人民一道，向着高度的国家工业化水平前进！"]

4月28日晚 吴晗出席中央人民政府文化部举行的欢迎波兰玛佐夫舍歌舞团的宴会。②

[按：中央人民政府文化部举行宴会，欢迎波兰人民共和国玛佐夫舍歌舞团团长安德烈·潘努夫尼克和全体团员150多人。宴会由中央文化部部长沈雁冰主持，出席作陪的有文化部副部长周扬、丁西林，政务院文化教育委员会副秘

① 本条引自1953年4月28日《人民日报》第三版。

② 本条引自1953年4月29日《人民日报》第一版。

书长范长江，人民革命军事委员会总政治部文化部部长陈沂，外交部苏联东欧司副司长温宁，北京市人民政府副市长吴晗，和首都文学、戏剧、音乐、舞蹈、美术界人士沙可夫、田汉、郑振铎、洪深、徐悲鸿、赵沨、马彦祥、江丰、马可、李焕之、吴晓邦、王崑、李少春、袁世海等150多人。]

4月29日下午 吴晗出席招待蒙古国艺术团的宴会。[①]

[按：北京市市长彭真设宴招待应邀前来我国访问的蒙古国艺术团全体成员，蒙古国驻我国大使贾兰卡赛汗页应邀出席。出席作陪的有周扬、李德全、张奚若、范长江、丁西林、刘仁、张友渔、吴晗、蔡廷锴等及北京市文学、艺术界著名人士沙可夫、田汉、曹禺、赵树理、欧阳山尊、焦菊隐等共70多人。]

5月7日晚 吴晗出席对外文化联络事务局为庆祝民主德国解放日举行的电影晚会。[②]

[按：为庆祝德意志民主共和国解放日，中央人民政府政务院文化教育委员会对外文化联络事务局举行电影晚会。晚会由洪深局长主持，放映了德意志民主共和国影片《战斗的乡村》。出席庆祝会的有中央人民政府文化部副部长丁西林，北京市人民政府副市长吴晗，外交部办公厅副主

---

① 本条引自1953年4月30日《人民日报》第一版。

② 本条引自1953年5月8日《人民日报》第四版。

任阎宝航及机关、学校代表等1000多人。]

5月9日下午 吴晗出席捷克斯洛伐克驻我国大使康萨拉特为纪念捷克斯洛伐克解放8周年举行的招待会。[①]

[按：捷克斯洛伐克共和国驻我国大使康萨拉特为纪念苏联军队解放捷克斯洛伐克8周年在大使馆举行招待会。应邀出席的有中央人民政府副主席朱德，最高人民法院副院长张志让，人民革命军事委员会总政治部副主任萧华，外交部副部长伍修权及中央人民政府各部门首长、各人民团体负责人、战斗英雄、劳动模范和北京市副市长吴晗等400多人。]

5月13日下午 吴晗出席招待中国人民志愿军“五一”节归国观礼代表团宴会。[②]

[按：下午5点，中国人民抗美援朝总会、华北抗美援朝总分会、北京市抗美援朝分会于13日下午5时在北京饭店联合举行盛大酒会，欢宴中国人民志愿军“五一”节归国观礼代表团全体代表。宴会由中国人民抗美援朝总会副主席彭真主持。出席作陪的有中国人民抗美援朝总会副主席陈叔通、秘书长刘贯一、副秘书长吴茂荪、崔月犁、组织部长许宝驹、宣传部长罗隆基、联络部长许德珩，华北抗美援朝总

① 本条引自1953年5月10日《人民日报》第一版。

② 本条引自1953年5月14日《人民日报》第一版。

分会副主席吴晗，北京市抗美援朝分会主席张奚若等。]

5月14日下午 吴晗出席彭真市长欢迎波兰人民共和国玛佐夫舍歌舞团全体人员的宴会。[①]

[按：北京市人民政府彭真市长欢宴波兰人民共和国玛佐夫舍歌舞团的全体人员。波兰人民共和国驻我国大使基里洛克也应邀参加。出席招待会的有张奚若、范长江、吴晗和文学艺术界著名人士田汉、洪深、曹禺、王朝闻、马彦祥、徐悲鸿等。]

5月23日下午 吴晗到车站欢送中国人民志愿军“五一”节归国观礼代表团离京返朝。[②]

[按：中国人民志愿军“五一”节归国观礼代表团离开北京返回朝鲜前线。到车站欢送的有中国人民抗美援朝总会秘书长刘贯一、副秘书长吴茂荪、办公厅主任曾昭生、组织部副部长莫艺昌、王明远、宣传部副部长胡仲持、联络部副部长于振瀛、唐明照，华北抗美援朝总分会副主席吴晗，北京市抗美援朝分会主席张奚若及首都各机关、各人民团体代表等400余人。]

6月5日晚 吴晗出席中华全国文学艺术界联合会举行的

---

① 本条引自1953年5月16日《人民日报》第一版。

② 本条引自1953年5月26日《人民日报》第一版。

欢迎芬兰文化代表团的酒会。[①]

［按：晚7点，中华全国文学艺术界联合会主席郭沫若在北京举行酒会欢宴以吉科宁夫人为首的芬兰文化代表团。出席酒会作陪的有中华全国文学艺术界联合会副主席茅盾、周扬，中国人民外交学会会长张奚若，副会长周鲠生、陈翰笙、钱端升，中国人民大学校长吴玉章，北京大学校长马寅初，清华大学副校长刘仙洲，北京农业大学校长孙晓村，中央民族学院副院长费孝通，中华全国总工会副主席朱学范，中华全国民主妇女联合会副主席许广平，中华全国体育总会副主席荣高棠以及文学、艺术界代表田汉、欧阳予倩、郑振铎、徐悲鸿、曹禺、蔡楚生、史东山、赵树理、沙可夫、冯至、赵沨、白杨、戴爱莲、北京市人民政府副市长吴晗、政务院文化教育委员会对外文化联络事务局局长洪深和中央人民政府外交部交际处副处长沈平等150余人。］

6月6日下午　吴晗到机场欢迎前来参加中华全国青年第二次代表大会的亚·斯拉夫诺夫和米·赫尔捷耶夫。[②]

［按：中华全国民主青年联合总会邀请前来参加中华全国青年第二次代表大会的苏联代表、苏联青年反法西斯委员会副主席亚·斯拉夫诺夫、和列宁共产主义青年团莫斯科州委员会第一书记米·赫尔捷耶夫乘机到达北京。英国

① 本条引自1953年6月6日《人民日报》第一版。

② 本条引自1953年6月7日《人民日报》第一版。

代表、英国共产主义青年团副主席伊·哈尔亦随机到达。前往机场欢迎的有中华全国民主青年联合总会秘书长吴晗、副秘书长于北辰、中国新民主主义青年团中央委员会书记处书记刘导生、罗毅、候补书记区棠亮、章泽、胡克实、秘书长康乃尔、国际联络部副部长吴学谦等人。]

6月6日晚 吴晗出席瑞典驻我国大使魏斯特朗举行的庆祝瑞典国庆日的招待会。[①]

[按:晚7点,瑞典驻我国大使魏斯特朗在北京举行招待会庆祝瑞典国庆日。应邀出席招待会的有:中央人民政府外交部副部长章汉夫,对外贸易部副部长雷任民,文化部副部长丁西林,北京市人民政府副市长吴晗等。各国驻我国外交使节也应邀出席了招待会。]

6月8日下午 吴晗到机场欢迎应邀前来我国参加中华全国青年第二次代表大会和中国新民主主义青年团第二次全国代表大会的世界民主青年联盟代表、世界民主青年联盟书记皮埃罗·皮埃拉利和驻世界民主青年联盟的智利青年代表马·萨莫拉诺。[②]

[按:应邀前来我国参加中华全国青年第二次代表大会和中国新民主主义青年团第二次全国代表大会的世界民主

---

① 本条引自1953年6月7日《人民日报》第一版。

② 本条引自1953年6月9日《人民日报》第一版。

青年联盟代表、世界民主青年联盟书记皮埃罗·皮埃拉利和驻世界民主青年联盟的智利青年代表马·萨莫拉诺乘飞机到达北京。前往机场欢迎的有中国新民主主义青年团中央委员会书记处书记刘导生，候补书记区棠亮、章泽，秘书长康乃尔、中华全国民主青年联合总会秘书长吴晗，副秘书长钱伟长、于北辰，中华全国学生联合会主席田德民，北京市民主青年联合会副主席孙孚凌，中国青年报社社长陈绪宗等人。]

6月11日下午　吴晗出席越中友好协会赠送两只大象给毛泽东主席的受礼仪式。①

[按：越南民主共和国越中友好协会赠送两只大象给毛泽东主席的受礼仪式在北京西郊公园（北京动物园的前身）举行。由越南民主共和国驻华大使黄文欢代表赠礼，中央人民政府办公厅主任齐燕铭代表毛泽东主席接受。参加受礼仪式的有中央人民政府外交部副部长章汉夫，中央人民政府政务院文化教育委员会对外文化联络事务局局长洪深，外交部亚洲司副司长何英，外交部交际处副处长沈平，北京市人民政府副市长吴晗，北京市人民政府外事处处长马振武，北京市公园管理委员会副主任范棟申，中国人民外交学会副会长周鲠生和10多位少年儿童。]

① 本条引自1953年6月12日《人民日报》第一版。

6月20日下午 吴晗到机场欢迎蒙古国新任驻我国大使奥其尔巴特抵京。[①]

[按：蒙古人民共和国新任驻我国大使奥其尔巴特到达北京。前往机场欢迎的有中央人民政府外交部副部长章汉夫、办公厅主任王炳南、亚洲司司长陈家康、交际处处长王倬如，北京市人民政府副市长吴晗，京津卫戍司令部副参谋长曾美等。]

6月25日 吴晗出席朝鲜驻华大使馆举办的“朝鲜人民祖国解放战争3周年图片展览会”。[②]

[按：朝鲜民主主义人民共和国驻华大使馆举办的“朝鲜人民祖国解放战争3周年图片展览会”在北京中山公园水榭开幕。应邀参加开幕典礼的有中国人民抗美援朝总会副主席陈叔通，常务委员张奚若、彭泽民、罗隆基，中央人民政府外交部副部长章汉夫，文化部副部长丁西林，高等教育部副部长曾昭抡，中国人民革命军事委员会办公厅副主任朱早观，中央人民政府外交部亚洲司司长陈家康，政务院文化教育委员会对外文化联络事务局局长洪深，北京市人民政府副市长吴晗，以及北京各界人士共200人。]

---

① 本条引自1953年6月21日《人民日报》第一版。

② 本条引自1953年6月26日《人民日报》第一版。

7 月 7 日　吴晗到车站欢送中国青年代表团。①

［按：参加即将在罗马尼亚人民共和国京城布加勒斯特举行的第 3 届世界青年代表大会和第四届世界青年与学生和平友谊联欢节的中国青年代表团，在 7 日上午乘车离京。前往车站欢送的有中华全国民主青年联合会副主席钱三强、吴晗，中国新民主主义青年团中央委员会书记处书记荣高棠、罗毅、章泽、胡克实及罗马尼亚人民共和国驻华大使郭佐文，参赞席拉德等 6 人。］

7 月 11 日　吴晗出席蒙古国驻华大使奥其尔巴特为庆祝蒙古人民革命胜利 32 周年举行招待会。②

［按：蒙古人民共和国驻华大使奥其尔巴特为庆祝蒙古人民革命胜利 32 周年举行招待会。应邀出席招待会的有中央人民政府副主席朱德、李济深，政务院副总理郭沫若，最高人民法院副院长张志让，外交部副部长章汉夫，人民革命军事委员会总政治部副主任萧华，中央人民政府各部负责人，北京市人民政府副市长吴晗，各人民团体的代表，中国人民解放军和中国人民志愿军战斗英雄，劳动模范等 400 多人。］

7 月 21 日晚　吴晗出席中国人民保卫世界和平委员会举行

---

① 本条引自 1953 年 7 月 8 日《人民日报》第一版。

② 本条引自 1953 年 7 月 12 日《人民日报》第一版。

的欢迎印度艺术代表团宴会。[①]

[按：中国人民保卫世界和平委员会在北京和平宾馆举行宴会，欢迎以萨钦·森古普塔为首的印度艺术代表团全体人员。宴会由中国人民保卫世界和平委员会副主席陈叔通主持。出席作陪的有中国人民保卫世界和平委员会秘书长刘宁一、刘贯一，副秘书长吴茂荪和各部负责人罗隆基、许德珩、于振瀛、谭惕吾、莫艺昌、周炳琳、胡仲持等，中国人民保卫世界和平委员会华北总分会副主席吴晗，中印友好协会副会长陈翰笙，文学艺术界人士茅盾、刘芝明、叶圣陶、老舍、郑振铎、曹禺、蔡楚生、赵沨、江丰、袁水拍、马可、吴雪、白杨、古元等。]

7 月 22 日　吴晗出席波兰教育的成就及人民体育活动图片展览会揭幕典礼。[②]

[按：为庆祝波兰人民共和国国家复兴节 9 周年，中央人民政府政务院文化教育委员会对外文化联络事务局主办的“波兰教育的成就及人民体育活动图片展览会”在北京中山公园水榭揭幕。参加揭幕典礼的有中央人民政府文化部部长沈雁冰，对外文化联络事务局局长洪深，外交部苏联东欧司专员吴青，北京市人民政府副市长吴晗，北京师范大学校长陈垣及首都文化教育界人士多人。参加典礼的还有波

① 本条引自 1953 年 7 月 22 日《人民日报》第一版。

② 本条引自 1953 年 7 月 23 日《人民日报》第一版。

兰人民共和国驻中国大使基里洛克，及各国驻华使节和外交官员。]

7月22日下午 吴晗出席波兰驻我国大使基里洛克为了庆祝波兰国家复兴节9周年举行的招待会。①

[按：波兰人民共和国驻中国大使基里洛克为了庆祝波兰人民共和国国家复兴节9周年在北京饭店举行招待会。应邀出席的有中央人民政府副主席朱德和李济深，人民革命军事委员会副总参谋长黄克诚，外交部副部长伍修权及中央人民政府各部门首长，各人民团体负责人，文化艺术界人士，劳动模范，战斗英雄以及北京市人民政府副市长吴晗等600多人。]

7月26日晚 吴晗出席招待印度艺术代表团全体成员晚宴。②

[按：周恩来总理设宴招待应中国人民保卫世界和平委员会的邀请前来我国的印度艺术代表团全体成员，出席招待会作陪的有中国人民保卫世界和平委员会副主席陈叔通、秘书长刘宁一，中央人民政府政务院文化教育委员会副主任习仲勋、沈雁冰，中央人民政府外交部副部长章汉夫，文化部副部长周扬，中印友好协会副会长陈翰笙，北京市人

① 本条引自1953年7月23日《人民日报》第一版。
② 本条引自1953年7月27日《人民日报》第一版。

民政府副市长吴晗及我国文化、艺术界的著名作家、音乐家、舞蹈家、演员等。]

7月29日 吴晗出席首都各界人民庆祝朝鲜停战协定签字大会。①

[按:中国人民政治协商会议全国委员会、中国人民抗美援朝总会在北京中山公园音乐堂联合召开了首都各界庆祝朝鲜停战协定签字大会。参加大会的有中国人民政治协商会议全国委员会副主席李济深、陈叔通,全国委员会常务委员林伯渠、刘宁一、李德全,中国人民抗美援朝总会主席郭沫若、副主席彭真,北京市抗美援朝分会副主席刘仁、曾昭抡、舒舍予,以及中国人民政治协商会议全国委员会在京的委员、中国人民抗美援朝总会和北京市抗美援朝分会的委员和首都各人民团体、各民主党派的负责人马叙伦、彭泽民、乌兰夫、蒋光鼐、沈雁冰、梁希、邵力子、许德珩、张治中、廖承志、张友渔、陈其瑗、蒋南翔、刘格平、钱三强、邢西萍、许宝驹、李颉伯、罗毅、章蕴、萧向荣、吴晗、关若鸾、吴茂荪、中国人民志愿军副政治委员甘泗淇、朝鲜民主主义人民共和国驻我国大使馆的临时代办徐哲。]

7月31日至8月1日 吴晗等率领北京市人民政府和北京市抗美援朝分会联合慰问团慰问正在首都休养的中国人民志愿

---

① 本条引自1953年7月30日《人民日报》第一版。

军和中国人民解放军战士。[①]

［按：北京市人民政府和北京市抗美援朝分会联合慰问团代表首都200多万人民，慰问正在首都休养的中国人民志愿军和中国人民解放军战士。参加慰问团的有北京市人民政府、区人民政府和各民主党派、各人民团体的负责人与工作人员。慰问团由张友渔、吴晗、钱端升等率领分别到八个医院进行慰问，除对休养员们作口头慰问、举行座谈会外，还组织了文娱晚会，发送了慰问金。］

8月1日下午 吴晗出席瑞士驻我国公使任佐立为庆祝瑞士国庆日举行的招待会。[②]

［按：瑞士驻我国公使任佐立在北京举行招待会，庆祝瑞士国庆日。应邀赴会的有中央人民政府高等教育部部长马叙伦、外交部副部长章汉夫、人民革命军事委员会办公厅副主任朱早观、北京市人民政府副市长吴晗等。］

8月11日上午 吴晗到车站参加欢迎中国人民志愿军彭德怀司令员胜利归国大会。[③]

［按：上午10点，由朝鲜前线胜利归国的中国人民志愿军司令员彭德怀将军乘火车抵达北京。全国政协、中国人

① 本条引自1953年8月3日《人民日报》第一版。

② 本条引自1953年8月2日《人民日报》第一版。

③ 本条引自1953年8月12日《人民日报》第一版。

民抗美援朝总会、北京市抗美援朝分会联合在车站举行了盛大的“欢迎中国人民志愿军彭德怀司令员胜利归国大会”。到车站欢迎的有全国政协常委林伯渠、邓小平、马叙伦、李德全、乌兰夫、沈雁冰、梁希、杨秀峰、钱三强等，委员傅作义、马明方、卢汉、梁漱溟、梅龚彬、周新民、楚图南、张轸、余心清、易礼容、李凤莲、沈兹九、李范一、郑振铎、侯德榜、王芸生、李承干、朱早观、费振东、马坚，中国人民抗美援朝总会主席郭沫若，副主席彭真，常务委员李立三、邢西萍、许宝驹、刘宁一，北京市抗美援朝分会副主席刘仁、吴晗、舒舍予，中国共产党负责人及代表高岗、饶漱石、邓子恢、谭震林、罗瑞卿、习仲勋、杨尚昆、陈伯达、黄克诚、张宗逊、甘泗淇、萧向荣、萧克、吕正操等，各民主党派负责人及代表陈其瑗、胡愈之、罗叔章、许广平、季方、严希纯、涂长望、林云、罗毅等，各人民团体负责人及代表赖若愚、章蕴、廖承志、关若鸾、沙千里、吴有训、孟用潜、刘贯一、崔月犁、洪深、曹禺等，少数民族代表然巴·囊吉旺堆、罗旺、联慧珠、邦达养壁等，和首都各学校、各界人民代表共二千多人。]

8月15日晚 吴晗出席朝鲜驻我国大使馆临时代办徐哲为庆祝朝鲜解放8周年举行的招待会。①

[按：朝鲜民主主义人民共和国驻我国大使馆临时代办徐哲在北京举行招待会，庆祝“八·一五”朝鲜解放8周年。

① 本条引自1953年8月15日《人民日报》第一版。

应邀出席的有中央人民政府副主席朱德，政务院总理兼外交部部长周恩来，副总理郭沫若，中国人民革命军事委员会副总参谋长黄克诚、总政治部副主任甘泗淇，中央人民政府外交部副部长章汉夫，以及中央人民政府各部门首长、各民主党派、各人民团体负责人和北京市人民政府副市长吴晗等300余人。]

8月17日晚 吴晗出席印度尼西亚驻我国大使馆代办伊沙·玛蒂为庆祝印度尼西亚独立8周年举行的招待会。[①]

[按：印度尼西亚共和国驻我国大使馆代办伊沙·玛蒂在北京举行招待会，庆祝印度尼西亚独立8周年。应邀出席的有中央人民政府政务院总理周恩来、副总理郭沫若，外交部副部长章汉夫，以及中央人民政府各部门首长和北京市人民政府副市长吴晗等200余人。]

8月23日下午 吴晗出席罗马尼亚驻我国大使郭佐文为庆祝罗马尼亚解放9周年举行的招待会。[②]

[按：为庆祝苏联军队解放罗马尼亚9周年，罗马尼亚人民共和国驻中国大使郭佐文在北京举行招待会。应邀出席的有中央人民政府副主席刘少奇，政务院副总理邓小平，最高人民法院副院长张志让，中国人民解放军副总参谋长

---

① 本条引自1953年8月18日《人民日报》第一版。

② 本条引自1953年8月24日《人民日报》第一版。

张宗逊，外交部副部长伍修权及中央人民政府各部门首长，各人民团体负责人，文化艺术界人士，以及北京市人民政府副市长吴晗等500多人。]

9月24日 吴晗等到蒙古大使馆吊唁蒙古国大人民呼拉尔主席团主席冈奇金·布曼增迪逝世。①

[按：在获知蒙古人民革命党政治局委员、蒙古人民共和国大人民呼拉尔主席团主席冈奇金·布曼增迪不幸逝世的消息后，中央人民政府政务院周恩来总理偕同中央人民政府秘书长林伯渠、中央人民政府人民革命军事委员会副总参谋长张宗逊、中央人民政府外交部副部长章汉夫和现在回国述职的我国驻蒙古人民共和国大使吉雅泰，到蒙古人民共和国驻我国大使馆向奥其尔巴特大使对布曼增迪主席的逝世致沉痛的吊唁。到蒙古大使馆吊唁的还有北京市人民政府市长彭真、副市长吴晗等。]

9月26日下午 吴晗出席波兰经济展览会开幕典礼。②

[按：波兰人民共和国经济展览会在北京劳动人民文化宫隆重开幕。参加开幕典礼的有中央人民政府政务院副总理邓小平，对外贸易部部长叶季壮，交通部部长章伯钧，文化部部长沈雁冰，教育部部长张奚若，粮食部部长章乃器，

---

① 本条引自1953年9月25日《人民日报》第一版。

② 本条引自1953年9月27日《人民日报》第一版。

外交部副部长伍修权，对外贸易部副部长李哲人、雷任民和徐雪寒及北京市人民政府副市长张友渔、吴晗等200余人。]

9月26日晚 吴晗出席波兰驻华大使基里洛克和波兰经济展览会政府代表团团长、波兰航运部部长波彼尔联名举行的招待会。①

[按：波兰人民共和国经济展览会开幕后，波兰驻华大使基里洛克和波兰人民共和国经济展览会政府代表团团长、波兰航运部部长波彼尔在北京和平宾馆联名举行招待会。应邀到会的有中央人民政府交通部部长章伯钧、粮食部部长章乃器、外交部副部长伍修权、对外贸易部副部长徐雪寒、文化部副部长丁西林、中国国际贸易促进委员会秘书长冀朝鼎，以及中央人民政府其他部门首长，北京市人民政府副市长吴晗，各人民团体负责人和首都文化科学界人士多人。]

9月30日 周恩来设宴招待在华各国外宾，吴晗等出席作陪。②

[按：中央人民政府政务院总理兼外交部部长周恩来在外交部大楼设宴招待在华各国外宾。出席作陪的有政务院

---

① 本条引自1953年9月27日《人民日报》第一版。
② 本条引自1953年10月1日《人民日报》第一版。

副总理郭沫若、黄炎培、邓小平，秘书长习仲勋，政务委员谢觉哉、罗瑞卿、滕代远、章伯钧、李立三、陈劭先、罗隆基、章乃器、邵力子、黄绍竑，政治法律委员会副主任彭真、张奚若，财政经济委员会副主任马寅初、邓子恢、叶季壮、贾拓夫，文化教育委员会副主任陆定一、沈雁冰，体育运动委员会主任贺龙，外交部副部长王稼祥、章汉夫、伍修权，中央人民政府人民革命军事委员会副总参谋长张宗逊，总政治部副主任甘泗淇，北京市人民政府副市长张友渔、吴晗等。]

9月30日下午 吴晗出席苏联体育代表团举行的体操表演会。①

[按：这一表演会由中央人民政府体育运动委员会主持的。中央人民政府副主席朱德、刘少奇、高岗，政务院总理周恩来出席观看。出席表演会的还有政务院副总理郭沫若、邓小平，秘书长习仲勋，中央体育运动委员会主任贺龙，国家计划委员会副主席李富春、贾拓夫，政务院政治法律委员会副主任彭泽民、副主任兼公安部部长罗瑞卿，外交部副部长王稼祥，地质部副部长何长工，中央民族事务委员会副主任委员刘格平，中央人民政府人民革命军事委员会副总参谋长张宗逊，总政治部副主任甘泗淇，总后勤部部长杨立三，宁夏省人民政府主席邢肇棠，北京市副市长吴晗等。]

① 本条引自1953年10月1日《人民日报》第二版。

10月4日 吴晗赴朝鲜慰问中国人民志愿军,任慰问团总团副团长。①

［按:中国人民第三届赴朝慰问团(下属8个分团)一行5448人,总团团长贺龙,副团长熊西萍、章伯钧、蔡廷锴、章乃器、朱学范、陈沂、吴晗、刘芝明、康克清、梅兰芳、老舍、赵寿山、王维舟、吴克坚、邵世平、平杰山、张唯桢、哈丰阿、周信芳等。在朝鲜通过各种慰问会、报告会、座谈会、图片展览、演出、参观、访问、个别接触等多种形式,普遍地慰问了志愿军领导机关和各部队,并广泛地慰问了朝鲜地方党政机关、人民团体和人民群众以及鲜朝人民军部队。12月中旬,慰问团人员先后离朝回国。］

10月4日下午 吴晗随中国人民第三届赴朝慰问团离京赴朝。②

［按:中国人民抗美援朝总会组织的中国人民第三届赴朝慰问团离京赴朝,首都各界人民在北京车站举行了热烈的欢送会。到车站欢送的有:郭沫若、彭真、司徒美堂、邵力子、许德珩、彭泽民、罗隆基、史良、胡愈之、楚图南、雷洁琼、胡耀邦、关世雄、许广平、李德全、沙可夫、李四光、竺可桢、荣高棠、张奚若、刘仁、曾昭抡、张友渔,以及各民主党派在京组织,北京市各人民团体、各学校代表1000多人。］

---

① 本条引自《抗美援朝大事记(1953年1月-1958年10月)》(网上)。

② 本条引自1953年10月5日《人民日报》第一版。

10月19日 吴晗等在沈阳北陵烈士陵园为抗美援朝烈士墓扫墓并献花圈。①

[按:中国人民第三届赴朝慰问团总团团长贺龙,副团长熊西萍、章伯钧、蔡廷锴、章乃器、朱学范、陈沂、吴晗、刘芝明、老舍以及罗盛教烈士的父亲罗迭开等到沈阳北陵烈士陵园为抗美援朝烈士黄继光、邱少云等扫墓并献花圈致敬。]

[按:抗美援朝烈士陵园,始建于1951年,位于北陵公园的东侧,占地24万平方米,陵园地势居高临下,园内苍松翠柏,气氛庄严肃穆。拾级而上,迎面矗立着一座23米高花岗岩砌成的四棱锥形纪念碑。碑体正面是董必武同志亲笔题字"抗美援朝烈士英灵永垂不朽"。碑的顶部是中朝两国国旗,旗下是手握冲锋枪的志愿军战士铜像。纪念碑后面便是烈士墓,分为东、西、北三个墓区,安葬着122位志愿军烈士。其中,有特级战斗英雄黄继光、杨根思;一级战斗英雄邱少云、孙占元、杨连弟。]

10月20日上午 吴晗等中国人民第三届赴朝慰问团成员乘专车离开沈阳前往朝鲜。②

[按:到车站送行的有中共中央东北局第一副书记林枫、中国人民解放军东北军区司令员贺晋平、沈阳市市长焦

---

① 本条引自1953年10月19日《北京日报》第一版。

② 本条引自1953年10月21日《北京日报》第一版。

若愚等。]

10月20日下午 吴晗等中国人民第三届赴朝慰问团成员乘专车离开安东前往朝鲜。①

[按：下午4点，吴晗等中国人民第三届赴朝慰问团成员乘车离开安东前往朝鲜。到车站送行的有中共辽东省委副书记王铮、秘书长张烈、省人民政府副主席张雪轩、中共安东市委书记卫之等。]

10月20日下午 吴晗等中国人民第三届赴朝慰问团成员乘专车先后到达朝鲜新义州市。②

[按：以贺龙为首的中国人民第三届赴朝慰问团总团及第一总分团全体成员及工作人员1000余人于10月20日下午5点至7点，乘专车先后到达朝鲜新义州市。前往新义州车站欢迎的朝鲜祖国统一民主主义战线中央委员会为欢迎和招待中国人民第三届赴朝慰问团而特别组织的迎接委员会委员长金天海和委员金民山、郑圣彦等。]

10月21日上午 吴晗等中国人民第三届赴朝慰问团成员乘专车先后到达朝鲜首都平壤市。③

---

① 本条引自1953年10月21日《北京日报》第一版。
② 本条引自1953年10月21日《人民日报》第一版。
③ 本条引自1953年10月22日《北京日报》第一版。

［按：上午10点，中国人民第三届赴朝慰问团及第一总分团全体成员及5个文工团共1000多人，在贺龙的率领下达到朝鲜首都平壤市。到车站欢迎的有朝鲜劳动党中央委员会副委员长朴正爱、金一、朝鲜内阁副首相洪命熹、崔庸健等。］

10月22日下午 吴晗等中国人民第三届赴朝慰问团成员出席平壤各界欢迎我赴朝慰问团举行的盛大集会。①

［按：平壤市各界1000多人在牡丹峰露天电影院举行盛大集会，热烈欢迎以贺龙为首的中国人民第三届赴朝慰问团总团及第一总分团全体成员。出席大会的朝鲜党政军首长有朝鲜劳动党中央委员会副委员长朴正爱、金一，朝鲜最高人民会议常任委员会副委员长洪箕畴，朝鲜祖国统一民主主义战线中央委员会议长团议长金天海，内阁副首相兼民族保卫相崔庸健，内阁副首相洪命熹、崔昌益、朴义琓，外务相南日，内务相方学世等。］

10月23日晚 吴晗出席中国人民第三届赴朝慰问团在平壤举行的慰问大会。②

［按：中国人民第三届赴朝慰问团在平壤市朝鲜劳动党中央本部大礼堂举行慰问大会，慰问朝鲜党政机关首长、朝

---

① 本条引自1953年10月23日《人民日报》第一版。

② 本条引自1953年10月24日《北京日报》第一版。

鲜人民军高级将领及各民主政党、社会团体的负责人等800多人。]

10月25日下午 吴晗等出席金日成首相举办的招待赴朝慰问团的宴会。[①]

[按:下午6点,朝鲜内阁首相金日成在平壤市朝鲜劳动党中央本部大礼堂举行盛大宴会,招待以贺龙为首的中国人民第三届赴朝慰问团及第一总分团全体成员。应邀出席的还有以中国人民志愿军参谋长李达将军为首的中国人民志愿军代表团50多人等。]

10月28日 吴晗等出席赴朝慰问团在中国人民志愿军领导机关举行的慰问大会并在会上讲话。[②]

[按:中国人民第三届赴朝慰问团10月28日在中国人民志愿军领导机关隆重举行慰问大会。参加大会的有中国人民志愿军领导机关干部、战士和各部队受勋英雄、模范、功臣代表共六千多人。中华全国民主青年联合会副主席、慰问团副总团长吴晗在讲话中指出:志愿军在战场上的英雄行为,时刻鼓舞着全国青年奋勇前进。特别是黄继光、邱少云、罗盛教等所表现的革命英雄主义和伟大的国际主义的高贵品质,已经成为青年们学习和行动的榜样。]

---

① 本条引自1953年10月27日《北京日报》第一版。

② 本条引自1953年10月30日《人民日报》第一版。

11 月 3 日下午　吴晗等出席赴朝慰问团在平壤举行的酒会。①

［按：下午 6 点，中国人民第三届赴朝慰问团总团团长贺龙在平壤市举行盛大酒会，招待朝鲜党政军首长和各民主党派、人民团体负责人。到会者 500 多人。朝鲜人民领袖金日成元帅参加了酒会。］

11 月 4 日上午　吴晗等赴朝慰问团成员慰问朝鲜人民军坦克部队。②

［按：以慰问团总团长贺龙将军为首的慰问团代表二百多人到朝鲜人民军某坦克部队慰问。在慰问会上，贺龙总团长、吴晗副总团长传达了中国人民对朝鲜人民军的敬意和慰问，并表达了中国人民继续支援朝鲜人民的决心。］

11 月 5 日　吴晗等出席赴朝慰问团总团及第一总分团和朝鲜人民军英雄模范举行的盛大联欢会。③

［按：中国人民第三届赴朝慰问团及第一总分团在平壤和朝鲜人民军陆海空军的英雄和战斗模范举行了盛大的联欢会。会上，首先由慰问团总团团长贺龙讲话，接着英雄们分成 15 个小组分别和慰问团的代表进行座谈。慰问团总团

---

① 本条引自 1953 年 11 月 4 日《北京日报》第一版。
② 本条引自 1953 年 11 月 13 日《人民日报》第一版。
③ 本条引自 1953 年 11 月 7 日《北京日报》第一版。

的各位副团长也分别参加了座谈。]

11月6日 吴晗等赴朝慰问团成员慰问朝鲜人民军高射炮部队。①

[按:11月4日上午,以慰问团总团长贺龙将军为首的慰问团代表200多人到朝鲜人民军某高射炮部队慰问。在慰问会上,贺龙总团长、吴晗副总团长传达了中国人民对朝鲜人民军的敬意和慰问,并表达了中国人民继续支援朝鲜人民的决心。]

11月12日 吴晗等慰问海防前线的中国人民志愿军某部指挥员和战斗员。②

[按:中国人民第三届赴朝慰问团总团长贺龙将军,副总团长邢西萍、章乃器、朱学范、陈沂、吴晗、刘芝明、康克清、老舍等一行160多人慰问了海防前线的中国人民志愿军某部指挥员和战斗员。]

11月14日 吴晗等赴朝慰问团成员到达朝鲜开城进行慰问。③

[按:以总团长贺龙为首的中国人民第三届赴朝慰问团

---

① 本条引自1953年11月13日《人民日报》第一版。

② 本条引自1953年11月15日《人民日报》第一版。

③ 本条引自1953年11月23日《人民日报》第一版。

总团团长贺龙一行700多人在11月14日上午九点五分达到开城进行慰问。到车站迎接慰问团的有军事停战委员会朝中方面的首席委员朝鲜人民军李相朝将军、委员崔龙汉将军,中国人民志愿军政治部副主任杜平将军和丁国钰将军等。]

11月14日 吴晗出席军事停战委员会朝中方面代表团和开城市各界举行的欢迎会。[①]

[按:军事停战委员会朝中方面代表团和开城市各界并在车站广场上举行了七千多人的欢迎会。会上,首先由李相朝将军致欢迎词。他代表出席军事停战委员会朝中方面的朝鲜人民军代表向贺龙总团长和慰问团全体团员致以热烈的欢迎,并向中国人民、中国共产党和毛泽东主席致衷心的敬意和感谢。]

11月14日晚 吴晗出席军事停战委员会朝中方面代表团举行的宴会。[②]

[按:军事停战委员会朝中方面代表团在朝中方面代表团俱乐部欢宴以贺龙总团长为首的中国人民第三届赴朝慰问团总团及第一总分团人员。]

---

① 本条引自1953年11月16日《人民日报》第一版。

② 本条引自1953年11月16日《人民日报》第一版。

11月15日 吴晗等赴朝慰问团成员在开城慰问朝鲜军事停战委员会朝中代表团朝鲜人民军代表。①

[按:吴晗等赴朝慰问团成员在开城慰问朝鲜军事停战委员会朝中代表团朝鲜人民军代表,并献了绣有"世界和平胜利万岁"的锦旗。会后文工团作了精彩的慰问演出。]

11月16日 吴晗等出席赴朝慰问团成员在开城满月台广场举行的慰问朝鲜军事停战委员会中国人民志愿军代表大会。②

11月19日 吴晗随贺龙等一起慰问守卫在开城前沿阵地的朝鲜人民军和中国人民志愿军。③

[按:中国人民第三届赴朝慰问团总团长贺龙将军,副总团长邢西萍、朱学范、陈沂、吴晗、刘芝明、康克清、梅兰芳、老舍、王维舟、周信芳等一行20多人,于十九日上午慰问了守卫在开城前沿阵地上的朝鲜人民军和中国人民志愿军。]

12月3日 吴晗出席朝鲜人民军某部和慰问团总团联合举行了欢迎和慰问大会。④

[按:朝鲜人民军某部和慰问团总团联合举行了欢迎和慰问大会。部队负责人和贺龙总团长都相继在会上致欢迎词和慰问词。会后,慰问团的文艺工作团及人民军部队的

---

① 本条引自1953年11月18日《北京日报》《人民日报》第一版。

② 本条引自1953年12月23日《人民日报》第一版。

③ 本条引自1953年12月23日《人民日报》第一版。

④ 本条引自1953年12月14日《人民日报》第一版。

战士火线演出队先后作了精彩演出。]

12 月 11 日晚 吴晗出席志愿军领导机关举行的欢送大会。[①]

[按:志愿军领导机关举行千余人的大会欢送慰问团。会上中国人民志愿军副司令员杨得志将军致欢送词。他首先代表全军指挥员、战斗员向贺龙总团长和慰问团全体同志表示敬意,并对他们两个月来的辛劳慰问表示衷心的感谢。]

12 月 12 日晨 吴晗随慰问团总团离开志愿军领导机关。[②]

[按:以总团长贺龙将军为首的中国人民第三届赴朝慰问团总团一行 50 多人,于 12 日上午离开中国人民志愿军领导机关。早晨志愿军领导机关各单位的干部、战士,就排着整齐的行列,文工团员拿着美丽的花束,等待欢送自己的亲人。当中国人民志愿军副司令员杨得志将军、政治部副主任张南生将军等陪同贺龙将军经过时,夹道欢送的全体人员高呼口号,把花束和彩色纸屑投向慰问团的代表。]

12 月 12 日 吴晗随慰问团回到平壤。[③]

---

① 本条引自 1953 年 12 月 14 日《人民日报》第一版。

② 本条引自 1953 年 12 月 14 日《人民日报》第一版。

③ 本条引自 1953 年 12 月 14 日《人民日报》第一版。

［按：中国人民第三届赴朝慰问团总团，在贺龙将军率领下完成了对开城地区和朝鲜前线各地的慰问工作之后回到朝鲜民主首都平壤。前往迎接的有：接待中国人民第三届赴朝慰问团委员会委员长、朝鲜祖国统一民主主义战线中央委员会议长团议长金天海，朝鲜劳动党中央委员会社会部部长金民山等。］

12月13日　金日成首相在中国人民第三届赴朝慰问团离平壤前夕，亲到慰问团住地会见贺龙总团长和吴晗、康克清副总团长等。[①]

［按：金日成首相在中国人民第三届赴朝慰问团离平壤前夕，亲到慰问团住地会见贺龙总团长和邢西萍、朱学范、陈沂、吴晗、刘芝明、康克清副总团长。会谈约两小时，谈毕并摄影留念。］

12月13日　吴晗出席平壤市各界举行热烈欢送中国人民第三届赴朝慰问团大会。[②]

［按：平壤市各界1000多人举行欢送大会，热烈欢送以贺龙将军为首的中国人民第三届赴朝慰问团总团的人员。朝鲜祖国统一民主主义战线代表金天海首先在会上致欢送词，朝鲜人民军代表金乙奎接着致欢送词，贺龙将军在热烈

---

① 本条引自1953年12月14日《人民日报》第一版。

② 本条引自1953年12月15日《人民日报》第一版。

的掌声中致答词。会后，由慰问团京剧团进行告别演出。]

12月14日中午 吴晗等赴朝慰问团总团成员一行离开平壤启程回国。[1]

[按：中国人民第三届赴朝慰问团总团，在总团长贺龙将军率领下乘专车离开朝鲜民主首都平壤返国。到车站欢送的有朝鲜劳动党中央委员会副委员长朴正爱，内阁副首相兼民族保卫相崔庸健，内阁副首相崔昌益、洪命熹，朝鲜祖国统一民主主义战线中央委员会议长团议长金达铉、洪箕畴、金天海、李英、李克鲁，内阁外务相南日以及平壤市各界人士等。]

12月18日下午 吴晗等赴朝慰问团成员返抵北京。[2]

[按：吴晗等赴朝慰问团总团和第六总分团代表一行360多人返抵北京，首都各界人民在北京车站举行了热烈的欢迎大会。到车站欢迎的有中国人民抗美援朝总会主席郭沫若、副主席彭真、陈叔通、常务委员沈雁冰、邵力子、许德珩、梁希、彭泽民、廖承志、刘宁一、罗隆基、秘书长刘贯一、副秘书长吴茂荪，中国人民政治协商会议全国委员会副秘书长易礼容，中央人民政府人民革命军事委员会总政治部副主任甘泗淇、总干部管理部副部长徐立清、办公厅主任萧

① 本条引自1953年12月15日《人民日报》第一版。

② 本条引自1953年12月19日《人民日报》第一版。

向荣、副主任朱早观、总后勤部副部长杨立三、张令彬、总参谋部军训部部长萧克、总政治部宣传部部长刘志坚，各民主党派代表蒋光鼐、陈劭先、胡愈之、张云川、王纪华、雷洁琼、李伯球、严希纯、薛愚、陈炳基，各人民团体代表许广平、曾宪植、荣高棠、北京市人民政府副市长张友渔，及首都各机关、部队、学校、各人民团体代表共700多人。]

12月27日晚 吴晗出席周恩来总理举行的招待应邀来我国访问演出的德意志民主共和国国家人民艺术歌舞团全体人员的酒会。①

[按：中央人民政府政务院总理周恩来举行酒会，招待应邀来我国访问演出的德意志民主共和国国家人民艺术歌舞团全体人员。出席酒会作陪的有习仲勋、沈雁冰、钱俊瑞、周扬、吴晗、范长江、以及文学、电影、戏剧、音乐、舞蹈、美术、曲艺界的著名人士等百余人。]

---

① 本条引自1953年12月28日《人民日报》第一版。

一九五四年

1月8日 吴晗等出席抗美援朝总会举行的第17次常委扩大会，听取贺龙作赴朝慰问团工作报告。[①]

[按：中国人民抗美援朝总会于1月8日下午举行常务委员会第十七次会议扩大会议。中国人民第三届赴朝慰问团总团团长贺龙在会上作第三届赴朝慰问团工作报告。会议由中国人民抗美援朝总会副主席彭真主持。到会的有：中国人民抗美援朝总会主席郭沫若，陈叔通，常务委员司徒美堂、李四光、沈雁冰、邵力子、章乃器、许德珩、许宝驹、梁希、彭泽民、蒋南翔、刘宁一、萧三、罗隆基，秘书长刘贯一，中央人民政府人民革命军事委员会总政治部副主任甘泗淇，华北抗美援朝总分会主席聂真，各人民团体代表栗再温、钱三强、张文浩、廖梦醒、伍云甫，，到会的还有中国人民第三届赴朝慰问团总副总团长邢西萍、章伯钧、蔡廷锴、朱学范、陈沂、吴晗等。]

① 本条引自1954年1月9日《人民日报》第四版。

1月9日下午 吴晗出席抗美援朝总会、华北总分会，北京市分会举行的欢迎赴朝慰问团大会。[1]

［按：下午3时，中国人民抗美援朝总会、华北抗美援朝总分会、北京市抗美援朝分会在怀仁堂举行了欢迎中国人民第三届赴朝慰问团大会。到会的有国人民第三届赴朝慰问团总团和第一、第四、第六分团的部分负责人和代表，及首都各民主党派、各人民团体、各机关、部队、工厂、学校的代表共1700多人。］

1月10日 吴晗对北京市全体民盟盟员作题为《英雄的朝鲜人民和英雄的中国人民志愿军》的报告。[2]

［按：吴晗在报告中介绍了他作为中国人民第三届赴朝慰问团的成员在朝鲜的所见所闻，这个报告使全体盟员进一步认识英雄的朝鲜人民和英雄的中国人民志愿军的伟大精神，受到了一次深刻的爱国主义和国际主义的教育。］

1月10日晚 吴晗出席欢送民主德国人民艺术歌舞团赴各地演出宴会。[3]

［按：北京市人民政府市长彭真设宴欢送德意志民主共和国国家人民艺术歌舞团。出席宴会的有中央人民政府政

---

① 本条引自1954年1月10日《人民日报》第一版。

② 本条引自1954年2月《北京盟讯》第二期。

③ 本条引自1954年1月11日《人民日报》第一版。

务院文化教育委员会副秘书长范长江，中央人民政府外交部办公厅副主任阎宝航，对外文化联络事务局局长洪深，北京市人民政府副市长张友渔、吴晗和文学艺术界人士田汉、曹禺、吕骥、戴爱莲、胡蛮、王亚平、郝寿臣等多人。]

1月13日下午 吴晗出席北京市抗美援朝分会常务委员会扩大会议。[①]

[按：会议由该会副主席曾昭抡主持，出席会议的有吴晗、李乐光、林汉达、杨伯箴等100多人。]

1月18日 吴晗出席越南驻华大使馆为庆祝越南和国建立邦交日和越苏中友好月在越南全国开始举行而举行的招待会。[②]

[按：越南民主共和国驻华大使馆临时代办周亮在北京举行招待会，庆祝越南民主共和国和中华人民共和国建立邦交日和越苏中友好月在越南全国开始举行。应邀到会的有中央人民政府政务院总理周恩来、副总理郭沫若，中央人民革命军事委员会副总参谋长黄克诚、总政治部副主任萧华，中央人民政府铁道部部长滕代远，文化部部长沈雁冰，外交部副部长章汉夫、中苏友好协会总干事钱俊瑞、中国人民保卫世界和平委员会秘书长刘宁一、中华全国民主青年联合会主席廖承志和各人民团体负责人以及北京市副市长

① 本条引自1954年1月14日《北京日报》第一版。

② 本条引自1954年1月19日《人民日报》第一版。

吴晗等共200多人。]

1月18、19日 吴晗向全市烈军属代表传达赴朝慰问工作。①

[按:北京市人民政府民政局于1月18、19日召开全市烈军属代表大会,由第三届赴朝慰问团代表吴晗、志愿军家属熊济芬和王温如分别作传达报告。参加大会的有各区烈属、军属代表2200多人。]

2月5日上午 吴晗出席政协全国常委会、抗美援朝总会常委会举行的联席扩大会议。②

[按:全国政协常委会、抗美援朝总会常委会举行联席扩大会议,讨论决定全国人民慰问人民解放军代表团,慰问辛勤地保卫着祖国国防和国家建设的英勇的中国人民解放军。参加会议的有中国人民政治协商会议全国委员会和中国人民抗美援朝总会在京常务委员李维汉、李济深、王昆仑、蒋光鼐、沈钧儒、章伯钧、陈叔通、章乃器、杨秀峰、刘宁一、梁希、邵力子、罗隆基、马寅初、许广平、许德珩、蒋南翔、史良、李四光、钱三强、廖承志、司徒美堂、邢西萍、许宝驹、萧三及中国人民政治协商会议全国委员会副秘书长梅龚彬、周新民、易礼容、辛志超,中国人民抗美援朝总会秘书长

① 本条引自1954年1月27日《北京日报》第一版。

② 本条引自1954年2月6日《人民日报》第一版。

刘贯一、各人民团体的负责人和代表朱学范、胡克实、张文浩、阳翰笙、沙千里、侯德榜、伍云甫、胡兰生和华北抗美援朝总分会副主席吴晗、北京市抗美援朝分会副主席曾昭抡和抗美援朝总会各部负责人。]

2月8日晚 吴晗出席朝鲜驻我国大使崔一为庆祝朝鲜人民军建军六周年举行的电影招待会。①

[按:为庆祝朝鲜人民军建军六周年,朝鲜民主主义人民共和国驻我国大使崔一举行电影招待会,放映朝鲜电影片“飞机打猎组”。应邀出席招待会的有中央人民政府人民革命军事委员会副总参谋长张宗逊、办公厅主任萧向荣,外交部副部长章汉夫和北京市副市长吴晗等一千多人。到会的还有各国驻我国外交使节和使馆人员。]

2月13日晚 吴晗出席北京市中苏友好协会和苏联对外文化协会联合举办的中苏友谊联欢晚会。②

[按:北京市中苏友好协会和苏联对外文化协会联合举办了中苏友谊联欢晚会。参加联欢晚会的有北京市中苏友好协会副会长吴晗、总干事曾平,和首都文艺工作者、工人、学生、机关工作人员、中国人民解放军等。吴晗副会长在晚会上发表了讲话。]

---

① 本条引自1954年2月9日《人民日报》第一版。

② 本条引自1954年2月14日《人民日报》第一版。

2月14日晚 吴晗出席苏联驻我国特命全权大使尤金举办的举行庆祝中苏友好同盟互助条约签订4周年盛大酒会。①

[按:苏联驻我国特命全权大使尤金院士举行盛大酒会,庆祝中苏友好同盟互助条约签订4周年。应邀出席酒会的有中央人民政府副主席朱德,政务院总理兼外交部部长周恩来,副总理董必武、郭沫若、邓小平,人民革命军事委员会委员陈毅、副总参谋长黄克诚、总政治部副主任萧华,最高人民法院院长沈钧儒、副院长张志让,最高人民检察署副检察长高克林,外交部副部长王稼祥、李克农、章汉夫、伍修权,中国人民政治协商会议全国委员会副主席陈叔通,中苏友好协会总会副会长吴玉章,北京市人民政府副市长张友渔、吴晗以及中央人民政府各部门首长,中国人民解放军高级指挥员,各民主党派、各人民团体负责人和首都教育、科学、新闻、文艺界人士等600多人。]

2月16日下午 吴晗出席北京苏联红十字医院新院落成开幕典礼。②

[按:规模宏大、设备完善的北京苏联红十字医院新院址隆重举行开幕典礼。参加典礼的有:北京市人民政府市长彭真,中苏友好协会总会副会长吴玉章,中央人民政府卫生部部长、中国红十字会总会会长李德全,中央人民政府外

---

① 本条引自1954年2月15日《人民日报》第一版。

② 本条引自1954年2月17日《人民日报》第一版。

交部副部长伍修权、卫生部副部长贺诚，人民革命军事委员会卫生部副部长傅连暲，中华全国总工会书记处书记刘子久，中华全国民主妇女联合会副主席章蕴，中国人民保卫儿童全国委员会秘书长康克清，中华医学会秘书长方石珊，北京市人民政府副市长吴晗和北京市各医院院长、著名医师170 多人。参加典礼的还有北京苏联红十字医院的工作人员。吴晗代表北京市人民政府和全市人民祝贺北京苏联红十字医院开幕，并向医院全体工作人员和参加新院建设的建筑工人表示谢意。]

[按：北京苏联红十字医院新院，位于宣武区永安路南侧，建筑面积达 3 万 3 千平方公尺，较原甘水桥临时院址扩大了将近 10 倍。]

2 月 20 日下午 吴晗出席全国人民慰问人民解放军代表团举行的慰问中央人民政府人民革命军事委员会大会。①

[按：全国人民慰问人民解放军代表团隆重地举行慰问中央人民政府人民革命军事委员会大会，向朱德总司令和英勇可爱的人民解放军全体指挥员、战斗员表示深切的慰问和敬意。慰问大会在北京怀仁堂举行。出席大会的有朱德、贺龙、陈毅、聂荣臻、粟裕、傅作义、蔡廷锴、萧劲光、刘亚楼、吴法宪、王震、陈锡联、许光达、张友渔、王昆仑、罗隆基、楚图南、章伯钧、马寅初、钱三强、吴晗等 1300 多人。]

① 本条引自 1954 年 2 月 21 日《人民日报》第一版。

2月　吴晗的《英雄的朝鲜人民和英雄的中国人民志愿军》一文在《北京盟讯》1954年第2期上发表。[①]

3月11日　吴晗出席丹麦驻我国公使格瑞杰生为庆祝丹麦国庆日举行的招待会。[②]

[按：丹麦驻我国公使格瑞杰生在北京举行招待会，庆祝丹麦国庆日。应邀参加招待会的有中央人民政府政务院副总理郭沫若、外交部副部长章汉夫、对外贸易部副部长雷任民、文化部副部长丁西林、北京市人民政府副市长吴晗、各国驻我国外交使节及使馆人员等共100余人。]

3月14日下午　吴晗去北京车站出席首都各界人民欢迎朝鲜访华代表团到达北京的欢迎会。[③]

[按：下午5点，以金应基为首的朝鲜人民访华代表团和随代表团同行的艺术团一行由廖承志、易礼容、陈沂、刘贯一陪同到达北京。前往车站欢迎的有中国人民政治协商会议全国委员会副主席、中国人民抗美援朝总会主席郭沫若、中国人民抗美援朝总会副主席彭真、中国人民政治协商会议全国委员会委员刘宁一、程潜、罗隆基、邵力子、王昆仑、钱三强、中国共产党和全国各民主党派、各人民团体的代表董必武、柳亚子、章伯钧、章乃器、许德珩、胡耀邦、周

---

① 本条引自1954年2月《北京盟讯》第二期。

② 本条引自1954年3月12日《人民日报》第一版。

③ 本条引自1954年3月15日《人民日报》第一版。

扬、荣高棠、侯德榜、区棠亮、中国人民解放军京津卫戍司令部副司令员杨成武、北京市人民政府副市长吴晗等3000多人。]

3月19日晚 吴晗出席周恩来总理举行的招待朝鲜人民访华代表团宴会。①

[按:周恩来总理举行宴会,招待朝鲜人民访华代表团和各艺术团体。出席宴会的中国方面的还有:董必武、陈云、郭沫若、邓小平、陈叔通、彭德怀、程潜、彭真、邓子恢、习仲勋、粟裕、黄克诚、萧华、谢觉哉、罗瑞卿、薄一波、滕代远、章伯钧、王昆仑、罗隆基、章乃器、邵力子、彭泽民、马寅初、李维汉、陆定一、沈雁冰、王鹤寿、陈郁、朱学范、梁希、傅作义、李德全、楚图南、胡愈之、李克农、章汉夫、伍修权、钱之光、丁西林、韦悫、蔡廷锴、萧劲光、陈锡联、王震、陈士榘、周士第、吴晗、柳亚子、严希纯、许德珩、赖若愚、廖承志、区棠亮、李烛尘、侯德榜、竺可桢、钱俊瑞、荣高棠、夏衍、阳翰笙、冯雪峰、萧三、魏巍以及各界著名人士和我国各兄弟民族的代表等共300多人。]

3月22日下午 吴晗出席华北抗美援朝总分会举行的欢迎朝鲜人民访华代表团的宴会。②

---

① 本条引自1954年3月20日《人民日报》第一版。

② 本条引自1954年3月23日《人民日报》第一版。

[按:华北抗美援朝总分会举行宴会,欢宴朝鲜人民访华代表团。出席作陪的有中共中央华北局第三书记刘澜涛、第三副书记刘秀峰、华北行政委员会副主席张苏、李烛尘,中国人民解放军华北军区副司令员杨成武、华北文学艺术界联合会筹备委员会主任阿英。中共北京市委员会副书记刘仁,北京市人民政府副市长张友渔、吴晗等六百多人。宴会开始后,吴晗、刘澜涛先后在宴会上致词。吴晗在致辞中说,朝鲜人民访华代表团来到我国短短的时日中,已经和我国人民进行了广泛的接触,传达了在朝鲜劳动党和金日成元帅领导下的英雄的朝鲜人民在伟大的卫国战争中和美李匪帮进行不屈不挠斗争的崇高精神;传达了朝鲜人民在朝鲜军事停战后进行国民经济恢复工作中所表现出的坚毅力量;传达了朝鲜人民对我国人民和中国人民志愿军的热爱。所有这些,对于正在进行伟大的社会主义建设的每一个中国人民都起着极大的鼓舞作用。]

3 月 23 日 吴晗在欢迎朝鲜人民访华代表团的宴会上的讲话(摘录)在《人民日报》上发表。①

4 月 4 日晚 吴晗出席匈牙利驻我国大使苏贝克为庆祝匈牙利解放九周年举行的招待会。②

[按:晚 7 点,为光荣的苏联军队解放匈牙利九周年纪

① 本条引自 1954 年 3 月 23 日《人民日报》第一版。

② 本条引自 1954 年 4 月 5 日《人民日报》第一版。

念日，匈牙利人民共和国驻我国大使苏贝克在匈牙利大使馆举行招待会。应邀出席的有中央人民政府副主席刘少奇，政务院副总理郭沫若、邓小平，最高人民法院院长沈钧儒，人民革命军事委员会副总参谋长张宗逊、总政治部副主任萧华，外交部副部长伍修权，以及中央人民政府各部门首长，各民主党派和各人民团体的负责人，文化艺术界人士，劳动模范，战斗英雄和北京市人民政府副市长吴晗400多人。]

4月20日下午 吴晗出席首都各界人民庆祝世界和平运动五周年大会。①

[按：首都各界人民庆祝世界和平运动五周年大会隆重举行。出席大会的有中国人民保卫世界和平委员会主席郭沫若、副主席陈叔通，常务委员沈钧儒、沈雁冰、邵力子、马寅初、章乃器、许德珩、许宝驹、黄炎培、邓颖超、刘宁一、廖承志、萧三、罗隆基，中国人民保卫世界和平委员会华北总分会主席聂真、副主席吴晗，北京市分会副主席曾昭抡，世界和平理事会理事蔡廷锴、章伯钧、李德全、刘贯一、陆璀，各民主党派、各人民团体代表共1000多人。]

4月29日 吴晗到车站欢迎中国人民志愿军“五一”节归

① 本条引自1954年4月21日《人民日报》第一版。

国观礼代表团。[1]

[按：中国人民志愿军“五一”节归国观礼代表团九十多人，在团长、中国人民志愿军政治部副主任张南生将军率领下到达北京。前往车站欢迎的有中国人民抗美援朝总会常务委员许宝驹、罗隆基，秘书长刘贯一，中央人民政府人民革命军事委员会总政治部副主任甘泗淇，秘书长刘其人，办公厅副主任朱早观，各民主党派代表，各人民团体代表，中国共产党华北局第四副书记张磐石，北京市副市长吴晗，以及文艺工作者、学生等。]

4月30日 吴晗出席青年团中央举行的欢迎应邀来我国访问的苏联青年代表团的宴会。[2]

[按：中国新民主主义青年团中央委员会设宴欢迎应邀来我国访问的苏联青年代表团。中国方面出席宴会的有青年团中央委员会书记处书记胡耀邦、廖承志、荣高棠、刘导生、罗毅、区棠亮、章泽、胡克实，中华全国民主青年联合会副主席钱三强、吴晗，中华全国学生联合会主席田德民，青年团华北工作委员会书记葛步海、青年团北京市委员会书记张大中，首都文化艺术界人士及解放军、志愿军战斗英雄和北京市工、农业劳动模范等90人。]

① 本条引自1954年4月29日《人民日报》第四版。

② 本条引自1954年5月3日《人民日报》第三版。

5月9日下午 吴晗出席捷克斯洛伐克驻我国大使康萨拉为庆祝捷克斯洛伐克解放9周年举行了盛大的招待会。①

［按：捷克斯洛伐克共和国驻我国大使康萨拉为纪念苏联军队解放捷克斯洛伐克9周年举行了盛大的招待会。应邀出席的有中央人民政府副主席朱德，政务院副总理董必武，人民革命军事委员会副总参谋长黄克诚、总政治部副主任萧华、甘泗淇，外交部副部长伍修权及中央人民政府各部门首长，各人民团体负责人，战斗英雄，劳动模范，文化、教育、科学、艺术、新闻界人士和北京市人民政府副市长吴晗等600多人。］

5月12日下午 吴晗出席首都各界人民热烈拥护和支持我外长周恩来、苏联外长莫洛托夫、朝鲜外务相南日、越南副总理兼代理外长范文同在日内瓦会议上的立场和主张的盛大集会。②

［按：首都各界人民6000多人在中山公园音乐堂举行盛大集会，热烈拥护和支持我外长周恩来、苏联外长莫洛托夫、朝鲜民主主义人民共和国外务相南日、越南民主共和国副总理兼代理外长范文同在日内瓦会议上的立场和主张。出席大会的有中华全国总工会副主席朱学范，中华全国民主妇女联合会副主席李德全，中华全国民主青年联合会副

---

① 本条引自1954年5月10日《人民日报》第一版。

② 本条引自1954年5月13日《人民日报》第一版。

主席钱三强，中华全国学生联合会主席田德民，中华全国自然科学专门学会联合会副主席陈康白，中华全国科学技术普及协会主席梁希，中国人民保卫世界和平委员会华北总分会主席聂真，中国人民保卫世界和平委员会北京市分会副主席吴晗，作家老舍和宗教界王梓仲等。郭沫若、朱学范、钱三强、田德民、陈康白、梁希、老舍、聂真、吴晗等先后在会上讲话。]

5月18日晚 吴晗出席苏联驻我国大使馆为招待苏联青年代表团全体人员和中国新民主主义青年团中央委员会负责人举行的招待会。①

[按：苏联驻我国大使馆举行招待会，招待苏联青年代表团全体人员和中国新民主主义青年团中央委员会负责人。应邀出席的有中国新民主主义青年团中央委员会书记处书记胡耀邦、刘导生、罗毅、区棠亮、胡克实，中华全国民主青年联合会副主席吴晗，中华全国学生联合会主席田德民、副主席关若鸾，青年团中央委员会所属各部门、华北工作委员会和北京市委员会的负责人以及首都教育、文化、艺术界人士等。]

5月29日 吴晗出席蒙古人民共和国美术展览会揭幕

---

① 本条引自1954年5月19日《人民日报》第一版。

仪式。[①]

［按：中央人民政府政务院文化教育委员会对外文化联络事务局主办的“蒙古人民共和国美术展览会”在中山公园中山堂举行揭幕仪式。参加揭幕仪式的有中央人民政府政务院文化教育委员会副主任陆定一，外交部副部长章汉夫，文化部副部长丁西林、郑振铎，出版总署副署长萨空了，政务院文化教育委员会对外文化联络事务局局长洪深、副局长陈忠经，北京市人民政府副市长吴晗以及中央人民政府外交部亚洲司副司长何英、交际处副处长王拓、亚洲司专员符浩，中国美术家协会副主席刘开渠、吴作人，美术家华君武、古元，曾去过蒙古人民共和国访问的前中国文艺代表团团长周立波以及作家赵树理、陈白尘，诗人艾青等也参加了揭幕仪式。］

6月6日晚　吴晗出席瑞典驻我国大使魏斯特朗为庆祝瑞典国庆日举行的招待会。[②]

［按：晚7点，瑞典驻我国大使魏斯特朗在北京举行招待会庆祝瑞典国庆日。应邀出席招待会的有中央人民政府政务院副总理董必武，外交部副部长章汉夫，对外贸易部副部长李哲人，文化部副部长郑振铎，北京市人民政府副市长吴晗等。各国驻我国外交使节和使馆人员也应邀出席了招

① 本条引自1954年5月30日《人民日报》第一版。

② 本条引自及1954年6月7日《人民日报》第一版。

待会。]

6月15日上午 吴晗出席印度艺术图片及手工艺品展览会开幕仪式。①

[按:中印友好协会主办的“印度艺术图片及手工艺品展览会”在中山公园水榭开幕。参加展览会开幕仪式的有中国人民大学校长吴玉章,中印友好协会副会长陈翰笙,中国人民对外文化协会副会长洪深、秘书长陈忠经,中国作家协会副主席老舍,中国美术家协会副主席刘开渠、吴作人,中央人民政府外交部副部长章汉夫,文化部副部长郑振铎,外交部亚洲司副司长何英,北京市人民政府副市长吴晗等。]

6月25日 吴晗等出席欢送朝鲜人民访华代表团宴会。②

[按:北京市人民政府市长彭真在北京饭店举行盛大宴会,欢送行将离京返国的朝鲜人民访华团和随行的艺术团全体成员。出席宴会的有中国人民政治协商会议全国委员会副主席沈钧儒,中国人民政治协商会议全国委员会副主席、中国人民抗美援朝总会副主席陈叔通,中国共产党中央委员会政治局委员董必武,中国人民政治协商会议全国委员会和中国人民抗美援朝总会在京常务委员、委员,全国各

① 本条引自及1954年6月17日《人民日报》第三版。

② 本条引自1954年6月26日《人民日报》第一版。

民主党派、各人民团体的负责人和代表，北京市人民政府副市长、委员、秘书长、副秘书长、各局、处长，北京市各界人民代表会议协商委员会副主席、委员，各人民团体的负责人，首都文化界人士和劳动模范等六百多人。吴晗代表北京市抗美援朝分会，向朝鲜人民访华代表团献礼。]

7月11日晚 吴晗出席蒙古驻我国大使奥其尔巴特为庆祝蒙古人民革命胜利33周年举行的盛大招待会。[①]

[按：蒙古人民共和国驻我国大使奥其尔巴特在北京饭店举行盛大招待会，庆祝蒙古人民革命胜利33周年。应邀出席招待会的有中央人民政府副主席朱德，政务院副总理郭沫若、邓小平，中央人民政府委员吴玉章，人民革命军事委员会副总参谋长张宗逊、总政治部副主任萧华，最高人民法院副院长张志让，外交部副部长章汉夫、伍修权，政务院所属各委、部、会、院、署、行的负责人，北京市人民政府副市长吴晗，各人民团体的负责人，首都科学、教育、文学、艺术、新闻界人士和劳动模范等。]

7月23日晚 吴晗出席首都各界人民为热烈庆祝印度支那停战和恢复和平问题达成协议举行的盛大集会。[②]

[按：首都各界人民举行盛大集会，热烈庆祝日内瓦会

---

① 本条引自1954年7月12日《人民日报》第一版。

② 本条引自1954年7月24日《人民日报》第一版。

议关于印度支那停战和恢复和平问题达成协议。出席今天大会的有中国人民保卫世界和平委员会在京常务委员和各部门负责人,全国各民主党派、各人民团体的负责人和代表,中央人民政府直属机关的工作人员,北京市各机关的工作人员和各界人民群众等两千多人。彭真、廖承志、茅盾、蔡廷锴、章伯钧、李四光、李德全、吴晗等在主席台上就坐。蔡廷锴、章伯钧、李烛尘、刘宁一、吴晗、茅盾、沙千里等先后在会上讲话。吴晗在讲话中说,“我国青年对于日内瓦会议的重大成就,感到欢欣鼓舞。我国青年完全拥护和支持日内瓦会议关于印度支那问题的协议,并决心和我国人民在一起,为争取这些协议彻底实现,为保卫亚洲与全世界和平作进一步的努力。我国青年将在自己的岗位上,以积极工作,努力学习,锻炼身体,把自己锻炼成为祖国的优秀的建设者和保卫者,这样来增强保卫亚洲与世界和平的力量,警惕任何破坏和平的阴谋,更好地建设我们伟大的社会主义社会。”]

7月24日 吴晗在首都各界人民庆祝印度支那停战和恢复和平问题达成协议集会上的讲话(摘录)在《人民日报》上发表。①

8月1日 吴晗出席瑞士驻华公使馆临时代办崔礼为庆祝

① 本条引自1954年7月24日《人民日报》。

瑞士国庆日举行的招待会。[①]

［按：瑞士驻华公使馆临时代办崔礼在北京举行招待会，庆祝瑞士国庆日。应邀赴会的有中央人民政府政务院副总理董必武，文化部部长沈雁冰，外交部副部长章汉夫，对外贸易部副部长李哲人，文化部副部长丁西林，人民革命军事委员会办公厅主任萧向荣，北京市人民政府副市长吴晗等。各国驻我国外交使节和使馆人员也应邀赴会。］

8月1日下午　吴晗到机场欢迎出席日内瓦会议[②]的我国代表团首席代表周恩来返抵北京。[③]

［按：出席日内瓦会议的我国代表团首席代表、政务院总理兼外交部部长周恩来乘飞机返抵北京。前往机场欢迎的有中央人民政府副主席朱德、刘少奇、李济深，秘书长林

---

① 本条引自1954年8月2日《人民日报》第一版。

② 1954年2月28日，由苏联倡议，苏美英法四国外长在柏林会议上达成协议，定于同年4月举行日内瓦会议，讨论朝鲜问题和印度支那问题。除苏联、美国、法国、英国、中华人民共和国参加会议的全过程外，同这两个问题有关的其他国家也派代表分别参加各有关问题的讨论。4月19日，中国政府任命周恩来总理兼外长为出席日内瓦会议代表团首席代表，张闻天、王稼祥、李克农为代表。日内瓦会议是中华人民共和国首次以五大国之一的地位和身份参加讨论国际问题的一次重要会议。1954年4月26日至7月21日，苏、美、英、法、中5国外交会议在瑞士日内瓦国联大厦举行。会议主要讨论如何和平解决朝鲜问题和关于恢复印度支那和平问题。7月21日，与会各国签署了《越南停止敌对行动的协定》《老挝停止敌对行动的协定》《柬埔寨停止敌对行动的协定》，会议最后发表了《日内瓦会议最后宣言》。

③ 本条引自1954年8月2日《人民日报》第一版。

伯渠，政务院副总理董必武、郭沫若、黄炎培、邓小平，中国人民政治协商会议全国委员会副主席沈钧儒、陈叔通，中央人民政府委员会委员徐特立、马寅初、沈雁冰、彭泽民、李烛尘、章伯钧、张奚若，政务院政务委员王昆仑、罗隆基、章乃器、邵力子，人民政协全国委员会常务委员李维汉、杨秀峰、刘宁一、邓颖超、许德珩、蒋南翔、李四光、李德全、廖承志，最高人民法院副院长张苏，政务院政治法律委员会副主任罗瑞卿，文化教育委员会副主任习仲勋，外交部副部长章汉夫、伍修权，北京市人民政府副市长张友渔、吴晗以及中央人民政府各委、部、会、院、署、行的负责人，中国人民解放军的高级将领，人民政协全国委员会在京委员，中共中央直属各单位和各民主党派、各人民团体的负责人，无党派人士，北京各高等学校的负责人、文学艺术界人士及北京市各界群众代表等共6000多人。]

8月2日下午 吴晗到机场欢迎越南副总理兼代理外交部部长范文同抵达北京。①

［按：下午3点53分，越南民主共和国副总理兼代理外交部部长范文同，应我中央人民政府的邀请乘飞机抵达北京。前往机场欢迎的有中央人民政府政务院总理周恩来，副总理董必武、郭沫若、邓小平，中央人民政府政务院秘书长习仲勋，政务委员王昆仑、罗隆基，中国人民政治协商会

① 本条引自1954年8月3日《人民日报》第一版。

议全国委员会常务委员沈雁冰、马寅初、蒋南翔、廖承志，政务院政治法律委员会副主任罗瑞卿，外交部副部长王稼祥、章汉夫、伍修权，北京市人民政府副市长张友渔、吴晗，中国民主建国会总会委员会副主任委员章乃器，中国民主促进会中央理事会秘书长许广平，中国农工民主党中央委员会副主席彭泽民，九三学社中央委员会主席许德珩，中华全国总工会副主席刘宁一，中华全国民主妇女联合会副主席李德全，中国文学艺术界联合会副主席周扬，中国人民对外文化协会会长楚图南，以及北京市各界人民代表等共 1500 多人。]

8 月 2 日晚　吴晗出席周恩来举行的招待越南副总理兼代理外交部部长范文同的宴会。①

［按：政务院总理兼外交部部长周恩来设宴招待应我中央人民政府邀请来到北京的越南民主共和国副总理兼代理外交部部长范文同。中国方面出席宴会的有中央人民政府副主席朱德、刘少奇、李济深，政务院副总理董必武、郭沫若、黄炎培、邓小平，中国人民政治协商会议全国委员会副主席沈钧儒、陈叔通，中央人民政府委员会委员马寅初、沈雁冰、蔡廷锴、彭泽民、李烛尘、章伯钧、张奚若，政务院政务委员王昆仑、罗隆基、章乃器，中国人民政治协商会议全国委员会常务委员李维汉、刘宁一、许德珩、蒋南翔、李四光、

① 本条引自 1954 年 8 月 3 日《人民日报》第一版。

廖承志，最高人民法院副院长张苏，政务院政治法律委员会副主任罗瑞卿，文化教育委员会副主任习仲勋，扫除文盲工作委员会主任委员楚图南，出版总署署长胡愈之，外交部副部长王稼祥、章汉夫、伍修权，北京市人民政府副市长张友渔、吴晗以首都科学、教育、新闻、文学、艺术界著名人士等共500多人。]

8月3日晚 吴晗出席越南驻我国大使馆为越南副总理兼代理外交部部长范文同访问中国举行的招待会。①

[按：越南民主共和国驻我国大使馆临时代办周亮，为越南民主共和国副总理兼代理外交部部长范文同访问中国举行招待会。中国方面出席招待会的有中央人民政府副主席朱德、刘少奇、李济深，政务院总理周恩来、副总理董必武、郭沫若、邓小平，中国人民政治协商会议全国委员会副主席沈钧儒、陈叔通，中央人民政府委员会委员沈雁冰、蔡廷锴、彭泽民、章伯钧、张奚若、政务院政务委员王昆仑、罗隆基、章乃器，中国人民政治协商会议全国委员会常务委员李维汉、许德珩、李四光、李德全，最高人民法院副院长张苏，政务院政治法律委员会副主任罗瑞卿，文化教育委员会副主任习仲勋，中央人民政府各部门首长楚图南、胡愈之，外交部副部长王稼祥、章汉夫、伍修权，北京市人民政府副市长张友渔、吴晗，以及首都科学、教育、新闻、文学、艺术、

① 本条引自1954年8月4日《人民日报》第一版。

出版界著名人士等共500多人。]

8月4日晚 吴晗到车站欢送越南副总理兼代理外交部部长范文同离京返国。[①]

[按:越南民主共和国副总理兼代理外交部部长范文同乘火车离开北京返国。前往车站欢送的有中央人民政府政务院总理周恩来、副总理董必武、郭沫若、黄炎培、邓小平,中国人民政治协商会议全国委员会副主席沈钧儒、陈叔通,中央人民政府政务院秘书长习仲勋,政务委员王昆仑、罗隆基、邵力子,中国人民政治协商会议全国委员会常务委员杨秀峰、沈雁冰、马寅初,中央人民政府政务院政治法律委员会副主任罗瑞卿,外交部副部长王稼祥、章汉夫、伍修权,北京市人民政府副市长张友渔、吴晗,中国民主同盟中央委员会副主席章伯钧、高崇民,中国民主建国会总会委员会副主任委员章乃器,中国农工民主党中央委员会副主席彭泽民,九三学社中央委员会主席许德珩,中华全国总工会副主席刘宁一,中国人民对外文化协会会长楚图南等。]

8月14日 吴晗出席张奚若为招待应邀前来我国访问英国工党代表团举行的酒会。[②]

[按:中国人民外交学会会长张奚若举行酒会,招待应

---

① 本条引自1954年8月5日《人民日报》第一版。

② 本条引自1954年8月15日《人民日报》第一版。

邀前来我国访问的以克·艾德礼先生为首的英国工党代表团。中国方面出席酒会的有中国人民外交学会副会长周鲠生、陈翰笙、胡愈之、钱端升、乔冠华，中央人民政府政务院总理周恩来，副总理郭沫若、黄炎培，中国人民政治协商会议全国委员会副主席李济深、陈叔通，政务院秘书长习仲勋，政务委员谢觉哉、章伯钧、邵力子以及所属各委、部、会正副负责人沈雁冰、傅作义、李德全、乌兰夫、陈其瑗、吕正操、李葆华、杨秀峰、韦悫、贺诚、安子文、丁西林，外交部副部长章汉夫、伍修权，北京市人民政府市长彭真，副市长张友渔、吴晗等。]

8月14日晚　吴晗出席巴基斯坦驻华大使罗查为庆祝巴基斯坦独立7周年举行的招待会。[①]

[按：巴基斯坦驻华大使罗查举行招待会，庆祝巴基斯坦独立7周年。应邀出席招待会的有中央人民政府政务院总理周恩来，文化部部长沈雁冰，卫生部部长李德全，外交部副部长章汉夫，对外贸易部副部长雷任民，商业部副部长姚依林，地质部副部长何长工，文化部副部长周扬，教育部副部长韦悫，出版总署署长胡愈之和北京市人民政府副市长吴晗等。]

8月15日晚　吴晗出席朝鲜驻华大使崔一为庆祝朝鲜解放

① 本条引自1954年8月15日《人民日报》第一版。

9 周年举行的招待会。①

[按:朝鲜民主主义人民共和国驻华大使崔一举行招待会,庆祝朝鲜解放9周年。应邀出席招待会的有中央人民政府政务院总理周恩来,副总理邓小平,最高人民法院副院长张志让,政务院秘书长习仲勋,政务委员曾山、滕代远、章伯钧、罗隆基、章乃器、邵力子、黄绍竑,人民革命军事委员会副总参谋长黄克诚,总政治部副主任傅钟、萧华、甘泗淇以及中央人民政府各委、部、会、署负责人马寅初、沈雁冰、彭泽民、张奚若、李德全、楚图南、胡愈之、许德珩,外交部副部长章汉夫、伍修权,北京市人民政府副市长吴晗等。]

8 月 16 日中午 吴晗出席周恩来举行的招待参加世界民主青年联盟理事会北京会议的各国代表的盛大宴会。②

[按:中央人民政府政务院总理周恩来举行盛大宴会,招待参加世界民主青年联盟理事会北京会议的各国代表。中国方面出席宴会作陪的有郭沫若、邓小平、黄炎培、陈叔通、彭真、习仲勋、章伯钧、蔡廷锴、沈雁冰、李四光、刘宁一、廖承志、胡耀邦、许广平以及政府各部门、各民主党派、各人民团体的负责人和首都科学、教育、文学艺术界人士张奚若、马寅初、刘格平、周扬、丁西林、郑振铎、舒舍予、曹禺、杨秀峰、韦悫、楚图南、许德珩、黄琪翔、陈其尤、李纯青、刘导

① 本条引自 1954 年 8 月 16 日《人民日报》第一版。

② 本条引自 1954 年 8 月 17 日《人民日报》第一版。

生、钱三强、吴晗、区棠亮、章泽等。]

8月16日 吴晗出席周恩来举行的招待英国工党代表团的宴会。①

[按:中央人民政府政务院总理周恩来在北京怀仁堂设宴招待应邀来我国访问的以克·艾德礼为首的英国工党代表团。中国方面出席宴会的有政务院副总理郭沫若、黄炎培、邓小平,中央人民政府委员会委员马寅初、沈雁冰、彭泽民、傅作义、章伯钧,政务院秘书长习仲勋,政务委员罗隆基、章乃器,中央人民政府各部部长李先念、李四光、蒋光鼐、外交部副部长王稼祥、章汉夫、伍修权,最高人民法院副院长张苏,北京市人民政府市长彭真,中国人民政治协商会议全国委员会副主席李济深、沈钧儒、陈叔通,常务委员杨秀峰、刘宁一,中国共产党中央委员陆定一、廖承志,各民主党派负责人士陈其瑗、吴晗、许德珩、胡耀邦等。]

8月17日晚 吴晗出席印度尼西亚驻华大使莫诺努图为庆祝印度尼西亚独立9周年举行的招待会。②

[按:印度尼西亚共和国驻华大使莫诺努图举行招待会,庆祝印度尼西亚独立9周年纪念日。应邀出席的有中央人民政府政务院总理周恩来,副总理郭沫若,秘书长习仲

① 本条引自1954年8月17日《人民日报》第一版。

② 本条引自1954年8月18日《人民日报》第一版。

勋，中央人民政府各部部长李四光、章伯钧、沈雁冰、张奚若，外交部副部长章汉夫，各部副部长丁西林、郑振铎，扫除文盲工作委员会主任委员楚图南，出版总署署长胡愈之，北京市人民政府副市长吴晗等。]

8月18日上午 吴晗等出席印度尼西亚艺术展览会开幕仪式。[①]

[按：中央人民政府文化部主办的“印度尼西亚艺术展览会”在首都中山公园水榭开幕。参加展览会开幕仪式的中央人民政府政务院总理周恩来，秘书长习仲勋，文化部部长沈雁冰，交通部部长章伯钧，外交部副部长章汉夫，文化部副部长郑振铎，出版总署副署长萨空了，政务院文化教育委员会秘书长钱俊瑞，对外文化联络事务局局长洪深，外交部办公厅主任王炳南、亚洲司司长陈家康，北京市人民政府副市长吴晗，中国人民对外文化协会会长楚图南以及首都文学、艺术界著名人士陈荒煤、张光年、袁水拍、华君武等。]

8月18日下午 吴晗出席欢迎应邀来我国访问的英国工党代表团欢迎会和宴会。[②]

[按：下午6点，中国人民政治协商会议全国委员会举行盛大欢迎会和宴会，欢迎应邀来我国访问的以克·艾德

---

① 本条引自1954年8月19日《人民日报》第一版。

② 本条引自1954年8月19日《人民日报》第一版。

礼为首的英国工党代表团。出席欢迎会和宴会的有中国人民政治协商会议全国委员会副主席沈钧儒，秘书长李维汉，常务委员蒋光鼐、章伯钧、章乃器、杨秀峰、沈雁冰、罗隆基、马寅初、蒋南翔，中国共产党中央委员会委员兼秘书长邓小平，中央委员陆定一、廖承志，中国民主同盟中央常务委员周新民、潘光旦、胡愈之、李文宜，中国农工民主党副主席彭泽民，中国新民主主义青年团中央书记处书记胡耀邦、区棠亮。中国人民外交学会会长张奚若，副会长钱端升、乔冠华，中华全国民主青年联合会副主席吴晗，中国文学艺术界联合会副主席周扬，中国人民对外文化协会会长楚图南、副会长丁西林，中苏友好协会总干事钱俊瑞，中央人民政府外交部副部长章汉夫、伍修权，文化部副部长郑振铎以及北京的科学、教育、文艺、新闻界著名人士等600多人。]

8月22日晚 吴晗出席首都各界人民热烈庆贺罗马尼亚解放10周年大会。①

[按：首都各界人民举行庆祝大会，热烈庆贺罗马尼亚解放10周年。出席大会的有中央人民政府副主席刘少奇，政务院总理周恩来，副总理郭沫若、黄炎培、邓小平，最高人民法院副院长张苏，政务院秘书长兼文化教育委员会副主任习仲勋，文化教育委员会副主任陆定一，文化部部长沈雁冰，副部长丁西林、郑振铎，外交部副部长章汉夫、伍修权，

---

① 本条引自1954年8月23日《人民日报》第一版。

北京市人民政府市长彭真、副市长吴晗，以及政务院所属各委、部、会、院、署、行首长，人民革命军事委员会各部门负责人，中国人民解放军各兵种首长，各民主党派代表，各人民团体负责人，首都科学、教育、文化、艺术、新闻界人士等500多人。]

8月23日晚 吴晗出席罗马尼亚驻我国大使郭佐文为庆祝罗马尼亚解放10周年举行的盛大招待会。[①]

[按：罗马尼亚人民共和国驻我国大使郭佐文举行盛大招待会，庆祝罗马尼亚解放10周年。应邀出席招待会的有中央人民政府副主席刘少奇、李济深，政务院总理周恩来、副总理邓小平，最高人民法院院长沈钧儒、副院长张苏，中央人民政府委员会委员马寅初、沈雁冰，政务院政务委员罗瑞卿，政务院文化教育委员会副主任陆定一，外交部副部长章汉夫、伍修权，北京市人民政府副市长吴晗，以及中央人民政府政务院所属各委、部、会、院、署、行的负责人，中国人民解放军高级将领，各人民团体的负责人，首都科学、教育、文学、艺术、新闻界人士等。]

8月25日晚 吴晗出席欢送英国工党代表团的酒会。[②]

[按：北京市人民政府市长彭真8月25日晚在北京中山

---

① 本条引自1954年8月24日《人民日报》第一版。

② 本条引自1954年8月26日《人民日报》第一版。

堂举行酒会，欢送即将离京去上海等地访问的英国工党代表团。出席酒会的有中央人民政府政务院总理周恩来，副总理郭沫若、黄炎培、邓小平，中国人民政治协商会议全国委员会副主席李济深、陈叔通，政务院秘书长习仲勋，政务委员章伯钧、罗隆基以及政务院所属各部门正副负责人李先念、章乃器、傅作义、楚图南、杨秀峰、丁西林、叶圣陶、萨空了，外交部副部长章汉夫、伍修权，各民主党派和无党派民主人士代表马寅初、彭泽民，中国人民外交学会副会长胡愈之、钱端升，各人民团体中央机关负责人刘宁一、区棠亮，北京市人民政府副市长张友渔、吴晗，北京市协商委员会副主席梁思成，科学、教育界人士华罗庚、蒋南翔，文艺界人士郑振铎、曹禺、华君武、侯宝林，新闻界人士邓拓、范瑾、浦熙修等共400多人。]

8月26日晚　吴晗出席周恩来举行的招待印度尼西亚艺术团的酒会。①

［按：中央人民政府政务院总理周恩来在怀仁堂举行酒会，招待印度尼西亚艺术团。出席作陪的有中央人民政府政务院副总理郭沫若、邓小平，秘书长习仲勋，文化教育委员会副主任陆定一，文化部部长沈雁冰，副部长丁西林、郑振铎，外交部副部长章汉夫，北京市人民政府市长彭真、副市长吴晗，中国人民对外文化协会会长楚图南，副会长阳翰

① 本条引自1954年8月27日《人民日报》第一版。

笙、洪深，中国人民保卫世界和平委员会副主席廖承志，首都文学艺术界的著名作家、舞蹈家、音乐家、导演、演员和画家等。]

9月2日上午 吴晗到车站欢迎保加利亚人民军迪亚科·迪亚科夫中将和保加利亚人民军歌舞团一行抵京。①

[按：应邀来我国访问的保加利亚人民军迪亚科·迪亚科夫中将和保加利亚人民军歌舞团一行198人，在李兆炳和书庄陪同下抵达北京。到车站欢迎的有文化部副部长丁西林，外交部副部长伍修权，中国人民对外文化协会副会长阳翰笙，政务院文化教育委员会对外文化联络事务局局长洪深，中国人民解放军京津卫戍司令部副司令员杨成武，北京市人民政府副市长吴晗，首都文艺界人士周巍峙、赵沨、陈其通等以及首都各界人民2000多人。]

9月3日晚 吴晗等出席中央文化部和军委总政治部联合举行的招待保加利亚人民军歌舞团的宴会。②

[按：中央文化部和军委总政治部9月3日晚在和平宾馆联合举行盛大宴会，招待来我国访问的保加利亚人民军迪亚科·迪亚科夫中将和保加利亚人民军歌舞团全体成员。应邀出席的有保加利亚驻我国大使迪米特尔·迪莫夫

① 本条引自1954年9月3日《人民日报》第一版。
② 本条引自1954年9月4日《人民日报》第一版。

和使馆官员。出席宴会的我方人员有中央人民政府文化部部长沈雁冰，副部长丁西林、郑振铎，外交部副部长伍修权，中国人民对外文化协会会长楚图南、副会长阳翰笙，政务院文化教育委员会对外文化联络事务局局长洪深，北京市人民政府副市长吴晗，以及首都文艺界人士老舍、沙可夫、曹禺、赵沨、丁毅、李少春、吴雪等300多人。]

9月10日下午 吴晗到机场欢迎阿尔巴尼亚首任驻我国大使奈斯蒂·纳赛抵达北京。①

[按：阿尔巴尼亚人民共和国首任驻中华人民共和国特命全权大使奈斯蒂·纳赛乘飞机到达北京。前往机场欢迎的有中央人民政府外交部副部长伍修权，苏联东欧司副司长刘靖宇，交际处处长王倬如，京津卫戍司令部副司令员杨成武，北京市人民政府副市长吴晗等。各国驻我国使节和使馆人员也到机场欢迎。]

9月19日晚 吴晗等出席保加利亚人民军歌舞团举行的招待全国人民代表大会代表的歌舞晚会。②

[按：保加利亚人民军歌舞团9月19日晚在中南海怀仁堂举行歌舞晚会，招待全国人民代表大会代表。演出前毛泽东接见了歌舞团主要演职人员。]

---

① 本条引自1954年9月11日《人民日报》第一版。

② 本条引自1954年9月20日《北京日报》第一版。

9月26日 吴晗到机场欢迎匈牙利人民共和国政府代表团和德意志民主共和国政府代表团。①

［按：下午2点20分，应我中央人民政府邀请前来我国参加建国五周年国庆典礼的匈牙利人民共和国政府代表团和德意志民主共和国政府代表团同机飞抵北京。前往机场欢迎的有中央人民政府政务院副总理陈云、邓小平，人民革命军事委员会副主席贺龙，国家计划委员会副主席邓子恢、李富春，外交部副部长伍修权，文化部副部长丁西林、郑振铎，外交部办公厅主任王炳南、苏联东欧司副司长刘靖宇、交际处处长王倬如，北京市人民政府副市长吴晗，中国人民解放军京津卫戍司令部参谋长曾美等。］

9月26日晚 吴晗出席对外贸易部举行的欢迎苏联经济及文化建设成就展览会工作团宴会。②

［按：中央人民政府对外贸易部部长叶季壮举行宴会，欢迎苏联经济及文化建设成就展览会工作团。我国方面出席宴会的有中央人民政府对外贸易部副部长李哲人、雷任民、商业部副部长吴雪之、建筑工程部副部长宋裕和、铁道部副部长武竞天、文化部副部长丁西林、郑振铎、出版总署副署长叶圣陶、北京市人民政府副市长吴晗，中国人民对外文化协会会长楚图南、中苏友好协会总会副总干事廖经天、

---

① 本条引自1954年9月27日《人民日报》第一版。

② 本条引自1954年9月29日《人民日报》第四版。

戈宝权和中国国际贸易促进委员会秘书长、接待苏联来华展览办公室主任冀朝鼎等。]

9月27日上午 吴晗到机场欢迎蒙古人民共和国政府代表团。①

[按:上午11点10分,应我中央人民政府邀请,前来我国参加建国5周年国庆典礼的蒙古人民共和国政府代表团乘飞机抵达北京。前往机场欢迎的有中央人民政府副主席李济深,秘书长林伯渠,政务院副总理董必武、副秘书长屈武,人民革命军事委员会副总参谋长黄克诚,外交部副部长章汉夫,对外贸易部副部长李哲人,农业部副部长刘瑞龙,文化部副部长郑振铎,外交部办公厅副主任赖亚力、亚洲司司长陈家康、交际处处长王倬如,北京市人民政府副市长吴晗,中国人民解放军京津卫戍司令部参谋长曾美等。]

9月28日下午 吴晗到机场欢迎阿尔巴尼亚人民共和国政府代表团。②

[按:下午4点多,应我国政府邀请来我国参加建国五周年国庆典礼的阿尔巴尼亚人民共和国政府代表团乘飞机到达北京。到机场欢迎的有国务院总理周恩来,习仲勋、萧华,外交部副部长伍修权,对外贸易部副部长徐雪寒,文化

---

① 本条引自1954年9月28日《人民日报》第一版。

② 本条引自1954年9月29日《人民日报》第一版。

部副部长丁西林，外交部办公厅主任王炳南、苏联东欧司副司长刘靖宇、交际处处长王倬如，北京市人民政府副市长吴晗，中国人民解放军京津卫戍司令部参谋长曾美。]

10月2日晚 吴晗等出席周总理招待来京参加国庆的各国代表团的宴会。①

[按：周总理在北京饭店举行盛大宴会，招待应邀前来北京参加国庆五周年庆典的各国代表团。中方出席宴会的有全国人民代表大会常务委员会委员长刘少奇，副委员长宋庆龄、沈钧儒、彭真、李维汉，最高人民法院院长董必武，国务院副总理邓小平、陈毅、，秘书长习仲勋，各部部长、各委员会主任罗瑞卿、史良、薄一波、章乃器、陈郁、李四光、蒋光鼎、章伯钧、傅作义、沈雁冰、杨秀峰、张奚若，外交部副部长章汉夫、伍修权，全国人民代表大会常务委员会委员王崑崙、李烛尘、林枫、胡乔木、胡耀邦、马寅初、张苏、彭泽民、刘宁一、罗隆基、聂荣臻、叶剑英，北京市人民政府副市长张友渔、吴晗，中国人民保卫世界和平委员会副主席廖承志，中苏友好协会总会副会长吴玉章，中国人民对外文化协会会长楚图南，中国文学艺术界联合会副主席周扬以及首都科学、教育、宗教、文学、艺术、新闻界人士，战斗英雄，劳动模范等800多人。]

---

① 本条引自1954年10月3日《人民日报》第一版。

10月10日上午 吴晗到机场欢送民主德国洛·博尔茨博士等离京返国。[①]

[按:上午7点半,应邀来我国参加建国5周年国庆典礼的德意志民主共和国政府代表团团长、德意志民主共和国副总理兼外交部部长洛·博尔茨博士等乘飞机离开北京返国。到机场送行的有中华人民共和国国务院副总理邓小平、李富春,外交部副部长伍修权,对外贸易部副部长徐雪寒,重工业部副部长赖际发,文化部副部长郑振铎,外交部办公厅主任王炳南、苏联东欧司副司长刘靖宇、交际处处长王倬如,北京市人民政府副市长吴晗,中国人民解放军京津卫戍司令部参谋长曾美等。]

10月12日上午 吴晗到机场欢送蒙古、匈牙利、和保加利亚政府代表团离京返国。[②]

[按:上午8点半,应邀来我国参加建国5周年国庆典礼的蒙古人民共和国政府代表团、匈牙利人民共和国政府代表团和保加利亚人民共和国政府代表团同机离开北京返国。到机场欢送的有全国人民代表大会常务委员会副委员长李济深,国务院副总理陈云、邓子恢、乌兰夫,最高人民法院院长董必武,国防委员会副主席聂荣臻,总政治部副主任萧华,司法部部长史良,外交部副部长章汉夫、伍修权,商业

---

① 本条引自1954年10月7日《人民日报》第一版。

② 本条引自1954年10月13日《人民日报》第四版。

部副部长姚依林，对外贸易部副部长李哲人、徐雪寒，农业部副部长刘瑞龙，文化部副部长郑振铎，外交部办公厅主任王炳南、亚洲司司长陈家康、苏联东欧司副司长刘靖宇、交际处处长王倬如，北京市人民政府副市长吴晗，以及中华全国供销合作总社副主任孟用潜等。]

10月12日晚 吴晗除出席苏联驻我国大使尤金院士为苏联政府代表团举行的盛大招待会。①

[按：苏联驻我国大使尤金院士为应邀来我国参加建国5周年国庆典礼的苏联政府代表团举行盛大招待会。应邀出席招待会的有毛泽东，朱德，刘少奇，周恩来。应邀出席招待会的还有宋庆龄、林伯渠、李济深、沈钧儒、黄炎培、彭真、李维汉、王昆仑、李烛尘、林枫、胡乔木、柳亚子、高崇民、徐特立、张苏、陆定一、彭泽民、罗隆基、习仲勋、罗瑞卿、史良、薄一波、章乃器、陈郁、蒋光鼐、贯拓夫、沙千里、章伯钧、朱学范、梁希、杨秀峰、张奚若、李德全、章汉夫、伍修权、张友渔、吴晗等。]

10月15日上午 吴晗到机场欢送捷克斯洛伐克政府代表团和阿尔巴尼亚政府代表团离京返国。②

[按：上午8点，应邀来我国参加建国五周年国庆典礼

① 本条引自1954年10月13日《人民日报》第一版。

② 本条引自1954年10月16日《人民日报》第一版。

的捷克斯洛伐克共和国政府代表团和阿尔巴尼亚人民共和国政府代表团同机离京返国。到机场欢送的有国务院总理周恩来，副总理邓子恢，全国人民代表大会常务委员会副委员长陈叔通，国务院秘书长习仲勋，中国人民解放军总政治部副主任萧华，农业部部长廖鲁言，文化部部长沈雁冰，外交部副部长伍修权，对外贸易部副部长解学恭，教育部副部长董纯才，外交部办公厅主任王炳南、副主任阎宝航、苏联东欧司副司长刘靖宇、交际处处长王倬如，北京市副市长吴晗。]

10月15日 吴晗到机场欢迎印度加尔各答市市长慕克吉先生抵京。①

［按：应北京市人民政府市长彭真的邀请来北京访问的印度加尔各答市市长慕克吉先生到达北京。北京市人民政府副市长吴晗，副秘书长柴泽民，外事处处长马振武等到机场欢迎。]

10月16日晚 吴晗等出席欢迎应邀前来北京的印度加尔各答市长慕克吉的宴会。②

［按：北京市市长彭真10月16日晚设宴招待应邀前来北京的印度加尔各答市长慕克吉。出席作陪的有北京市人

① 本条引自1954年10月16日《人民日报》第一版。

② 本条引自1954年10月18日《人民日报》第一版。

民政府副市长张友渔、吴晗，市府正副秘书长及各部门负责工作人员。应邀出席作陪的还有中国人民保卫世界和平委员会北京市分会主席张奚若、北京市文学艺术工作者联合会主席老舍及北京市其他各人民团体负责人。]

10 月 19 日中午 吴晗等到机场欢迎印度总理尼赫鲁抵京。[①]

[按：中午 12 点 20 分，应中华人民共和国政府邀请来我国访问的印度共和国总理尼赫鲁乘飞机到达北京。到机场欢迎的有周恩来、宋庆龄、陈云、彭德怀、贺龙、乌兰夫、李富春、李先念、郭沫若，、邓小平、李济深、章伯钧、黄炎培、陈嘉庚、彭真、聂荣臻。到机场欢迎的还有国务院秘书长习仲勋，各部部长和委员会主任罗瑞卿、史良、薄一波、章乃器、陈郁、蒋光鼐、傅作义、沈雁冰、杨秀峰、张奚若，各部副部长、各委员会副主任郑振铎、蔡廷锴、刘格平以及外交部外交政策委员会副主任委员乔冠华、亚洲司司长陈家康，北京市副市长张友渔、吴晗，北京市各界人民代表会议协商委员会副主席刘仁。]

10 月 23 日下午 吴晗等出席北京市各界人民欢迎印度总理尼赫鲁的大会。[②]

---

① 本条引自 1954 年 10 月 20 日《人民日报》第一版。

② 本条引自 1954 年 10 月 24 日《人民日报》第一版。

［按：下午3点，北京市各界人民在中山公园印举行盛大欢迎会，欢迎应我国政府邀请前来我国访问的印度总理尼赫鲁。欢迎大会由彭真主持。参加会议的有二万多人。在主席台上就坐的还有全国人民代表大会常务委员会副委员长宋庆龄，国务院副总理贺龙，秘书长习仲勋，北京市副市长张友渔、吴晗，北京市协商委员会副主席刘仁、钱端升、梁思成、蒋光鼐以及北京市各人民团体的负责人。］

10月26日　吴晗等到车站迎接莫斯科音乐剧院全体人员到京。[①]

［按：苏联国立莫斯科斯坦尼斯拉夫斯基与聂米罗维奇·丹钦科音乐剧院（简称苏联国立莫斯科音乐学院）全体人员360人到达北京。这是苏联经济及文化建设成就展览会举行期间，到北京来作访问演出的第二个苏联著名艺术团体。到车站欢迎的有文化部副部长郑振铎，中国人民对外文化协会副会长阳翰笙、洪深，北京市人民政府副市长吴晗，接待苏联来华展览办公室主任冀朝鼎和著名的音乐家、舞蹈家、戏剧家吕骥、程砚秋、赵沨、周巍峙、陈其通、吴雪、孙维世、康巴尔汗等以及各文艺团体的年青音乐、舞蹈、戏剧工作者共500多人。］

10月26日下午　吴晗等出席欢送离京的印度总理尼赫鲁

---

① 本条引自1954年10月27日《人民日报》第一版。

的酒会。[1]

[按：北京市市长彭真举行盛大酒会，欢送行将离京的印度总理尼赫鲁。出席酒会的有周恩来、宋庆龄、陈叔通、习仲勋，各部部长史良、钱瑛、章乃器、蒋光鼐、沙千里、滕代远、朱学范、廖鲁言、梁希、傅作义、沈雁冰、张奚若，外交部副部长章汉夫、伍修权，各部副部长，各委员会副主任，北京市人民政府副市长张友渔、吴晗等700多人。]

10月27日上午 吴晗等到机场欢送印度共和国总理尼赫鲁离开北京。[2]

[按：上午8点，应中华人民共和国政府邀请来我国访问的印度共和国总理尼赫鲁乘飞机离北京，将在华东、华南等地参观后返国。到机场欢送的有周恩来、陈云、彭德怀、邓子恢、贺龙、乌兰夫、李富春、李先念、宋庆龄、郭沫若、邓小平、李济深、罗隆基、黄炎培、彭真、聂荣臻、习仲勋、史良、陈郁、蒋光鼐、傅作义、沈雁冰、杨秀峰、张奚若、郑振铎、陈家康、张苏、刘宁一、张友渔、吴晗、刘仁、梁思成、马寅初、王崑崙、李烛尘、彭泽民、胡耀邦、丁西林、阳翰笙、钱端升、楚图南和曾访问印度的中印友好协会代表团团员。]

10月27日晚 吴晗出席文化部举行的欢迎苏联国立莫斯

---

① 本条引自1954年10月27日《人民日报》第一版。

② 本条引自1954年10月28日《人民日报》第一版。

科音乐剧院全体人员的宴会。[1]

［按：中华人民共和国文化部举行宴会，欢迎来我国访问演出的苏联国立莫斯科音乐剧院全体人员。宴会由文化部部长沈雁冰主持，出席宴会作陪的有文化部副部长丁西林、郑振铎，对外贸易部副部长雷任民，中国人民对外文化协会会长楚图南，北京市人民政府副市长吴晗，接待苏联来华展览办公室主任冀朝鼎和首都著名的作家、戏剧家、音乐家、舞蹈家、美术家共200多人。］

12月5日 吴晗出席北京市各界人民欢迎缅甸联邦吴努总理大会。[2]

［按：大会在天桥剧场举行。出席会议的还有彭真、张友渔、刘仁、张晓梅、薛子正、薛愚、王文斌、王斐然、程宏毅、雷洁琼、李公侠、赵鹏飞、邓拓等］

12月10日下午 吴晗出席彭真市长欢送缅甸联邦吴努总理酒会。[3]

［按：下午4点，北京市市长彭真欢送缅甸联邦吴努总理酒会在北京饭店中楼大厅举行。国务院副总理陈毅、国务院秘书长习仲勋、副秘书长齐燕铭、外交部副部长章汉

---

① 本条引自1954年10月28日《人民日报》第一版。

② 本条引自北京市档案馆档案号为002—020—00090的档案。

③ 本条引自北京市档案馆档案号为002—020—00090的档案。

夫、公安部长罗瑞卿等亲自出席了酒会。出席酒会的市府人员还有：张友渔、刘仁、薛子正、张晓梅、萧明、程宏毅、王文斌等。]

12月28日 吴晗出席中苏友好协会第二次全国代表会议。①

[按：中苏友好协会第二次全国代表会在北京举行。出席代表会的有中苏友好协会会长刘少奇，副会长宋庆龄、吴玉章、沈钧儒、李济深、郭沫若、张澜、黄炎培，中苏友好协会总干事钱俊瑞，以及中苏友好协会理事、干事，中国共产党和各民主党派、各人民团体和军队等团体会员的代表，各地中苏友好协会的代表等共355人。吴晗是以中华全国民主青年联合会代表的身份出席会议的。]

12月29日 吴晗在中苏友好协会第二次全国代表会议上作大会发言。②

[按：有十五位代表在会上发言。他们是：吴晗、张治中、章伯钧、薄一波、罗隆基、叶季壮、许广平、李烛尘、陈其瑗、许德珩、鲍尔汉、李德全、梁希、吴耀宗、曾平。他们在发言中一致指出：为了推进我国社会主义建设，增强保卫亚洲和世界和平的力量，为了反对美国侵略者的战争挑衅，必须

---

① 本条引自1954年12月29日《人民日报》第一版第二版。

② 本条引自1954年12月30日《人民日报》第二版。

加紧学习苏联，进一步增强中苏两国人民牢不可破的友谊。]

12月29日晚 吴晗出席彭真市长招待苏联展览馆和苏联音乐剧院来华全体人员宴会。[①]

[按：北京市市长彭真举办宴会招待苏联展览馆和苏联音乐剧院来华全体人员。国务院副总理陈毅、国务院秘书长习仲勋、副秘书长齐燕铭、外交部副部长伍修权、文化部部长沈雁冰等中央领导出席了宴会。出席宴会的还有张友渔、刘仁、薛子正、张晓梅、聂荣臻、罗瑞卿、萧明等北京市市府人员以及市府各局、处人员和其它方面的人员共874人。]

12月29日晚 吴晗出席彭真举行的庆祝苏联经济及文化建设成就展览会在北京结束工作盛大宴会。[②]

[按：北京市市长彭真在二十九日晚举行盛大宴会，庆祝苏联经济及文化建设成就展览会在北京结束工作和苏联国立莫斯科斯坦尼斯拉夫斯基与聂米罗维奇·丹钦科音乐剧院结束访问中国的演出。我国方面出席宴会的有国务院副总理贺龙、陈毅，外交部副部长伍修权，文化部副部长丁西林，以及其他各部副部长，中国人民对外文化协会会长楚

---

① 本条引自北京市档案馆档案号为002—020—00090的档案。

② 本条引自1954年12月30日《人民日报》第一版。

图南，北京市副市长张友渔、吴晗，中共北京市委员会副书记刘仁和委员，北京市人民政府委员及各部门负责人，北京市各人民团体负责人，首都科学、教育、文艺、新闻界人士以及工程师、技术工作者和劳动模范共800多人。]

12月30日　吴晗在中苏友好协会第二次全国代表大会上的发言在《光明日报》上发表。[①]

[按：吴晗在发言中说："五年来，中苏两国人民的友谊得到空前的发展。中苏两大国在参加国际事务活动中的互相合作与支持，严重地挫败了帝国主义侵略集团的战争计划；苏联政府和苏联人民对于我国各项建设事业，首先是经济建设工作方面，给予了伟大的全面的无私的援助，使我国人民和我国青年建设社会主义光辉灿烂的理想的实现得到了重大的保证。全中国青年衷心地感谢苏联政府和人民这种伟大友情，并决心为中苏友谊的进一步发展和巩固贡献一切力量。我们相信，通过这次代表会，全国范围内的中苏友好工作将会得到进一步的加强，加紧学习苏联的运动将会取得更重的成就！"]

---

① 本条引自1954年12月30日《光明日报》第二版。

一九五五年

1 月 26 日　吴晗出席印度驻我国大使赖嘉文为庆祝印度共和国成立五周年举行的招待会。①

［按：印度共和国驻中国大使赖嘉文，为庆祝印度共和国成立五周年在北京举行招待会。应邀出席宴会的有国务院副总理邓小平、贺龙，秘书长习仲勋、外交部副部长章汉夫和北京市副市长张友渔、吴晗、最高人民检察院检察长张鼎丞，中国人民解放军总政治部副主任谭政、萧华、中印友好协会会长丁西林、副会长陈翰笙和各人民团体的负责人，首都科学、教育、文学艺术、新闻、宗教界人士等 300 多人。］

2 月 13 日下午　吴晗出席北京市协商委员会委员和中国人民保卫世界和平委员会北京市分会常务委员联席扩大会议，被推选为北京市人民反对使用原子武器签名运动委员会副主席。②

① 本条引自 1955 年 1 月 27 日《人民日报》第一版。

② 本条引自 1955 年 2 月 14 日《人民日报》第一版。

[按：北京市协商委员会委员和中国人民保卫世界和平委员会北京市分会常务委员举行联席扩大会议，讨论北京市人民响应世界和平理事会常务委员会关于反对使用原子武器签名运动的问题。会上，成立了北京市人民反对使用原子武器签名运动委员会，推选出张奚若为委员会主席，刘仁、吴晗、林巧稚、乐松生为副主席，并推选出正副秘书长6人、委员73人。]

3月11日　吴晗出席丹麦驻华公使格瑞杰生为庆祝丹麦国庆日举行的招待会。[①]

[按：丹麦驻华公使格瑞杰生在北京举行招待会，庆祝丹麦国庆日。应邀出席招待会的有国务院副总理李先念，全国人民代表大会常务委员会副委员长达赖喇嘛·丹增嘉措，邮电部部长朱学范，外交部副部长章汉夫，文化部副部长丁西林、高等教育部副部长曾昭抡，北京市副市长吴晗等100多人。]

3月11日　吴晗出席全国各人民团体负责人联席会议。[②]

[按：全国各人民团体负责人在首都举行联席会议，在会上成立"亚洲国家会议"中国筹备委员会；并推选出出席"亚洲国家会议"的中国代表团。出席这次联席会议的有：

① 本条引自1955年3月12日《人民日报》第一版。

② 本条引自1955年3月13日《人民日报》第一版。

中国人民保卫世界和平委员会、中华全国总工会、中华全国民主妇女联合会、中华全国民主青年联合会、中国文学艺术界联合会、中国人民对外文化协会等14个团体的负责人。吴晗是以中华全国民主青年联合会副主席的身份出席会议的。]

4月26日下午 吴晗到车站欢迎苏联科学院代表团抵京。[①]

[按:以苏联科学院副院长伊·普·巴尔金院士为首的苏联科学院代表团,应中国科学院邀请来我国访问乘火车到达北京。到车站欢迎的有中国科学院副院长陈伯达、张稼夫、竺可桢、吴有训,中华全国科学技术普及协会主席梁希,首都科学界著名人士范文澜、潘梓年、郑振铎、严济慈、许杰,重工业部副部长夏耘,第一机械工业部副部长汪道涵,燃料工业部副部长刘澜波,地质部副部长何长工,卫生部副部长傅连暲和北京市副市长吴晗、中国人民对外文化协会副会长洪深,中苏友好协会总会副秘书长李霑吾,北京大学校长马寅初和其他高等院校的负责人。]

4月29日晚 吴晗到御河桥二号[②]出席彭真市长举行的欢

① 本条引自1955年4月27日《人民日报》第一版。

② 御河桥二号 即北京市人民委员会交际处。

庆一九五五年国际劳动节宴会。[①]

［按：晚6点半，彭真市长在御河桥二号举行宴会，邀请了苏联红十字医院的苏联专家、工作人员及其家属、市政工程设计专家74人出席。出席作陪的有张友渔、薛子正、冯基平、陈毅、贾庭山、乐松生、王子如、王文斌、王明之、牟泽衔等共计171人。］

5月6日晚　吴晗出席首都各界庆祝德国解放十周年庆祝大会。[②]

［按：首都各界举行庆祝大会，隆重庆祝德国解放十周年。出席庆祝大会的有全国人大常委会委员长刘少奇，国务院副总理陈云、邓小平，外交部副部长张闻天，国务院第二办公室主任林枫，文化部长沈雁冰，全国人民代表大会常务委员会副委员长林伯渠、郭沫若、黄炎培、彭真，北京市副市长吴晗，以及各人民团体负责人，首都科学、文化、艺术、新闻界人士等600多人。］

5月8日晚　吴晗出席民主德国驻我国大使柯尼希为庆祝德国解放十周年举行的招待会。[③]

［按：德意志民主共和国驻我国特命全权大使柯尼希举

---

① 本条引自北京市档案馆档案号为002—020—00091的档案。

② 本条引自1955年5月7日《人民日报》第一版。

③ 本条引自1955年5月9日《人民日报》第四版。

行招待会，庆祝德国解放10周年。应邀出席的有国家副主席朱德，国务院副总理陈云、陈毅，全国人大会常委会副委员长沈钧儒，外交部副部长张闻天，纺织工业部部长蒋光鼐，轻工业部部长贾拓夫，教育部部长张奚若，各部副部长和北京市副市长吴晗以及各人民团体的负责人和首都科学界、文艺界人士。]

5月11日晚 吴晗出席彭真市长举行的欢送捷克斯洛伐克国家歌舞剧团及招待捷克斯洛伐克10年社会主义经济建设成就展览会工作人员宴会。[①]

［按：出席宴会作陪的有外交部副部长姬鹏飞，对外贸易部副部长李哲人，文化部副部长丁西林和中共北京市委员会第二书记刘仁，北京市副市长张友渔、吴晗、薛子正、冯基平、程宏毅、贾庭三、乐松生，以及首都科学、教育、文学、艺术、新闻界人士。]

5月15日 吴晗到机场欢迎埃及政府宗教事务部部长艾哈迈德·哈萨尼·巴库尔和开罗大学教授穆斯塔法·卡迈尔抵京。[②]

［按：应我国政府出席亚非会议代表团邀请前来我国访问的埃及政府宗教事务部部长艾哈迈德·哈萨尼·巴库尔

① 本条引自1955年5月12日《人民日报》第一版。

② 本条引自1955年5月16日《人民日报》第一版。

和开罗大学教授穆斯塔法·卡迈尔乘飞机到达北京。到机场欢迎的有外交部副部长章汉夫，文化部副部长钱俊瑞，全国人大常委会副秘书长吴克坚，国务院副秘书长常黎夫，民族事务委员会副主任杨静仁，国务院宗教事务局局长何成湘，北京市副市长吴晗，中国伊斯兰教协会副主任马玉槐、达浦生，中国回民文化协进会副主任马松亭，以及教育界人士李恕、苏克勤、周鲠生、钱端升、马坚等人。]

5 月 22 日下午　吴晗等陪同周恩来总理接见比利时青年代表团。[①]

[按：国务院总理周恩来接见了应中华全国民主青年联合会邀请来我国访问的比利时青年代表团。代表团包括比利时人民青年联盟、少年联盟、社会党青年组织、天主教青年组织和基督教青年组织的负责人。接见时在座的有中华全国民主青年联合会主席廖承志，副主席吴晗、区棠亮，中华基督教女青年会全国协会干事施如璋，燕京协和神学院副教务长赵复三牧师等。]

5 月 26 日下午　吴晗到机场欢迎印度尼西亚总理阿里·沙斯特罗阿米佐约等抵京。[②]

[按：下午 2 点 15 分，应我政府邀请来我国访问的印度

---

① 本条引自 1955 年 5 月 23 日《人民日报》第一版。

② 本条引自 1955 年 5 月 27 日《人民日报》第一版。

尼西亚共和国总理阿里·沙斯特罗阿米佐约和夫人及其他随同来华访问的人员乘飞机到达北京。到机场欢迎的有国国务院总理周恩来,副总理邓子恢、贺龙、陈毅、乌兰夫、李富春、李先念,全国人大常委员会副委员长郭沫若,全国政协副主席董必武,中共中央秘书长邓小平,中国国民党革命委员会主席李济深,中国民主同盟副主席马叙伦,中国民主建国会主任委员黄炎培,北京市市长彭真,国务院秘书长习仲勋,各部部长章乃器、陈郁、蒋光鼎、傅作义、杨秀峰、张奚若,外交部副部长章汉夫、北京市副市长张友渔、冯基平、中华全国民主青年联合会副主席吴晗等。]

5月27日晚 吴晗出席周恩来总理举行的欢迎阿里·沙斯特罗阿米佐约的盛大宴会。①

[按:国务院总理周恩来举行盛大宴会,欢迎应我国政府邀请来我国访问的印度尼西亚共和国总理阿里·沙斯特罗阿米佐约和他的夫人。中国方面出席宴会的有:朱德、刘少奇、邓子恢、贺龙、陈毅、乌兰夫、李富春、李先念、习仲勋、罗瑞卿、林枫、王首道、谢觉哉、章乃器、陈郁、蒋光鼐、滕代远、朱学范、杨秀峰、李德全、张闻天、姬鹏飞、彭真、吴晗等。吴晗是以中华全国民主青年联合会副主席的身份出席宴会的。]

---

① 本条引自1955年5月28日《人民日报》第一版。

5月28日晚 吴晗出席北京市各界人民欢迎印度尼西亚共和国总理阿里·沙斯特罗阿米佐约大会。[①]

[按:大会在中山公园音乐堂举行。国务院总理周恩来、副总理陈毅、秘书长习仲勋等中央领导及中央各部门负责人出席了大会。在主席台上就坐的有周恩来总理、陈毅副总理和彭真市长,国务院秘书长习仲勋,北京市副市长张友渔、吴晗、薛子正、冯基平、贾庭三、乐松生,中国人民政治协商会议北京市委员会主席刘仁,副主席蒋光鼐、余心清、凌其峻,中国人民保卫世界和平委员会北京市分会主席张奚若和北京市其他各人民团体负责人。]

5月31日晚 吴晗出席周恩来总理举行的招待巴库尔和卡迈尔的宴会。[②]

[按:国务院总理周恩来举行宴会,招待埃及宗教事务部部长巴库尔和开罗大学宪法教授卡迈尔。出席作陪的有国务院副总理陈毅,秘书长习仲勋,第二办公室主任林枫,粮食部部长章乃器,外交部副部长张闻天、章汉夫,文化部代理部长钱俊瑞,北京市市长彭真,副市长吴晗,全国人大常务委员胡愈之,中国伊斯兰教协会主任鲍尔汉,副主任马玉槐,中国回民文化协进会副主任白寿彝,中国人民对外文化协会会长楚图南、副会长阳翰笙,中国人民外交学会会长

---

① 本条引自1955年5月29日《人民日报》第一版。

② 本条引自1955年6月1日《人民日报》第一版。

张奚若，以及首都宗教界人士赵朴初，教育界人士蒋南翔等。]

6月1日晨 吴晗到机场欢送埃及宗教事务部部长巴库尔和开罗大学宪法教授卡迈尔离京返国。[1]

[按：应邀来我国访问的埃及宗教事务部部长巴库尔和开罗大学宪法教授卡迈尔乘专机离开北京返国。到机场欢送的有外交部副部长章汉夫，文化部代理部长钱俊瑞，国务院副秘书长常黎夫，民族事务委员会副主任杨静仁，外交部西欧非洲司司长黄华，北京市副市长吴晗，中国伊斯兰教协会主任鲍尔汉、副主任马玉槐、达浦生、秘书长张杰，中国回民文化协进会副主任马松亭以及首都宗教界人士等。]

6月3日上午 吴晗到机场欢送印度尼西亚共和国总理阿里·沙斯特罗阿米佐约和夫人。[2]

[按：上午8点，应中华人民共和国政府邀请来我国访问的印度尼西亚共和国总理阿里·沙斯特罗阿米佐约和夫人乘飞机离开北京，将在华东、华南等地参观后返国。到机场欢送的有国务院总理周恩来，全国人大会常委会副委员长郭沫若，全国政协副主席董必武，中共中央秘书长邓小平，中国民主同盟副主席马叙伦，中国民主建国会副主任委

---

① 本条引自1955年6月2日《人民日报》第一版。

② 本条引自1955年6月4日《人民日报》第一版。

员章乃器，北京市市长彭真，国务院秘书长习仲勋，中国印度尼西亚友好协会会长鲍尔汉、副会长胡愈之、马玉槐，中国人民保卫世界和平委员会副主席廖承志，中华全国总工会主席赖若愚，中华全国民主青年联合会副主席吴晗，中国文学艺术界联合会秘书长阳翰笙，中国人民对外文化协会会长楚图南等。]

6月12日 吴晗出席观看印度文化代表团举行的音乐歌舞表演会。①

[按：印度文化代表团在北京人民剧场举行首场音乐歌舞表演会，出席观看演出的有国务院总理周恩来，副总理陈毅，秘书长习仲勋，第二办公室主任林枫，文化部代理部长钱俊瑞、副部长夏衍，北京市副市长吴晗，印度驻华大使赖嘉文和正在中国访问的印度医学代表团人员等，以及各国驻华外交官员。]

6月16日晚 吴晗出席印度驻华大使赖嘉文为印度文化代表团访问我国举行的宴会。②

[按：印度驻华大使赖嘉文为印度文化代表团访问我国举行宴会。中国方面出席的有国务院总理周恩来，副总理陈毅，秘书长习仲勋，文化部代理部长钱俊瑞，副部长、中印

① 本条引自1955年6月13日《光明日报》第一版。

② 本条引自1955年6月17日《人民日报》第一版。

友好协会会长丁西林，文化部副部长夏衍、陈克寒，外交部副部长章汉夫，北京市副市长吴晗，中国人民外交学会会长张奚若，以及首都文艺界人士。]

6月21日晚 吴晗出席苏联驻华大使馆和苏联科学院代表团为苏联科学院代表团访问中国联合举行的招待会。①

[按：苏联驻华大使馆和苏联科学院代表团为苏联科学院代表团访问中国联合举行招待会。出席今晚招待会的有国务院副总理陈毅、科学院副院长竺可桢，外交部副部长张闻天，高等教育部部长杨秀峰，中国科学院副院长陈伯达、张稼夫、吴有训，中苏友好协会总会副会长吴玉章，北京市副市长吴晗以及首都著名科学家赵忠尧、严济慈、周仁、范文澜、罗常培等。]

6月25日 吴晗等到机场欢迎胡志明和他所率领的越南政府代表团抵京。②

[按：应邀来我国访问的越南民主共和国主席胡志明和他所率领的越南民主共和国政府代表团乘专机到达北京。到机场欢迎的有毛泽东主席、周恩来总理和国务院副总理兼国防部长彭德怀，国防委员会副主席傅作义，国务院秘书长习仲勋，外交部副部长王稼祥、章汉夫，各民主党派负责

① 本条引自1955年6月22日《人民日报》第一版。

② 本条引自1955年6月26日《人民日报》第一版。

人和代表王昆仑、马叙伦、章乃器、彭泽民、胡耀邦，各人民团体负责人和社会各界著名人士赖若愚、蔡畅、邓颖超、吴晗、程子华、李烛尘、周扬、吴玉章、吴有训、竺可桢、胡愈之、丁西林等。]

6月26日晚 吴晗出席周恩来总理举行的招待胡志明主席和越南民主共和国政府代表团全体团员的盛大宴会。[①]

［按：晚8点，国务院周恩来在北京饭店新楼大厅举行盛大宴会，招待胡志明主席和越南民主共和国政府代表团全体团员。出席今晚宴会的有周恩来总理、邓小平副总理、陈毅副总理和外交部副部长张闻天，国务院秘书长习仲勋，全国人大会常委会委员王昆仑、李烛尘、胡乔木、胡愈之、张苏，中共中央各部门负责人陆定一，各民主党派负责人和代表马叙伦、章乃器、彭泽民、胡耀邦，各人民团体的负责人蔡畅、吴晗、周扬、竺可桢、丁西林、阳翰笙以及首都科学、教育、文艺、宗教、新闻界人士等。]

6月27日晚 吴晗出席彭真市长举行的招待印度文化代表团酒会。[②]

［按：大会在中山公园中山堂举行。中央有关部门领导钱俊瑞、丁西林、夏衍、张奚若、吴冷西和文艺界人士阳翰

---

① 本条引自1955年6月27日《人民日报》第一版。

② 本条引自北京市档案馆档案号为002—020—00091的档案。

笙、周阳、梅兰芳、马少波、马思聪等出席了酒会。北京市有关领导张友渔、王昆仑、薛子正、冯基平、程宏毅、贾庭山、乐松生及其它方面人士等共计366人出席了酒会。]

7月1日晚 吴晗出席彭真市长举行的庆祝中国共产党成立34周年纪念并欢迎越南民主共和国主席胡志明游园大会。①

[按:游园大会于7月1日晚8点在中山公园举行。出席游园大会的有刘仁、陈鹏、张友渔、郑天翔、薛子正、冯基平、程宏毅、蒋南翔、廖沫沙、赵凡、贾庭山等。]

7月8日上午 吴晗等到机场欢送胡志明和越南政府代表团离京。②

[按:上午7点,应邀来我国访问的胡志明和越南政府代表团团乘飞机离开北京。到机场欢送的有国家副主席朱德,全国人大会常委会委员长刘少奇,国务院总理周恩来,国务院副总理陈云、彭德怀、陈毅、乌兰夫、李富春、李先念,全国政协副主席章伯钧、鲍尔汉,最高人民法院院长董必武,中共中央秘书长邓小平,中国国民党革命委员会主席李济深,中国民主同盟代理主席沈钧儒,北京市市长彭真,全国人大会常委会委员王崑崙、胡愈之、蔡廷锴,国务院秘书长习仲勋,各部部长和委员会主任罗瑞卿、钱瑛、薄一波、章

① 本条引自北京市档案馆档案号为002—020—00091的档案。

② 本条引自1955年7月9日《人民日报》第一版。

乃器、陈郁、沈雁冰、杨秀峰、张奚若，各民主党派负责人和代表罗隆基、彭泽民、胡耀邦，各人民团体负责人和社会各界著名人士蔡畅、吴晗、李烛尘、吴玉章、竺可桢、楚图南、钱俊瑞、丁西林等。]

7月9日 吴晗等出席招待蒙古人民革命军歌舞团宴会。[①]

[按：北京市市长彭真7月9日晚在北京饭店举行宴会，欢迎蒙古人民革命歌舞团。出席宴会的有：陈赓、肖华、钱俊端、夏衍、丁西林、吴晗等。]

7月25日晚 吴晗出席周恩来为招待出席世界和平大会后应邀来我国访问的各国和平代表举行的酒会。[②]

[按：国务院总理周恩来举行酒会，招待出席世界和平大会后应邀来我国访问的各国和平代表。我国方面参加这一盛大招待酒会的有全国人大常委会副委员长宋庆龄、赛福鼎，国务院副总理陈毅、乌兰夫、中国人民保卫世界和平委员会主席郭沫若，副主席彭真、廖承志，常务委员沈雁冰、章乃器、彭泽民、刘宁一、罗隆基，中国新民主主义青年团中央委员会书记处书记胡耀邦，中华全国民主青年联合会副主席吴晗，中国人民对外文化协会会长楚图南，中国人民外交学会会长张奚若，中国伊斯兰教协会主任鲍尔汉，中国回

---

① 本条引自1955年7月10日《北京日报》第一版。

② 本条引自1955年7月26日《人民日报》第一版。

民文化协进会副主任白寿彝，以及现在北京的出席世界和平大会的中国代表，其他各人民团体负责人，首都科学、文艺、新闻、宗教界人士。]

8月1日下午　吴晗出席瑞士驻我国公使贝努义为庆祝瑞士联邦国庆日举行的招待会。①

[按：瑞士驻我国特命全权公使贝努义举行招待会，庆祝瑞士联邦国庆日。应邀出席招待会的有国务院总理周恩来、副总理陈毅，外交部副部长章汉夫，对外贸易部副部长雷任民，文化部代理部长钱俊瑞、副部长丁西林，中国人民解放军总参谋长粟裕，北京市副市长吴晗等。各国驻华使节和外交官员也应邀出席了招待会。]

8月5日下午　吴晗出席首都各界人民隆重举行反对原子战争与反对使用原子武器大会。②

[按：下午3点30分，首都各界人民隆重举行反对原子战争与反对使用原子武器大会。在主席台上就座的有我国各人民团体的负责人和社会各界人士陈叔通、李德全、雷任民、廖承志、李颉伯、章蕴、吴晗、侯德榜、彭泽民、杨静仁、胡愈之、罗隆基、许德珩、许宝驹、刘贯一、王梓仲、能海，英国和平委员会会长普里特，智利和平代表团团长胡安·马丁

---

① 本条引自1955年8月2日《人民日报》第一版。

② 本条引自1955年8月6日《人民日报》第一版。

涅斯·康普斯，亚洲及太平洋区域和平联络委员会副秘书长龟田东伍、万徒勒里等。]

8月20日晚 吴晗出席中国科学院、中国人民对外文化协会和中国人民保卫世界和平委员会为欢迎英国访华友好代表团来华访问而联合举行的招待宴会。[1]

[按：中国科学院、中国人民对外文化协会和中国人民保卫世界和平委员会为欢迎英国访华友好代表团来华访问而联合举行招待宴会。宴会由中国人民对外文化协会会长楚图南主持。出席宴会的有中国社会各界知名人士楚图南、陶孟和、赵毅敏、阳翰笙、廖承志、许宝驹、刘贯一、朱学范、李德全、吴晗、陈翰笙、胡愈之、钱端升、邓辰西、冀朝鼎等。宴会后，宾主们还一起欣赏了中国杂技工作者的精采表演。]

8月26日晚 吴晗等出席招待阿尔巴尼亚人民军歌舞团宴会。[2]

[按：北京市市长彭真8月26日晚设宴招待阿尔巴尼亚人民军歌舞团。北京市副市长张友渔代替因公不能出席宴会的彭真市长主持宴会。出席宴会的有解放军总政治部副主任萧华，中华人民共和国外交部副部长姬鹏飞，文化部副

① 本条引自1955年8月21日《人民日报》第一版。

② 本条引自1955年8月27日《人民日报》《北京日报》第一版。

部长夏衍，国防部办公厅主任萧向荣，中国人民解放军总政治部宣传部部长刘志坚、中共北京市委员会第二书记、中国人民政治协商会议北京市委员会主席刘仁，北京市副市长吴晗、王昆仑、薛子正、冯基平、程宏毅、贾庭三、乐松生和北京市各部门、各人民团体负责人，首都文艺界和社会各界人士。]

8 月 29 日晚 吴晗等出席欢迎途经中国的日本议员访苏团和恢复日中日苏邦交国民会议访华团酒会。①

[按：北京市市长彭真 8 月 29 日晚，彭真举行酒会欢迎访问苏联途经中国的日本国会议员访苏团和恢复日中、日苏邦交国民议会访华团。出席酒会的还有国务院总理周恩来、副总理陈毅，全国人大常委会委员王昆仑、李烛尘、胡愈之、张苏、廖承志、罗隆基，司法部部长史良、全国政协副主席章伯钧，北京市副市长张友渔、吴晗、乐松生，中国人民外交学会会长张奚若和副会长，曾访问过日本的中国红十字会总会会长李德全和中国国际贸易促进委员会副主席雷任民，以及其他各人民团体的负责人等。]

9 月 13 日下午 吴晗到车站欢迎越南人民歌舞团抵京。②

[按：越南人民歌舞团到达北京，在车站受到北京文艺

---

① 本条引自 1955 年 8 月 30 日《人民日报》《光明日报》第一版。

② 本条引自 1955 年 9 月 14 日《人民日报》第四版。

界著名人士和青年文艺工作者1000多人的热烈欢迎。到车站欢迎的有文化部副部长夏衍,外交部亚洲司副司长陈叔亮,对外文化联络局代理局长陈忠经,北京市副市长吴晗,以及越南民主共和国驻华大使馆临时代办周亮和使馆人员。]

9月23日中午 吴晗出席彭真市长举行的欢送越南人民歌舞团宴会。①

[按:宴会在御河桥二号举行。出席宴会的有文化部副部长夏衍,外交部部长助理陈家康,中共北京市委员会第二书记、中国人民政治协商会议北京市委员会主席刘仁,北京市副市长张友渔、吴晗、王昆仑、薛子正、程宏毅、贾庭三、乐松生,北京市各部门、各人民团体负责人,首都文化、艺术、新闻和其他各界人士。]

9月25日晚 吴晗等出席欢迎日本六大城市访华代表团全体成员宴会。②

[按:北京市市长彭真举行宴会,欢迎日本六大城市访华代表团全体成员。出席宴会的有中国人民保卫世界和平委员会主席郭沫若,副主席陈叔通、廖承志,全国人民代表大会常务委员会副委员长李济深,全国人民代表大会常务

① 本条引自1955年9月24日《人民日报》第四版。

② 本条引自1955年9月26日《北京日报》第一版。

委员会副委员长、北京市市长彭真，中国人民外交学会会长张奚若，北京市副市长王昆仑，世界和平理事会常务委员理事蔡廷锴、胡愈之、陈翰笙、钱端升，中国人民保卫世界和平委员会常务委员沈雁冰、马寅初、罗隆基，各民主党派和各人民团体负责人章伯钧、史良、李烛尘、李德全、吴晗、雷洁琼等人。]

9月29日上午 吴晗陪同彭真接见参加今年国庆典礼的印度尼西亚、缅甸、印度、越南和朝鲜等地华侨回国观光团团长及其他负责人。①

[按：北京市长彭真接见参加今年国庆典礼的印度尼西亚、缅甸、印度、越南和朝鲜等地华侨回国观光团团长及其他负责人40多人。接见时在座的有北京市副市长张友渔、吴晗等。]

9月29日下午 吴晗到机场欢迎世界和平理事会副主席、意大利全国和平理事会主席、意大利社会党总书记南尼等抵京。②

[按：下午4点30分，世界和平理事会副主席、意大利全国和平理事会主席、意大利社会党总书记南尼和他的夫人、女儿等一行5人乘飞机到达北京。到机场欢迎的有中国人

---

① 本条引自1955年10月1日《人民日报》第四版。

② 本条引自1955年9月30日《人民日报》第一版。

民保卫世界和平委员会主席郭沫若，全国人民代表大会常务委员会副委员长李济深，全国人民代表大会常务委员会副委员长、北京市市长彭真，外交部副部长章汉夫，中国人民外交学会会长张奚若，北京市副市长王昆仑，世界和平理事会理事蔡廷锴、胡愈之、陈翰笙、钱端升，中国人民保卫世界和平委员会常务委员沈雁冰、马寅初、罗隆基，秘书长刘贯一，各民主党派和各人民团体负责人章伯钧、史良、李烛尘、吴晗、雷洁琼等人。]

10月2日晚 吴晗出席彭真举行的招待参加国庆节的各国来宾的盛大联欢晚会。①

[按：北京市市长彭真举行盛大联欢晚会，庆祝国庆节，招待参加国庆节的各国来宾。出席晚会的有国家主席毛泽东、副主席朱德，全国人大常委会委员长刘少奇，国务院总理周恩来，全国人大会常委会副委员长李济深、沈钧儒、陈叔通，国务院副总理陈云、彭德怀、邓小平、贺龙、乌兰夫，最高人民检察院检察长张鼎丞，国防委员会副主席聂荣臻元帅、张治中、傅作义，中国人民政治协商会议全国委员会副主席章伯钧，北京市副市长张友渔、吴晗、王崑崙、冯基平、程宏毅、乐松生等。]

10月2日晚 吴晗出席彭真举行的招待来中国访问演出的

---

① 本条引自1955年10月3日《人民日报》第一版。

6个国家艺术家们的宴会。①

［按：彭真在举行联欢晚会后，接着举行宴会，招待来中国访问演出的6个国家艺术家们。出席宴会作陪的有文化部代理部长钱俊瑞、副部长郑振铎、夏衍，中国人民保卫世界和平委员会副主席廖承志，北京市副市长张友渔、吴晗、王崑崙、冯基平、程宏毅、贾庭三、乐松生，中共北京市委员会副书记范儒生，中国人民政治协商会议北京市委员会副主席钱端升、余心清，北京市各部门、各人民团体负责人和首都文学艺术、教育、新闻界人等共1000多人。］

10月6日中午 吴晗出席缅甸联邦佛教代表团举行的辞行宴会。②

［按：即将离京返国的以吴登貌为首的缅甸联邦佛教代表团举行辞行宴会。应邀出席宴会的有国务院总理周恩来，副总理陈毅、乌兰夫，全国人大常委会副委员长李济深，全国政协副主席章伯钧，国务院秘书长习仲勋，外交部副部长章汉夫，中缅友好协会会长郑振铎，中国佛教协会副会长赵朴初以及政府有关部门负责人，各民主党派、各人民团体的负责人，北京市副市长吴晗、王崑崙和北京宗教、文化界人士。］

---

① 本条引自1955年10月4日《人民日报》第一版。

② 本条引自1955年10月7日《人民日报》第一版。

10月9日晚 吴晗等出席欢送南尼先生的盛大酒会。①

[按：郭沫若在北京举行盛大酒会，欢送即将离开北京的世界和平理事会副主席、意大利全国和平理事会主席南尼和他的夫人、女儿等一行。出席酒会的有全国人大常委会副委员长、中国人民保卫世界和平委员会副主席陈叔通，中国人民保卫世界和平委员会副主席廖承志，全国政协副主席章伯钧，国务院秘书长习仲勋，外交部副部长章汉夫，北京市副市长张友渔、王昆仑，中国人民保卫世界和平委员会常务委员章乃器、罗隆基，秘书长刘贯一，世界和平理事会理事蔡廷锴、胡愈之、钱端升，各民主党派负责人史良、孙起孟、许广平，各人民团体负责人朱学范、李德全、吴晗、张奚若、阳翰笙、雷任民，以及首都科学、教育、政法、文艺、贸易、新闻、宗教界人士和在京的日本和平人士。]

10月19日晚 吴晗出席贺龙举行的招待应邀来中国访问的缅甸国家足球代表团全体人员的宴会。②

[按：国务院副总理兼体育运动委员会主任贺龙设宴招待了应邀来中国访问的缅甸国家足球代表团全体人员。出席宴会的有国家体育运动委员会副主任蔡廷锴、蔡树藩、卢汉、黄琪翔，中华全国体育总会副主席萧华、荣高棠、董守义，中缅友好协会理事狄超白，北京市副市长吴晗、北京市

① 本条引自1955年10月10日《人民日报》第一版。

② 本条引自1955年10月21日《人民日报》第一版。

体育运动委员会主任柴泽民以及中国的足球队员等。缅甸联邦驻中国大使馆临时代办吴茂茂铎也应邀出席了宴会。]

11月4日晚 吴晗等作陪出席宴请法国议员代表团的宴会。①

[按:北京市市长彭真11月4日宴请法国议员代表团。出席宴会作陪的有中国人民外交学会会长张奚若,副会长周鲠生、胡愈之、钱端升、乔冠华、罗隆基,北京市副市长张友渔、吴晗、薛子正和北京市各人民团体负责人。]

11月5日晚 吴晗偕夫人袁震出席彭真市长举行的庆祝苏联十月社会主义革命卅八周年宴会。②

[按:宴会在苏联展览馆莫斯科餐厅举行。参加宴会的有彭真及夫人、张友渔及夫人、吴晗及夫人、王昆仑及夫人、薛子正及夫人、冯基平及夫人、程宏毅及夫人、贾庭山及夫人、乐松生及夫人等。]

11月7日下午 吴晗陪同陈毅接见应邀来我国访问的全德青年代表团。③

[按:国务院副总理陈毅接见了应邀来我国访问的全德

---

① 本条引自1955年11月5日《人民日报》第一版。

② 本条引自北京市档案馆档案号为002—020—00091的档案。

③ 本条引自1955年11月9日《人民日报》第一版。

青年代表团。接见时在座的有中华全国民主青年联合会主席廖承志、副主席吴晗，中国新民主主义青年团中央委员会书记处书记罗毅，北京中华基督教青年会副总干事赵复三等人。]

11 月 10 日晚 吴晗出席北京市各界青年热烈庆祝世界民主青年联盟成立 10 周年盛大集会。①

[按：北京市各界青年一千多人举行盛大集会，热烈庆祝世界民主青年联盟成立 10 周年。这次大会是由中国新民主主义青年团北京市委员会和北京市民主青年联合会共同举行的。中国新民主主义青年团中央委员会书记处书记罗毅、王宗槐、章泽，中华全国民主青年联合会副主席吴晗出席了庆祝会。在北京市各高等学校和中等技术学校学习的 14 个国家的留学生应邀出席了大会。]

11 月 13 日晚 吴晗等出席招待日本两个访华团的酒会。②

[按：北京市市长彭真举行盛大酒会，招待日本"拥护宪法国民联合会"代表团和日本教职员工会教育考察团全体成员。出席酒会有国务院副总理陈毅，全国人大会常委会副委员长李济深、沈钧儒、郭沫若，全国政协副主席章伯钧，国防委员会副主席傅作义，国务院秘书长习仲勋，各部部长

---

① 本条引自 1955 年 11 月 11 日《人民日报》第三版。

② 本条引自 1955 年 11 月 14 日《人民日报》第一版。

史良、章乃器，文化部代理部长钱俊瑞，外交部副部长张闻天、章汉夫，全国人大常委委员李烛尘、竺可桢、马寅初、张苏，北京市副市长张友渔、吴晗、王昆仑、薛子正、冯基平、程宏毅、贾庭三、乐松生，政协北京市委员会主席刘仁，副主席蒋光鼐、余心清等 400 多人。]

11 月 13 日晚 吴晗等出席欢送民主德国吹奏乐团全体成员宴会。①

[按：北京市市长彭真举行宴会，欢送即将离开北京回国的德意志民主共和国吹奏乐团全体成员。出席宴会的有文化部代理部长钱俊瑞、副部长郑振铎、夏衍，中共北京市委员会第二书记、政协北京市委员会主席刘仁，中共北京市委员会副书记郑天翔，北京市副市长张友渔、吴晗、王昆仑、薛子正、程宏毅、贾庭三、乐松生，中国人民政治协商会议北京市委员会副主席钱端升、余心清，北京市民主妇女联合会副主席林巧稚，北京市文学艺术工作者联合会主席老舍和首都政法、文学、艺术、新闻界人士。]

[按：德意志民主共和国吹奏乐团是一个有着悠久历史的室内乐管乐团。它是德国有名的文化城德累斯顿的国家乐团的管乐部分。德累斯顿国家乐团创办已有 400 多年，德国许多有名的古典音乐家，如魏伯、华格纳等都指挥过这个乐团。室内乐管乐团的创办也已经有一百多年了。它是德

① 本条引自 1955 年 11 月 14 日《人民日报》第一版。

国人民所喜爱的音乐艺术团体之一。一百多年来，它一直演奏着巴赫、贝多芬、莫扎特等音乐大师专门为室内乐管乐团所创作的乐曲，这个乐团一直保持着他们自己的演奏风格。]

11月25日晚 吴晗出席朝鲜青年艺术团访华演出闭幕式。①

[按：朝鲜青年艺术团在北京天桥剧场举行访华演出闭幕式。在闭幕式以后，演出了五幕歌剧"孔菊与潘菊"。出席闭幕式的有国务院总理周恩来、副总理彭德怀，文化部代理部长钱俊瑞，外交部副部长张闻天、章汉夫、部长助理陈家康，中国新民主主义青年团中央委员会书记处书记罗毅，中华全国民主青年联合会主席廖承志，北京市副市长吴晗，朝鲜民主主义人民共和国驻华大使馆临时代办金贵南和各国驻华外交官员，以及首都文艺界和各界人士等1500多人。]

11月26日晚 吴晗出席文化部和青年团中央联合举行的欢送朝鲜青年艺术团的宴会。②

[按：文化部和青年团中央举行宴会，欢送以崔文岐为首的朝鲜青年艺术团。出席今晚宴会的有国务院副总理彭

---

① 本条引自1955年11月26日《人民日报》第一版。

② 本条引自1955年11月27日《人民日报》第一版。

德怀，文化部代理部长钱俊瑞、副部长夏衍、陈克寒，中国新民主主义青年团中央委员会书记处书记罗毅，对外文化联络局代理局长陈忠经，北京市副市长吴晗，中国文学艺术界联合会秘书长阳翰笙，中国新民主主义青年团中央委员会各部门和中华全国民主青年联合会的负责人，以及文艺界人士、青年文艺工作者和青年、学生代表共200多人。]

11月28日晚 吴晗出席全国政协欢送日本"拥护宪法国民联合会"访华团盛大宴会。①

[按：全国政协举行盛大宴会，欢送以片山哲和藤田藤太郎为首的日本"拥护宪法国民联合会"访华团。出席今晚宴会的有全国政协副主席章伯钧，常务委员吴晗、傅作义、罗隆基，中国人民外交学会会长张奚若，副会长胡愈之、钱端升、乔冠华，中国人民保卫世界和平委员会副主席廖承志、秘书长刘贯一，中国人民对外文化协会副会长阳翰笙，首都各界人士周培源、金岳霖、赵朴初、李伯钊、孙维世、吴雪、范瑾、卫立煌，国务院总理办公室主任齐燕铭，北京市副市长张友渔等。]

12月6日晚 吴晗出席芬兰驻华大使孙士敦为庆祝芬兰独立38周年举行的招待会。②

---

① 本条引自1955年11月29日《人民日报》第一版。

② 本条引自1955年12月7日《人民日报》第一版。

［按：芬兰驻华大使孙士敦为庆祝芬兰独立三十八周年在北京举行招待会。应邀出席招待会的有国务院总理周恩来，全国人大常委会副委员长沈钧儒，国务院秘书长习仲勋，高等教育部部长杨秀峰，外交部副部长章汉夫，国防部副部长黄克诚，北京市副市长吴晗，政府各部门、各人民团体负责人和社会各界人士，以及各国驻华使节和外交官员共 200 多人。］

12 月 11 日下午 吴晗出席北京市各界人民欢迎德意志民主共和国格罗提渥总理大会。①

［按：北京市各界人民八千多人隆重举行欢迎大会，欢迎以格罗提渥总理为首的德意志民主共和国政府代表团。欢迎大会在北京体育馆的比赛馆内举行，由北京市市长彭真主持。在主席台上就坐的有国务院总理周恩来，副总理陈云、李富春、李先念，北京市市长彭真和夫人，中共北京市委员会第二书记、政协北京市委员会主席刘仁，国务院秘书长习仲勋，文化部部长沈雁冰，外交部副部长张闻天、姬鹏飞，北京市副市长张友渔、吴晗、王昆仑、薛子正、冯基平、程宏毅、贾庭三、乐松生，政协北京市委员会副主席余心清，中国人民保卫世界和平委员会北京市分会主席张奚若等。］

12 月 12 日晚 吴晗出席习仲勋举行的欢迎苏联科学家访

① 本条引自 1955 年 12 月 12 日《人民日报》第一版。

华代表团全体人员的宴会。[1]

[按:国务院秘书长习仲勋设宴欢迎以诺维科夫教授为首的苏联科学家访华代表团全体人员。出席宴会作陪的有中国科学院副院长李四光、张稼夫、吴有训、秘书长陈康白以及地质部、农业部、水利部、高等教育部、卫生部和国家建设委员会的负责人。李四光和北京市副市长吴晗、清华大学副校长刘仙洲、原子核物理学家赵忠尧等以及代表团团员们都在宴会上讲了话。]

12月12日晚 吴晗出席彭真举行的欢送即将离京回国的苏联莫斯科“小白桦树”舞蹈团全体人员的宴会。[2]

[按:即将离京回国的苏联莫斯科“小白桦树”舞蹈团全体人员今晚出席了北京市市长彭真举行的欢送宴会。出席今晚宴会的有国务院副总理李富春,中苏友好协会总会副会长、中华人民共和国文化部部长沈雁冰,文化部副部长丁西林、夏衍,外交部部长助理何伟,北京市副市长张友渔、吴晗、王昆仑、薛子正、冯基平、程宏毅、贾庭三、乐松生,中共北京市委员会第二书记刘仁,北京市各人民团体负责人和首都文学、戏剧、舞蹈、音乐、美术、政法和新闻界人士。]

12月16日晚 吴晗出席丁西林举行的欢迎印度共和国驻

---

① 本条引自1955年12月13日《人民日报》第一版。

② 本条引自1955年12月13日《人民日报》第一版。

华大使拉·库·尼赫鲁和他的夫人的宴会。[1]

[按:中印友好协会会长丁西林在举行宴会,欢迎印度共和国驻华大使拉·库·尼赫鲁和他的夫人。出席宴会的有外交部副部长章汉夫,文化部副部长郑振铎、夏衍,中国人民外交学会会长张奚若,中国人民对外文化协会副会长赵毅敏、阳翰笙,北京市副市长吴晗,中印友好协会的理事,曾到印度访问的中国文化界人士,各人民团体负责人和首都文艺、新闻、宗教界人士。]

12月24日晚 吴晗出席欢迎伊斯兰教青年国际大会代表团和埃及新闻工作者代表团宴会。[2]

[按:中华全国民主青年联合会、中国新闻工作者联谊会、北京市民主青年联合会和中国新闻工作者联谊会北京分会四团体联合举行宴会,欢迎以卡迈尔·雅各布·萨布里为首的伊斯兰教青年国际大会代表团、以阿卜杜勒·莫内姆·马茂德·萨韦为首的埃及新闻工作者代表团。吴晗代表四团体在会上致欢迎词。他说,中国同埃及两国有着长远悠久的文化交流的历史,中国人民对于埃及在科学、建筑、艺术、天文等方面的成就非常钦佩,并且深切感谢埃及人民对世界文化的这些贡献。在亚非会议期间,我国总理周恩来和埃及总理纳赛尔在万隆会面后,中埃两国之间建

---

① 本条引自1955年12月17日《人民日报》第一版。

② 本条引自1955年12月25日《人民日报》第一版。

立了新的友谊。中埃两国最近签订文化合作协议和贸易协定，更增进了两国之间的友谊。中国人民很熟悉埃及金字塔，埃及人民也熟悉中国的长江。愿中埃两国人民的友谊像金字塔那样深厚，像长江那样长远。]

12 月 25 日 吴晗在欢迎伊斯兰教青年国际大会代表团和埃及新闻工作者代表团宴会上的讲话（摘录）在《人民日报》上发表。①

［按：《人民日报》第一版上发表了吴晗在欢迎伊斯兰教青年国际大会代表团和埃及新闻工作者代表团宴会上的讲话（摘录），该文系属一篇新闻报道稿，题目是《欢迎伊斯兰教青年国际大会代表团和埃及新闻代表团 全国青联等四团体联合举行招待会 我伊斯兰教协会设宴招待埃及新闻代表团》。]

12 月 27 日下午 吴晗等陪同周恩来接见伊斯兰教青年国际大会代表团和埃及新闻工作者代表团全体成员。②

［按：国务院总理周恩来接见了以卡迈尔·雅各布·萨布里为首的伊斯兰教青年国际大会代表团和以阿卜杜勒·莫内姆·马茂德·萨韦为首的埃及新闻工作者代表团。接见时在座的有中华全国民主青年联合会副主席吴晗，中国

① 本条引自 1955 年 12 月 25 日《人民日报》。

② 本条引自 1955 年 12 月 28 日《人民日报》第一版。

新民主主义青年团中央书记处书记罗毅，中国新闻工作者联谊会会长邓拓，副会长吴冷西、梅益、王芸生，中华人民共和国外交部西欧非洲司司长黄华、新闻司司长龚澎，中国伊斯兰教协会副主任达浦生等。]

12 月 30 日 以吴晗为团长的中印友协赴印文化代表团全体成员在北京集中。①

[按：以文化为团长的中印友协赴印文化代表团的成员包括历史，古典文学，儿童文学，法律，作曲，器乐，歌唱，舞蹈，木刻和电影等十个专业。全体团员 12 月 30 日在北京集中，进行准备工作：置装，办理出国手续，收集和阅读有关印度的材料，听取中印友协和其他负责同志的指示，组织关于印度情况和访印经验的介绍，准备演说稿和各种发言提纲，收集和整理各专业对外宣传资料，研究各个团员到印度后的专业学习重点与要求等等。]

① 本条引自北京市档案馆档案号为 002—008—00068 的档案。

一九五六年

1月10日 吴晗率中印友好协会访印文化代表团乘火车离开北京。[①]

[按:代表团的成员有:团长吴晗,秘书长、儿童文学作家严文井,古典文学研究专家陆侃如博士,北京大学法律系主任陈守一教授,木刻家、画家古元,民族独唱家王昆,电影演员汤化达,电影作曲家吕其明,歌唱家邹敏,中国古典及民间舞蹈表演家于颖和中国民间乐器演奏家王铁锤等。]

1月17日晚 吴晗率中印友好协会访印文化代表团乘飞机到达新德里。[②]

[按:以吴晗为首的中印友好协会访印文化代表团是应印中友好协会的邀请前往印度进行访问的。]

---

① 本条引自北京市档案馆档案号为002—008—00068的档案。

② 本条引自1956年1月19日《人民日报》第四版。

1月22日晚 吴晗出席印中友协德里分会举行的招待会。[①]

［按：印中友好协会德里分会在宪法俱乐部举行招待会，欢迎以吴晗为首的中印友好协会文化代表团。出席招待会的有德里各界人士250多人。］

1月25日晚 吴晗出席中国驻印度大使袁仲贤举行的欢迎宴会。[②]

［按：中国驻印度大使袁仲贤举行宴会，欢迎中印友好协会访印文化代表团。］

1月25日晚 吴晗出席印中友好协会举行的欢迎中印友好协会访印文化代表团会议。[③]

［按：印中友好协会全国执行委员会主席潘尼迦和委员们在新德里宪法俱乐部举行欢迎会，欢迎以吴晗为首的中印友好协会访印文化代表团。］

1月26日 吴晗和中印友好协会访印文化代表团全体成员应邀参加印度国庆节观礼。[④]

［按：1929年，印度历史最悠久的政党国大党在其年会上通过决定，规定1930年1月26日为独立节。此后，这一

---

① 本条引自1956年1月24日《光明日报》第4版。

② 本条引自1956年1月28日《人民日报》第四版。

③ 本条引自1956年1月28日《人民日报》第四版。

④ 本条引自北京市档案馆档案号为002—008—00068的档案。

节日每年都过。1947 年 8 月 15 日，印度正式宣布独立后，1 月 26 日被正式定为国庆节。每年 1 月 26 日，印度政府都要在总统府前的广场上举行声势浩大的游行。]

1 月 27 日 吴晗率领中印友好协会访印文化代表团开始分组活动。①

[按：据吴晗撰写的《中印友协赴印中国文化代表团工作总结》记载，代表团团员 11 人除王昆因病住德里和加尔各答两地进行活动外，由大使馆增派翻译 2 人，连原有的翻译 2 人共 14 人，每组 7 人。甲组由组长吴晗领导赴加尔各答，马德拉斯一线进行访问。乙组由秘书长严文井领导赴孟买，海德拉巴一线进行访问。]

1 月 28 日 中国参加第十六届奥林匹克运动会筹备委员会成立，吴晗任委员。②

[按：中国奥林匹克委员会在北京成立了参加第十六届奥林匹克运动会筹备委员会。筹备委员会由蔡树藩任主任；由李德全、荣高棠、马约翰等任副主任。委员有韦悫、刘子载、刘芝明、楚图南、章泽、栗再温、吴晗、田德民、黄中、李梦华、吴学谦、胡晓风、栗树彬、王克、张之槐和张联华。]

---

① 本条引自北京市档案馆档案号为 002—008—00068 的档案。

② 本条引自 1956 年 1 月 29 日《人民日报》第一版。

2月26日晚 吴晗出席印中友好协会德里分会举行的群众欢迎会。①

[按:吴晗出席印中友好协会德里分会在旧德里的甘地广场举行的群众欢迎会,欢迎最近在印度访问了30多个城市之后回来的以吴晗为首的中印友好协会文化代表团。吴晗在欢迎会上致答词,感谢对代表团的热烈欢迎。他说,中国和印度之间的文化交流在过去的历史中,曾经对促进两国之间的文化联系起了重要的作用。]

2月28日下午 吴晗出席德里市政委员会举行的招待会。②

[按:德里市政委员会举行招待会,招待由吴晗教授率领的中国访印文化代表团。吴晗在会上致答词的时候说,代表团在访问印度期间,对于印度人民所怀有的对中国人民友好的表示留下了深刻印象。他说,自从印中两国总理发表关于和平共处的五项原则的联合声明以来,中印友谊已经进入了新的纪元。他指出,中印两国将近10亿人民的紧密团结是保障世界和平的重要因素。]

2月28日晚 以吴晗为团长的中印友好协会文化代表团访

---

① 本条引自1956年2月29日《人民日报》第四版。

② 本条引自1956年3月1日《人民日报》第四版。

问印度,在孟买受到印度总理尼赫鲁的接见。[①]

[按:印度总理尼赫鲁接见了中印友好协会访印文化代表团团长吴晗和团员们。陪同吴晗等会见尼赫鲁的有印中友好协会主席森德拉尔和印中友好协会全国执行委员会主席潘尼迦。]

2月29日晚 吴晗在中国驻印度大使馆举行告别宴会。[②]

[按:中印友好协会访印文化代表团在印度的6个星期的访问将要结束,代表团团长吴晗教授在中国驻印度大使馆举行了告别宴会。]

3月8日 吴晗在德里市政委员会举行的招待会上致的答词在《人民日报》(摘录)上发表。[③]

3月10日 吴晗率中国访印文化代表团回到北京。[④]

3月14日 吴晗到波兰人民共和国驻中国大使馆,吊唁波莱斯瓦夫·贝鲁特逝世。[⑤]

[按:各民主党派、各人民团体的负责人,以及北京市党政负责人和各界人民,到波兰人民共和国驻中国大使馆,吊唁波兰统一工人党中央委员会第一书记、波兰人民共和国

---

① 本条引自1956年3月1日《人民日报》第四版。

② 本条引自1956年3月3日《人民日报》第四版。

③ 本条引自1956年3月8日《人民日报》第四版。

④ 本条引自1956年3月19日《人民日报》第三版。

⑤ 本条引自1956年3月15日《人民日报》第一版。

全国阵线全波委员会主席波莱斯瓦夫·贝鲁特同志的逝世。他们有中华全国民主妇女联合会主席蔡畅，中华全国民主青年联合会副主席吴晗，中华全国工商业联合会副主任委员李烛尘，中国人民对外文化协会会长楚图南，中苏友好协会总会秘书长钱俊瑞，中国文学艺术界联合会秘书长阳翰笙，中华全国科学技术普及协会副主席竺可桢，中国人民外交学会副会长钱端升以及其他人民团体的负责人和代表等。]

3 月 16 日　吴晗在中国人民外交学会举行访印文化代表团归国报告会上作访印观感的报告。[①]

[按：中印友好协会在中国人民外交学会举行访印文化代表团归国报告会。代表团团长吴晗、秘书长严文井在会上报告了访印观感。报告中说，代表团在印度访问的 40 多天中，和 20 万左右的印度人民见了面，受到了印度人民的热烈欢迎。代表团的人员分别和印度的作家、音乐家以及法律界人士等进行了接触，对加强中印两国人民的友谊起了很好的作用。]

3 月 22 日晚　吴晗出席中印友好协会副会长陈翰笙举行的欢迎中印友好协会访印文化代表团宴会。[②]

---

① 本条引自 1956 年 3 月 19 日《人民日报》第三版。

② 本条引自 1956 年 3 月 26 日《人民日报》第一版。

［按：中印友好协会副会长陈翰笙举行宴会，欢迎最近回国的以吴晗教授为首的中印友好协会访印文化代表团。中印友好协会访印文化代表团的团员们在会上表演了在印度学习的歌舞节目，接着还放映了布尔加宁和赫鲁晓夫访问印度的印度彩色影片。］

3月24日　吴晗在北京市科长级以上干部会议上作《中国文化代表团访问印度情况的报告》。[①]

［按：吴晗这次是以文化代表团的名义去印度访问的。在印度访问共46天，访问了42个大小城市，走了一万多公里路。吴晗在这个报告中介绍了他在印度的所见所闻。］

4月8日　吴晗的《我们带回来印度人民的深情厚谊》一文在《人民日报》上发表。[②]

［按：吴晗在文中说，我们从印度回到北京的第四天，在印度大使馆的电影招待晚会上，主人拉·库·尼赫鲁大使和夫人问我："你从印度带回来什么？"我说："友谊，我们带回来印度人民对中国人民的深厚友谊。"……友谊，深厚的友谊，我们带回来了。我们认为我们带回来的是任何物质的东西所不能比拟的，最最珍重的礼物。］

---

① 本条引自北京市档案馆档案号为002—008—00068的档案。

② 本条引自1956年4月8日《人民日报》第三版。

4月11日 吴晗出席参加亚非会议死难烈士[1]遇难周年纪念大会和安葬仪式。[2]

[按:参加亚非会议死难烈士遇难周年纪念大会和安葬仪式4月11日在北京八宝山革命公墓举行。参加纪念大会和安葬仪式的有国务院总理周恩来,全国人大常委会副委员长沈钧儒,全国政协副主席章伯钧,国务院秘书长习仲勋,外交部副部长张闻天,北京市副市长吴晗,出席亚非会议中国代表团的工作人员,各民主党派、各人民团体的负责人,烈士的家属亲友和所在机关的代表,北京各新闻单位的代表和在北京的外国记者,以及各机关、团体的干部、学生等1200多人。]

4月19日晚 吴晗出席张奚若举行的招待苏联教育代表团宴会。[3]

[按:教育部部长张奚若在北京饭店设宴招待应邀来中国访问的苏联教育代表团。张奚若和苏联教育代表团团长、俄罗斯联邦共和国教育科学院副院长马尔库舍维奇,以及北京市副市长吴晗等都在宴会上讲了话。]

---

① 亚非会议死难烈士　1955年4月11日,参加万隆会议的中国代表团乘坐印度国际航空公司克什米尔公主号,从香港飞往印度尼西亚的雅加达,台湾特务在飞机上安放了定时炸弹,飞机飞到北婆罗洲沙捞越西北海面上空时爆炸坠毁,机上11人遇难。

② 本条引自1956年4月12日《人民日报》第一版。

③ 本条引自1956年4月20日《人民日报》第一版。

4月24日　吴晗出席中捷友好农业生产合作社命名大会。①

［按：北京市丰台区张郭庄乡农业生产合作社举行中捷友好农业生产合作社命名大会。捷克斯洛伐克驻华大使格里哥尔和北京市副市长吴晗先后在会上讲了话，他们向中捷友好农业生产合作社社员们表示祝贺。］

4月28日　吴晗出席中印友好协会理事会会议。②

［按：中印友好协会理事会举行会议，会上由会长丁西林报告了最近会务发展的情况，由吴晗报告访印情况。］

4月30日　中印友协增选一批理事，吴晗被增选为理事。③

［按：《人民日报》报道：中印友好协会理事会在最近增选了北京、上海、广州、沈阳、西安、武汉、西藏各地的理事共18人。新理事是吴晗、严文井、陈守一、周而复、周碧珍、李劼夫、王丕一、武伯伦、张锋伯、萧隽英、柯麟、胡一川、张舜徽、拉鲁、噶章·洛桑日增、德穆、台吉·德来热不旦·多杰友甲、才觉林·玩丹陈列弓等。］

5月29日　吴晗等出席欢迎雅加达市长苏迪罗的宴会。④

［按：彭真市长在北京市人委交际处举行宴会，欢迎印

---

① 本条引自1956年4月26日《人民日报》第二版。
② 本条引自1956年4月30日《人民日报》第三版。
③ 本条引自1956年4月30日《人民日报》第三版。
④ 本条引自1956年5月30日《人民日报》第一版。

度尼西亚首都雅加达市长苏迪罗和他的夫人一行。出席宴会的有彭真市长和他的夫人、副市长张友渔、吴晗、王昆仑、薛子正、冯基平、贾庭三、乐松生，外交部副部长袁仲贤，文化部副部长郑振铎，中国印度尼西亚友好协会副会长胡愈之，中国伊斯兰教协会副主任达浦生，中国人民外交学会副会长钱端升等。印度尼西亚驻华大使和正在中国访问的印度尼西亚劳动代表团人员也应邀出席了宴会。]

6月8日下午 吴晗等出席彭真招待苏迪罗市长的家宴。①

[按：北京市市长彭真和夫人，下午4点在私人住宅接待了印度尼西亚首都雅加达市长苏迪罗和夫人一行。晚上，彭真市长和夫人举行家庭宴会招待贵宾。接待时在座的，有北京市副市长张友渔、吴晗、王昆仑、薛子正、乐松生，北京市人民委员会秘书长柴泽民和外事处处长辛毅。]

6月16日 吴晗出席北京市教育局举办的回国留学生和留学生家属座谈会。②

[按：北京市教育局邀请已经回国的留学生和还没有回国的留学生家属200多人在中山公园举行座谈会。座谈会上，北京市副市长吴晗代表北京市人民委员会对回国留学生表示欢迎和祝贺，对留学生的家属表示亲切的慰问。吴

---

① 本条引自1956年6月9日《人民日报》第一版。

② 本条引自1956年6月17日《人民日报》第一版。

晗说，目前在美国、英国、法国和日本等国工作和学习的近万名中国科学家和留学生，是祖国十分宝贵的财产。留学生回到祖国怀抱为人民服务，成为建设祖国的有用人材，会受到祖国人民的热烈欢迎和尊敬。他希望到会的回国留学生和留学生家属多多和自己的朋友和亲人通信，帮助他们早日回到祖国的怀抱。]

6月17日晚 吴晗出席彭真市长招待尤金大使等的便饭。①

［按：晚6点，北京市市长彭真在自己的住宅设便饭招待尤金大使、尼赫鲁大使和波波维奇大使，出席作陪的还有王昆仑副市长、乐松生副市长等。]

7月10日 吴晗等到机场欢迎尼泊尔访华文化代表团到京。②

［按：尼泊尔王国教育、卫生、地方自治政府大臣巴·夏尔马率领的尼泊尔访华文化代表团一行二十一人，今天在北京机场受到中国政府和文化界人士的热烈欢迎。到机场欢迎的有文化部部长沈雁冰，副部长丁西林、郑振铎、夏衍，外交部副部长姬鹏飞，高等教育部副部长曾昭抡，教育部副部长林汉达，卫生部副部长傅连暲，北京市副市长吴晗等。]

---

① 本条引自北京市档案馆档案号为002—020—00095的档案。

② 本条引自1956年7月11日《人民日报》第一版。

7月19日晚 吴晗出席北京市文化界欢迎尼泊尔文化代表团大会并在主席台就坐。①

[按:晚7时半,北京市文化界四千余人在中山公园音乐堂召开欢迎尼泊尔文化代表团大会,出席大会并在主席台就坐的还有:陈毅、沈雁冰、杨秀峰、张奚若、李德全、楚图南、张季纯、曹禺、翁独健、巩廓如、严镜清、阳翰笙、刘白羽、田汉等。北京市副市长吴晗教授致欢迎词说:"今天我们非常高兴,能够和前来我国访问的尼泊尔朋友们欢聚一堂,你们带来的尼泊尔人民的盛意,给这仲夏的夜晚增添了光荣。"]

8月4日晚 吴晗出席彭真市长招待印度尼西亚议长沙多诺先生及夫人的酒会。②

[按:晚6点半,北京市市长彭真在北京饭店新宴会厅举行酒会,招待印度尼西亚议长沙多诺先生及夫人和同来的议员,出席酒会的还有:周恩来、陈云、李先念、齐燕铭、黄炎培,李维汉、陈叔通、周建人、竺可桢、华罗庚、茅以升、胡愈之、翦伯赞。]

8月21日晚 吴晗出席中华全国民主青年联合会举行的欢

---

① 本条引自北京市档案馆档案号为002—020—00095的档案。及7月20日《人民日报》第一版。

② 本条引自北京市档案馆档案号为002—020—00095的档案。

迎法国和远东文化交流全国中心代表团宴会。[1]

［按：中华全国民主青年联合会设宴欢迎法国和远东文化交流全国中心代表团。全国青联副主席吴晗在会上向远道而来的法国朋友表示热烈欢迎。他希望通过代表团的访问，中法两国人民的友谊和文化交流将进一步加强起来。塞日·拉斐特—杜邦代表全体团员对主人的招待表示感谢，他提议为中法两国人民的友谊和文化交流的日益加强而干杯。］

8月22日下午　吴晗出席北京市各界人民欢迎老挝王国首相梭发那·富马亲王和他所率领的老挝王国政府代表团的集会。[2]

［按：下午2点30分，北京市各界人民8千人举行集会欢迎老挝王国首相梭发那·富马亲王和他所率领的老挝王国政府代表团。在主席台上就座的有周恩来总理，彭真市长，贺龙副总理，陈毅副总理，外交部副部长姬鹏飞，中国人民政治协商会议北京市委员会主席刘仁，北京市副市长吴晗、薛子正、乐松生和北京市各人民团体负责人。］

8月23日下午　吴晗出席首都各界支援印度人民收复果阿

---

① 本条引自1956年8月22日《人民日报》第一版。

② 本条引自1956年8月23日《人民日报》第一版。

大会。[①]

［按：晚6点，首都各界人民五千多人举行支援印度人民收复果阿大会。参加大会的工人、郊区农民、机关干部、科学工作者、教师、医务工作者、伊斯兰教徒和佛教徒一致通过的决议，支援印度人民收复果阿的斗争。大会向为了保卫祖国领土主权而英勇斗争的印度人民致以崇高的敬意，向受害的印度爱国者及其家属表示深切的哀悼和慰问，并以极大的愤慨抗议葡萄牙殖民主义者的暴行。在主席台上就座的有中印友好协会会长丁西林、副会长陈翰笙，中国各人民团体负责人廖承志、赖若愚、李德全、吴晗、茅盾、张奚若、阳翰笙，亚洲及太平洋区域和平联络委员会副秘书长龟田东伍、万徒勒里，印度驻华大使赖嘉文。大会由中印友好协会副会长陈翰笙主持。中印友好协会会长丁西林在会上首先讲话，中国人民保卫世界和平委员会副主席廖承志、中华全国总工会主席赖若愚、中华全国民主妇女联合会副主席李德全、中华全国民主青年联合会副主席吴晗、中国文学艺术界联合会副主席茅盾相继在会上讲话，代表6亿中国人民对印度人民收复果阿的正义斗争表示支援。］

8月24日　吴晗在首都各界支援印度人民收复果阿大会上的讲话（摘录）在《人民日报》上发表。[②]

---

① 本条引自1956年8月24日《人民日报》《光明日报》第一版。

② 本条引自1956年8月24日《人民日报》第一版。

［按:《人民日报》第一版上发表了吴晗在首都各界支援印度人民收复果阿大会上的讲话(摘录),该文系属一篇新闻报道稿,题目是《北京各界五千多人举行大会　支援印度人民收复果阿》。］

8月28日下午　吴晗到机场欢迎宋庆龄访问印度尼西亚后抵京。①

［按:全国人民代表大会常务委员会副委员长宋庆龄应邀访问了印度尼西亚后由昆明乘专机回到北京。今天到机场欢迎的有国务院总理周恩来,全国人大常委会副委员长林伯渠、郭沫若、李维汉、陈叔通,国务院副总理陈云、陈毅,全国政协副主席章伯钧,国防委员会副主席程潜、龙云,中华全国民主妇女联合会副主席邓颖超、李德全、史良,外交部副部长章汉夫,北京市副市长吴晗,全国人大常委会在北京的委员以及国家机关各部门、各民主党派、各人民团体的负责人和1000多群众。］

9月28日下午　吴晗出席北京市各界人民欢迎尼泊尔王国政府代表团大会并在主席台就坐。②

［按:下午2点,北京市各界人民群众约八千人在北京体育馆举行大会,欢迎尼泊尔王国政府代表团。出席大会

① 本条引自1956年8月29日《人民日报》第一版。

② 本条引自北京市档案馆档案号为002—020—00095的档案。

并在主席台就坐的还有:周恩来、陈毅、乌兰夫、章汉夫、潘自力、陈叔通、彭真、刘仁、张友渔、王昆仑、薛子正、冯基平、程宏毅、贾庭山、乐松生等。]

9月29日晚 吴晗出席刘少奇委员长举行的欢迎印度共和国国会代表团的宴会。①

[按:全国人民代表大会常务委员会委员长刘少奇今天晚间举行宴会,欢迎以印度人民院议长阿·阿延加尔为首的印度共和国国会代表团。出席今晚宴会的还有全国人民代表大会常务委员会副委员长李济深、沈钧儒、郭沫若、黄炎培、李维汉、陈叔通、赛福鼎,中国人民政治协商会议全国委员会副主席章伯钧,中国驻印度大使潘自力,中印友好协会会长丁西林和其他各人民团体负责人,北京市副市长吴晗等。印度驻中国大使拉·库·尼赫鲁也应邀出席了宴会。]

10月3日下午 吴晗出席北京市各界人民欢迎印度尼西亚总统苏加诺大会。②

[按:下午2点,北京市各界人民群众三万多人在北京先农坛体育场举行大会,欢迎印度尼西亚总统苏加诺,参加这个大会的还有苏加诺总统的随行人员、印度尼西亚国会

① 本条引自1956年9月30日《人民日报》第一版。

② 本条引自1956年10月4日《人民日报》第一版。

代表团成员、印度尼西亚峇里舞蹈团成员，参加大会的中方人员有朱德副主席、周恩来总理和彭真市长，陈毅副总理，中国驻印度尼西亚大使黄镇，中国印度尼西亚友好协会会长鲍尔汉，中国人民政治协商会议北京市委员会主席刘仁，北京市副市长张友渔、吴晗、王昆仑、薛子正、冯基平、程宏毅、贾庭三、乐松生，各民主党派北京市组织负责人，北京市各人民团体负责人和中国人民解放军驻京部队负责人。]

10 月 7 日晚上 吴晗出席彭真市长欢送印度尼西亚峇厘艺术友好访问团宴会。①

[按：晚上 7 点，北京市市长彭真在北京新侨饭店举行宴会，欢送印度尼西亚峇厘艺术友好访问团。出席宴会的还有：刘仁、薛子正、程宏毅、乐松生、林巧稚、曹禺、丁一岚、焦菊隐、欧阳山尊、于是之、马连良、裘盛戎、包尔汉、胡愈之、孙维世等。]

10 月 15 日晚 吴晗等出席招待阿富汗王国首都喀布尔市市长索海尔博士的宴会。②

[按：北京市市长彭真设宴招待阿富汗王国首都喀布尔市市长索海尔博士。出席宴会的有北京市副市长张友渔、吴晗、王昆仑、乐松生，中国人民政治协商会议北京市委员

---

① 本条引自北京市档案馆档案号为 002—020—00095 的档案。

② 本条引自 1956 年 10 月 16 日《人民日报》第四版。

会主席刘仁，曾经在今年八、九月间到阿富汗访问过的中国文化艺术代表团团长马寒冰以及市人民委员会秘书长、局长、外事处长等人。]

10月18日晚 吴晗出席阿富汗王国首都喀布尔市市长索海尔博士举行的茶会。①

[按：阿富汗王国首都喀布尔市市长索海尔博士在北京饭店举行茶会，招待北京市各界人士。彭真市长出席了这个茶会。出席茶会的还有：吴晗、乐松生、达浦生、王芸生、梁思成、林巧稚等20余人。]

10月18日晚 吴晗等陪同周恩来总理接见阿富汗王国首都喀布尔市市长索海尔博士。②

[按：国务院总理周恩来接见了阿富汗王国首都喀布尔市市长索海尔博士。接见时在座的有北京市市长彭真，副市长吴晗，外交部亚洲司副司长章文晋。接见时在座的还有阿富汗驻我国大使萨马德。]

10月19日中午 吴晗出席彭真举行的招待阿富汗王国首都喀布尔市市长索海尔博士的酒会。③

---

① 本条引自1956年10月19日《北京日报》第一版。

② 本条引自1956年10月20日《人民日报》第一版。

③ 本条引自1956年10月20日《人民日报》第一版。

［按：彭真举行酒会招待阿富汗王国首都喀布尔市市长索海尔博士。出席酒会的有北京市副市长张友渔、吴晗、程宏毅、贾庭三、乐松生，全国政协北京市委员会主席刘仁，文化部副部长郑振铎，卫生部副部长傅连暲以及北京市各界人士。阿富汗王国驻我国大使萨马德也出席了今天的酒会。］

10月20日清晨　吴晗等到机场欢送阿富汗王国首都喀布尔市市长索海尔博士乘飞机回国。①

［按：到机场欢送的有吴晗、乐松生、辛毅以及、阿富汗驻我国大使萨马德。］

10月21日晚　吴晗等出席为行将离京回国的印度共和国国会代表团饯行酒会。②

［按：彭真举行酒会，为行将离开北京回国的印度共和国国会代表团饯行。出席今晚酒会的有全国人大常委会副委员长沈钧儒，全国政协副主席章伯钧，国防委员会副主席傅作义，外交部副部长章汉夫和政府其他有关各部门负责人，中国驻印度大使潘自力，北京市副市长张友渔、吴晗、冯基平、程宏毅、贾庭三、乐松生，政协北京市委员会主席刘仁和各副主席，北京市政府各部门和各人民团体负责人以及

---

① 本条引自1956年10月21日《北京日报》第一版。

② 本条引自1956年10月22日《人民日报》第一版。

各界人士。]

10月22日上午 吴晗等陪同巴基斯坦苏拉瓦底总理和他的随行人员到北京市积水潭医院等地参观。[①]

[按:巴基斯坦苏拉瓦底总理和他的随行人员,由卫生部长李德全、北京市副市长吴晗和积水潭医院院长徐化民等陪同,参观了北京市积水潭医院、清华大学、中央民族学院。苏拉瓦底总理代表巴基斯坦伊斯兰共和国政府,赠给积水潭医院五套医疗器械。徐化民院长将一本贴有积水潭医院内外景照片的像册,赠送给苏拉瓦底总理留作纪念。]

10月22日下午 吴晗出席北京市各界人民群众欢迎巴基斯坦伊斯兰共和国苏拉瓦底总理大会。[②]

[按:下午2点,北京市各界人民群众约七千人在北京体育馆举行大会,欢迎巴基斯坦伊斯兰共和国苏拉瓦底总理。出席大会的还有:周恩来、贺龙、陈叔通、鲍尔汉、张闻天、耿飚、彭真、刘仁、张友渔、冯基平、程宏毅、贾庭山、乐松生、蒋光鼐、钱端升、张奚若等。]

10月23日晚 吴晗出席中华全国民主青年联合会举行的

---

① 本条引自1956年10月23日《人民日报》第二版。

② 本条引自北京市档案馆档案号为002—020—00095的档案。

欢迎国际青年代表团的宴会。①

[按:中华全国民主青年联合会举行宴会欢迎国际青年代表团。出席宴会作陪的有中国新民主主义青年团中央委员会书记处书记胡耀邦、罗毅、胡克实,中华全国学生联合会主席胡启立、副主席孙寿珠,全国青联副主席吴晗、区棠亮以及文化、艺术、体育和基督教方面的青年代表等。]

11 月 2 日下午 吴晗出席北京各民主党派、各人民团体的负责人的集会。②

[按:北京各民主党派、各人民团体的负责人集会,要求各界人民立即行动起来,支援埃及人民的正义斗争。吴晗、雷洁琼、北京市伊斯兰教代表牛街礼拜寺阿訇杨德亮先后在会上发言。吴晗在发言中说:"英法的侵略行为不仅破坏了联合国宪章和安全理事会关于和平解决苏伊士运河问题的六项原则,也严重地破坏了亚非各国人民和全世界各国爱好和平人民所共同遵守的万隆会议精神。"]

11 月 4 日 吴晗针对苏联第 2 颗人造卫星发射成功对新华社记者发表讲话。③

[按:11 月 3 日,苏联第二颗人造发射成功。11 月 4 日,

---

① 本条引自 1956 年 10 月 24 日《人民日报》第一版。

② 本条引自 1956 年 11 月 3 日《人民日报》第四版。

③ 本条引自 1956 年 11 月 5 日《人民日报》第版。

新华社采访了北京市中苏友好协会副会长吴晗。吴晗说："苏联的两颗人造卫星，进一步证明了科学事业只有在共产党的领导下，在社会主义制度下才有发展的无比优越条件。"]

11月6日晚 吴晗出席北京市隆重庆祝伟大的十月社会主义革命39周年大会。[①]

[按：中苏友好协会总会和北京市中苏友好协会在中南海怀仁堂联合举行大会，隆重庆祝伟大的十月社会主义革命39周年。在主席台上就坐的有朱德副主席，刘少奇委员长，周恩来总理，国务院副总理陈云、邓小平，中苏友好协会总会副会长林伯渠、郭沫若、沈钧儒、刘宁一、廖承志、马寅初、邵力子、李烛尘，北京市中苏友好协会会长彭真和副会长张奚若、吴晗、余心清、张晓梅、外交部副部长张闻天，中苏友好协会总会理事会秘书长钱俊瑞等1300多人。]

11月12日晚 吴晗出席招待叙利亚议员访华团宴会。[②]

[按：晚6点半，北京市市长彭真在北京新侨饭店新七楼举行宴会，招待叙利亚议员访华团。出席宴会的有北京市副市长吴晗、乐松生，政协北京市委员会主席刘仁，中国人民外交学会会长张奚若，副会长周鲠生、钱端升、罗隆基，

---

① 本条引自1956年11月7日《人民日报》第一版。

② 本条引自1956年11月13《人民日报》第一版。

中国伊斯兰教协会副主任马玉槐以及北京各界人士等。]

11月15日晨 吴晗到机场欢送全国人大代表团乘专机离开北京飞往莫斯科。①

[按:应苏联最高苏维埃联盟院和民族院,罗马尼亚人民共和国国民议会和捷克斯洛伐克共和国国民议会的邀请,前往苏联、罗马尼亚、捷克斯洛伐克访问的我国全国人民代表大会代表团乘专机离开北京飞往莫斯科。到机场欢送的有全国人大常委会副委员长郭沫若、李维汉、陈叔通,国务院副总理乌兰夫、李先念,秘书长习仲勋,外交部副部长姬鹏飞,全国政协秘书长邢西萍,各民主党派、各人民团体负责人以及代表团团员们的家属。到机场欢送的,还有北京市副市长吴晗、冯基平,政协北京市委员会主席刘仁和各界人士。]

11月16日晚 吴晗出席陈叔通举行的欢迎日本东京都和平代表团的宴会。②

[按:中国人民保卫世界和平委员会副主席陈叔通设宴欢迎以三浦八郎为首的日本东京都和平代表团。应邀作陪的有北京市副市长吴晗和在京日本和平人士龟田东伍、朝鲜黄凤九等。]

---

① 本条引自1956年11月16《人民日报》第一版。

② 本条引自1956年11月19《人民日报》第一版。

11月28日晚 吴晗出席苏联马戏团访问北京的末次演出。[1]

[按:在苏联马戏团的末次演出开始前,北京市吴晗副市长致词,他代表北京全体人民向苏联马戏团表示感谢和敬意。他说:你们通过精采的演出,把伟大苏联人民的深厚友谊带给了北京市的人民。你们的卓越的艺术成就,使北京人民感到极大的兴趣。末次演出结束后,吴晗设宴招待苏联马戏团全体人员。]

12月25日 吴晗等到机场欢迎印度孟买市市长卡德尔抵达北京。[2]

[按:应天津市市长黄火青的邀请到天津访问的印度孟买市市长卡德尔抵达北京。他将在明天去天津。到机场欢迎的有北京市副市长吴晗等。印度大使馆一等秘书巴德钦卡和拉穆也到机场欢迎。]

12月26日下午 吴晗到机场欢迎印度孟买市长卡德尔。

[按:下午4点,印度孟买市长卡德尔应天津市市长黄火青的邀请来华访问,吴晗到机场欢迎。一同到机场欢迎的还有柴泽民、李霄路、马玉槐、张忠实等。卡德尔这次访华将前后四次经过北京。]

---

① 本条引自1956年11月29《人民日报》第一版。

② 本条引自1956年12月26日《人民日报》第一版。

12月31日上午　吴晗等陪同朱德接见印度孟买市市长卡德尔。[1]

［按：朱德副主席接见了印度孟买市市长卡德尔。接见的时候在座的有外交部副部长章汉夫，北京市副市长吴晗和印度驻中国大使馆临时代办辛格。］

12月　吴晗出席彭真市长招待芬兰议会访华代表团酒会。[2]

［按：12月，吴晗以民主党派代表身份，出席北京市彭真招待芬兰议会访华代表团的酒会。出席这次酒会的还有：刘少奇、周恩来、陈毅、李富春、习仲勋、齐燕铭、李济深、沈钧儒、郭沫若、黄炎培、李维汉、陈叔通、张闻天、沈雁冰、黄克诚、杨秀峰、叶圣陶、李德全、罗隆基、荣高棠、章伯钧、张奚若、楚图南、张友渔、刘仁、王昆仑、薛子正、冯基平、贾庭山等。］

---

① 本条引自1957年1月1日《人民日报》第一版。

② 本条引自北京市档案馆档案号为002—020—00095的档案。

一九五七年

1月1日上午 吴晗到车站欢迎印度孟买市长卡德尔。[①]

[按：上午11点，印度孟买市长卡德尔访华第2次经过北京，吴晗到车站欢迎。一同到车站欢迎的还有柴泽民、李续纲、李霄路、马玉槐、张季纯、张忠实、姚念夫妇等。卡德尔这次访华将前后四次经过北京。]

1月1日晚 吴晗陪同印度孟买市长卡德尔一起晚宴。[②]

[按：晚6点半，吴晗陪同印度孟买市长卡德尔在全聚德晚宴吃烤鸭。]

1月17日上午 吴晗到机场欢送即将离京的印度孟买市长卡德尔。[③]

[按：印度孟买市长卡德尔访华即将结束，准备离京经

① 本条引自北京市档案馆档案号为002—020—00095的档案。

② 本条引自北京市档案馆档案号为002—020—00095的档案。

③ 本条引自北京市档案馆档案号为002—020—00095的档案。

广州回国，吴晗到机场欢送。一同到机场欢送的还有柴泽民、李续纲、李霄路、马玉槐、张季纯、张忠实、姚念夫妇等。]

1月29日晚 吴晗偕夫人袁震出席张友渔副市长春节招待苏、德专家宴会。①

[按：晚上7点，张友渔副市长在北京新侨饭店2楼礼堂举行1957年春节招待苏、德专家宴会，吴晗偕夫人袁震应邀陪同出席。出席这次宴会的苏德专家共计102人。王昆仑、刘仁、冯基平、郑天翔等均偕夫人参加。]

2月1日 吴晗去机场迎接率团访问苏联和一些东欧国家归来的彭真同志。②

3月26日下午 吴晗出席北京市各界人民群众欢迎捷克斯洛伐克共和国西罗基总理大会并在主席台就坐。③

[按：下午3点，北京市各界人民群众8000多人在北京体育馆举行大会，欢迎捷克斯洛伐克共和国西罗基总理。出席大会的还有：周恩来、陈毅、姬鹏飞、彭真、刘仁、张友渔、王昆仑、程宏毅、贾庭山、乐松生等。]

4月9日下午 吴晗出席北京市各界人民群众欢迎波兰人

---

① 本条引自北京市档案馆档案号为002—020—00097的档案。

② 本条引自《怀念吴晗 百年诞辰纪念》第687页。

③ 本条引自北京市档案馆档案号为002—020—00097的档案。

民共和国政府代表团大会并在主席台就坐。[①]

［按：下午4点，北京市各界人民群众约八千人在北京体育馆举行大会，欢迎以约·西伦凯维兹部长会议主席为首的波兰人民共和国政府代表团。出席大会的还有：周恩来、贺龙、姬鹏飞、彭真、刘仁、张友渔、王昆仑、程宏毅、贾庭山、乐松生等。］

7月24日晚 吴晗出席刘少奇委员长举行的欢迎缅甸联邦国会访华代表团宴会。[②]

［按：刘少奇委员长举行宴会，欢迎以德钦登貌为首的缅甸联邦国会访华代表团。出席作陪的全国人大常委会副委员长林伯渠、李济深、陈叔通和委员们，国务院秘书长习仲勋，外交部副部长姬鹏飞，中缅友好协会会长郑振铎，中国佛教协会副会长赵朴初，北京市副市长吴晗等人。］

7月30日晚 吴晗等出席欢迎锡兰科伦坡市政议会访华友好代表团宴会。[③]

［按：北京市市长彭真举行宴会，欢迎锡兰科伦坡市政议会访华友好代表团。出席宴会作陪的有北京市副市长吴晗、冯基平、程宏毅、贾庭三、乐松生，政协北京市委员会主

---

① 本条引自北京市档案馆档案号为002—020—00097的档案。

② 本条引自1957年7月25日《人民日报》第一版。

③ 本条引自1957年7月31日《人民日报》第一版。

席刘仁，外交部亚洲司副司长李晨，以及北京市人民委员会各部门和各人民团体负责人。]

7月31日晚　吴晗出席彭真市长举行的欢迎科伦坡市政议会代表团全体成员的宴会。①

[按：晚6点半，彭真市长在御河桥二号北京市人民委员会交际处举行宴会，欢迎科伦坡市长苏加塔达萨及其夫人和科伦坡市政议会代表团全体成员。出席宴会的还有：冯基平、贾庭山、乐松生、柴泽民、李霄路、蒋光鼐、梁思成、浦洁修、老舍等。]

8月1日晚　吴晗出席彭真市长举行的欢送缅甸联邦国会访华代表团全体成员的宴会。②

[按：晚7点，彭真市长在北京饭店中七楼举行宴会，欢送缅甸联邦国会访华代表团全体成员。出席宴会的还有：习仲勋、姬鹏飞、李济深、陈叔通、周建人、邵力子、胡愈之、张苏、萨空了、赵朴初、郑振铎、刘仁、张友渔、冯基平、贾庭山、乐松生、梁思成、老舍等。]

8月2日晨　吴晗到机场欢送缅甸联邦国会访华代表团。③

---

① 本条引自北京市档案馆档案号为002—020—00097的档案。

② 本条引自北京市档案馆档案号为002—020—00097的档案。

③ 本条引自1957年8月3日《人民日报》第一版。

[按:以德钦登貌为首的缅甸联邦国会访华代表团由刘贯一陪同乘飞机离北京去青岛参观。到机场送行的有李济深副委员长和委员们,国务院秘书长习仲勋,中缅友好协会会长郑振铎,北京市副市长吴晗,外交部的代表和各人民团体负责人,以及首都各界人士。缅甸大使馆临时代办吴巴茂和越南大使馆的代表也到机场送行。]

8月6日晚 吴晗出席欢迎日本三县访华代表团的宴会。①

[按:北京市市长彭真举行宴会,欢迎日本三口县、乌联县、岛根县访华代表团。北京市副市长张友渔代表彭真市长主持宴会。出席宴会作陪的有北京市副市长吴晗、乐松生,政协北京市委员会副主席凌其峻,北京市人民委员会各部门和各人民团体的负责人。]

9月26日晚 吴晗偕夫人袁震出席彭真市长举办的国庆节招待苏、德、波、匈专家宴会。②

[按:晚7点,北京市市长彭真在北京御河桥二号市人民委员会交际处举办国庆节招待苏联、德国、波兰、匈牙利专家的宴会。出席宴会的有在都委会、友谊医院、市设计院、市玻璃厂等单位工作的外国专家及其家属40多人。出席宴会作陪的还有:彭真夫人、刘仁及其夫人、张友渔及其

---

① 本条引自1957年8月7日《人民日报》第四版。

② 本条引自北京市档案馆档案号为002—020—00098的档案。

夫人、王昆仑、冯基平、程宏毅、乐松生等。]

10月4日晨 吴晗到机场欢送南斯拉夫联邦国民议会代表团。①

[按:以斯坦鲍利奇主席为首的南斯拉夫联邦国民议会代表团结束了在中国的访问乘飞机离开北京去广州。到机场欢送的有刘少奇委员长和副委员长黄炎培、彭真、李维汉,国务院副总理薄一波、国务院秘书长习仲勋,外交部副部长姬鹏飞,中国驻南斯拉夫大使伍修权,北京市副市长吴晗、乐松生,全国人民代表大会常务委员会委员、各民主党派和各人民团体的负责人,以及南斯拉夫驻华大使波波维奇和使馆人员。]

10月16日晚 吴晗等出席欢送苏联最高苏维埃代表团酒会。②

[按:北京市市长彭真在北京饭店举行酒会,欢送苏联最高苏维埃代表团离京回国。出席酒会的有全国人大常委会副委员长李济深、沈钧儒、李维汉、陈叔通,国务院副总理李先念,秘书长习仲勋,政协全国委员会副主席包尔汉,北京市副市长张友渔、吴晗、王昆仑、乐松生,以及各民主党派和各人民团体的负责人,首都各界人士。]

---

① 本条引自1957年10月5日《人民日报》第一版。

② 本条引自1957年10月17日《人民日报》第一版。

10月30日晚 吴晗出席彭真市长举办的欢迎北日本港湾城市市长访华团全体成员宴会。[①]

[按:晚7点,吴晗出席彭真市长在御河桥二号市人民委员会交际处举办的欢迎北日本港湾城市市长访华团宴会。出席宴会的还有北京市副市长王昆仑、冯基平、程宏毅、贾庭三、乐松生,中国人民政治协商会议北京市委员会主席刘仁、副主席梁思成,中国人民外交学会副秘书长萧向前以及北京市各局、各人民团体负责人。]

11月3日 吴晗出席杨秀峰举行的欢迎波兰高等教育代表团宴会。[②]

[按:高等教育部部长杨秀峰今日设宴欢迎以斯·茹凯夫斯基为首的波兰高等教育代表团。参加宴会的有高等教育部副部长周建人、刘皑风、刘子载,文化部副部长刘芝明,北京大学校长马寅初,北京市副市长吴晗,以及首都高等学校著名教授翦伯赞、杨晦等。]

11月4日晚 吴晗宴请苏联国民教育展览馆工作团全体成员。[③]

[按:晚6点,吴晗在北京御河桥二号市人委交际处举

① 本条引自1957年10月31日《人民日报》第三版。

② 本条引自1957年11月4日《人民日报》第二版。

③ 本条引自北京市档案馆档案号为002—020—00098的档案。

办宴会，宴请苏联国民教育展览馆工作团全体成员。出席宴会作陪的还有翁独健、巩廓如、薛成业、关世雄、廖沫沙、郑芸等。]

11 月 6 日晚 吴晗出席首都各界举行的庆祝十月社会主义革命 40 周年集会。[①]

[按：首都各界举行规模盛大的集会，隆重地庆祝伟大的十月社会主义革命四十周年。出席庆祝大会的中外人士有 1 万 8 千多人。在大会主席台上有刘少奇、周恩来、朱德、陈云、彭真、林伯渠、李济深、罗荣桓、沈钧儒、黄炎培、陈叔通、邓子恢、贺龙、陈毅、李富春、聂荣臻、包尔汉、张鼎丞、傅作义、张治中、吴玉章、张闻天、康生、赖若愚、蔡畅、周扬、侯德榜、梁希、张友渔、刘仁、郑天翔、吴晗、王昆仑等。]

11 月 8 日 吴晗出席苏联国民教育展览会开幕式。[②]

[按：苏联国民教育展览会在北京苏联展览馆开幕。国务院总理周恩来出席了开幕式并为展览会剪彩。出席开幕式的还有国务院副总理贺龙、陈毅，中共中央委员徐特立，大学教授和优秀教师等四百多人。张奚若、吴晗等先后在开幕式上发言。]

---

① 本条引自 1957 年 11 月 7 日《人民日报》第一版。

② 本条引自 1957 年 11 月 9 日《人民日报》第二版。

12 月 5 日晚 吴晗等出席北日本港湾城市市长访华团的招待宴会。①

[按:应北京市市长彭真邀请来我国访问的北日本港湾城市市长访华团,12 月 5 日晚间举行宴会,招待北京市市长、副市长和各界人士。北京市市长彭真,副市长张友渔、吴晗、程宏毅、贾庭三、乐松生,北京市政协主席刘仁、副主席梁思成出席了宴会。]

12 月 12 日 新华社播发《出席亚非团结大会我国代表团组成》的消息,吴晗为代表团成员。②

[按:新华社讯,中国亚洲团结委员会日前举行会议,决定派出中国代表团出席将于 12 月 26 日在开罗举行的亚非团结大会。中国代表团由各界人士组成。团长为郭沫若、副团长为包尔汉、楚图南,秘书长为廖承志、刘宁一,团员有王力、王光英、赵朴初、郭沫若、张瑞芳、楚图南、吴晗等 25 人。]

12 月 20 日上午 吴晗等乘机离京出席亚非团结大会。③

[按:从 1957 年 12 月 26 日起到 1958 年年 1 月 1 日,在埃及首都开罗将举行历史上第一次的亚非团结大会,这是

---

① 本条引自 1957 年 12 月 6 日《北京日报》第一版。

② 本条引自 1957 年 12 月 13 日《人民日报》第一版。

③ 本条引自 1957 年 12 月 21 日《北京日报》第四版。

继1952年10月在北京召开的亚洲及太平洋区域和平会议和1955年4月在新德里召开的亚洲国家会议之后，又一次规模巨大的和平人民的区域性代表大会。参加大会的有近50个不同制度的国家和地区，会议通过了告世界人民书，还通过了关于帝国主义、关于裁军和原子战争威胁、关于阿尔及利亚问题、关于种族歧视问题等13项决议和建议。这次大会体现了亚非人民团结友好的精神，表达了亚非人民反帝反殖和保卫世界和平的决心。]

[按：出席亚非团结大会的中国代表团在团长郭沫若、副团长包尔汗和楚图南的率领下乘飞机离开北京，取道莫斯科去开罗，参加26日在开罗召开的亚非团结大会。代表团成员一共有25人。]

12月22日下午　吴晗随中国代表团到达开罗。①

[按：出席亚非团结大会的中国代表团在郭沫若率领下，从莫斯科乘图—104专机在22日下午到达开罗。乘同一架飞机到达的有苏联代表团，以及蒙古、朝鲜和越南代表团。数百名挥舞旗帜的埃及学生、工人和人民团体的代表高呼"欢迎和平战士"、"亚非团结和友好"和"打倒帝国主义"等口号在机场欢迎苏、中等五国代表团的到来。哈立德·毛希丁为首的埃及接待委员会委员们也到机场欢迎。这些委员中包括许多埃及议员、作家和著名艺术家。]

---

① 本条引自1957年12月26日《人民日报》第六版。

12月23日上午　吴晗随中国代表团出席埃及庆祝英法侵略军撤出塞得港一周年的"胜利日"盛大纪念活动。[①]

［按：出席亚非团结大会的苏联、中国和其他国家的代表团12月23日应邀到塞得港参加庆祝"胜利日"活动。埃及总统纳赛尔和埃及议会议长、内阁部长们也从开罗乘专车到达塞得港参加了庆祝活动。］

12月23日下午　吴晗随中国代表团到为抵抗英法侵略而牺牲的烈士墓前献花圈。[②]

12月26日上午　吴晗随中国代表团出席亚非团结大会开幕式。[③]

12月27日　吴晗在亚非团结大会全体上听取中国代表团副团长楚图南的报告。[④]

12月31日　吴晗在亚非团结大会全体上听取中国代表团团长郭沫若的发言。[⑤]

---

① 本条引自1957年12月25日《人民日报》第五版。

② 本条引自1957年12月25日《人民日报》第五版。

③ 本条引自1957年12月27日《人民日报》第一版。

④ 本条引自1957年12月29日《人民日报》第五版。

⑤ 本条引自1958年1月3日《人民日报》第五版。

一九五八年

1月1日下午 吴晗随中国代表团出席亚非团结大会闭幕式。①

[按:下午5点,第一届亚非人民团结大会在十分热烈的欢呼声中胜利闭幕。亚非两洲近五十个国家的代表结束了他们在开罗举行的历时七天的大会,并且发表告世界人民书,重申亚非人民信守1955年4月万隆会议所通过的十项原则。第一届亚非人民团结大会的闭幕式是在开罗大学大礼堂举行的。]

1月8日 吴晗前往叙利亚访问。②

[按:1月7日上午,参加亚非人民团结大会的中国代表团在郭沫若团长率领下,离开埃及取道莫斯科回国。吴晗等代表团团员三人将同其他亚非国家的代表一道,应叙利亚代表团团长伊山·贾布里的邀请1月8日前往叙利亚

① 本条引自1958年1月3日《人民日报》第一版。
② 本条引自1958年1月8日《人民日报》第六版。

访问。]

1月16日 吴晗从开罗乘飞机回国。[1]

[按:参加亚非人民团结大会的中国代表团团员吴晗等16日从开罗乘飞机回国。在此以前,他们曾经应参加亚非人民团结大会的叙利亚代表团团长的邀请,同其他国家的代表一起访问了叙利亚,他们在14日从大马士革回到开罗。]

1月30日 吴晗出席出席亚非人民团结大会后访问中国的日本友好访华代表团和中国出席亚非人民团结大会代表团的一部分团员座谈会。[2]

[按:出席亚非人民团结大会后访问中国的日本友好访华代表团和中国出席亚非人民团结大会代表团的一部分团员在北京举行了座谈会。参加座谈会的中国方面有出席亚非人民团结大会中国代表团副团长包尔汉、楚图南,团员王力、王光英、邓光、达浦生、朱子奇、吴晗、金仲华、唐明照、戚慕光、韩幽桐、杨春松、董昕、赵朴初。]

1月31日晚 吴晗出席郭沫若举行的欢迎日本著名和平人

---

① 本条引自1958年1月17日《人民日报》第六版。

② 本条引自1958年1月31日《人民日报》第四版。

士西园寺公一先生及夫人的宴会。[1]

［按：中国人民保卫世界和平委员会主席郭沫若宴请日前从日本来华接替龟田东伍担任亚洲及太平洋区域和平联络委员会副秘书长职务的日本著名和平人士西园寺公一先生及夫人。出席作陪的有陈叔通、王震、李德全、楚图南、刘宁一、李一氓、廖承志、许广平、董昕、夏衍、吴晗、梅兰芳、欧阳予倩、赵朴初、谢南光、方石珊等及各人民团体负责人。］

2月10日 吴晗在一届人大五次会议上发言。[2]

［按：周恩来总理在第一届全国人民代表大会第五次会议上就“目前国际形势和我国外交政策”作了重要讲话。在今天下午大会上发言或书面发言的有：北京市副市长吴晗，民革中央常委邵力子，中国戏剧家协会主席田汉，共青团中央书记处书记王伟，第二机械工业部工程师昝凌等44人。］

2月16日 文化部致函北京市人民委员会，拟请吴晗副市长担任赴西欧艺术团团长。[3]

3月22日 吴晗等陪同波兰政府代表团参观十三陵水库工地。[4]

［按：在北京市副市长吴晗、对外贸易部副部长卢绪章

① 本条引自1958年2月1日《人民日报》第四版。

② 本条引自1958年2月11日《人民日报》第一版。

③ 本条引自北京市档案馆档案号为002—010—00070的档案。

④ 本条引自1958年3月23日《人民日报》第二版。

和波兰驻中国大使基里洛克的陪同下，以雅罗谢维奇为首的波兰政府代表团参观十三陵水库工地，受到正在进行义务劳动的5万多水库建设者们的热烈欢迎。]

4月2日 《人民日报》报道：中国戏曲歌舞团已经组成，吴晗任团长。①

[按：《人民日报》报道：一个包括八十多人的色彩丰富、风格突出的中国戏曲歌舞团已经组成，准备4月间往法国参加目前正在巴黎举行的盛大的国际戏剧节。这个艺术团是由上海京剧院、中央实验歌剧院舞剧团和其他单位的一些有名的表演艺术家组成的。中国戏曲歌舞团将由北京市副市长吴晗率领。副团长是著名文化界人士张东川、王一达。]

4月4日下午 吴晗等陪同罗马尼亚政府代表团到十三陵水库工地参观。②

[按：基伏·斯托伊卡主席和罗马尼亚政府代表团其他贵宾十三陵水库工地参观时，受到了工地上几万名建设者的热烈欢迎。陪同贵宾参观游览的有文化部副部长郑振铎，北京市副市长吴晗，我国驻罗马尼亚大使柯柏年和外交部礼宾司司长俞沛文等人。]

---

① 本条引自1958年4月2日《人民日报》第七版。

② 本条引自1958年4月5日《人民日报》第四版。

4月19～20日 吴晗、张东川、王一达率中国戏曲歌舞团先后离京前往法国参加巴黎国际戏曲节。[①]

［按：中国戏曲歌舞团于4月19、20日先后由团长吴晗，副团长张东川、王一达率领离京赴巴黎参加第三届国际戏剧节。这个包括80人的艺术团是由上海京剧院、中央实验歌剧院舞剧团和其它一些表演艺术家组成。中国戏曲歌舞团将在戏剧节上演出昆曲、京戏、民族歌舞、民间器乐演奏（昆曲是第1次出国演出）。他们参加巴黎国际戏曲节后还将应邀参加在比利时举行的布鲁塞尔世博会艺术演出，随后再去其它一些西欧国家访问演出。］

4月27日晚 吴晗率领的中国戏曲歌舞团到达巴黎。[②]

［按：参加巴黎国际戏剧节的中国戏曲歌舞团在团长吴晗率领下到达巴黎。他们在车站受到法国戏剧界人士、法国友人以及中国旅法侨胞的热烈欢迎，并接受了献花。这个包括80人的戏曲歌舞团是由上海京剧院、中央实验歌剧院舞剧团等单位的一些有名的表演艺术家组成的。其中有南方昆曲杰出艺术家俞振飞、著名京剧演员李玉茹、言慧珠和张美娟等。］

4月29日晚 中国戏曲歌舞团在巴黎首次演出获得极大成

---

① 本条引自1958年4月21日《北京日报》第四版。

② 本条引自1958年4月29日《人民日报》第五版。

功。戏剧节组织等到吴晗包厢祝贺演出成功。[1]

[按：中国戏曲歌舞团在巴黎的首次演出获得极大成功。中国戏曲歌舞团是来巴黎参加一年一度的国际戏剧节的。中国艺术家今晚演出了8个中国传统的京剧、昆曲和许多具有浓厚民间色彩的舞蹈节目。演出休息时，戏剧节组织人等曾到吴晗团长包厢祝贺演出成功。]

5月19日 吴晗在中国戏曲歌舞团即将离开巴黎之前举行招待会。[2]

[按：中国戏曲歌舞团团长吴晗，在巴黎乔治五世大饭店举行招待会。巴黎艺术、文化、科学、政治、经济界和报界的许多著名人士参加了这次招待会。吴晗在简短的讲话中说：中国戏曲歌舞团的访问巴黎，是为了加强中法两国人民的友谊。他感谢巴黎公众的热烈接待和法国朋友们在演出期间所给予的可贵协助。中国戏曲歌舞团是来巴黎参加巴黎国际戏剧节，先后在巴黎举行了21次演出，观众共有3万8千人。]

5月27日下午 由吴晗率领的中国戏曲歌舞团离开里昂由陆路前往马赛。[3]

---

① 本条引自1958年5月3日《人民日报》第五版。
② 本条引自1958年5月21日《人民日报》第五版。
③ 本条引自1958年5月30日《人民日报》第六版。

5月29日 由吴晗率领的中国戏曲歌舞团在马赛进行第一场演出。[①]

6月10日 由吴晗率领的中国戏曲歌舞团到达布鲁塞尔。[②]

[按:由吴晗率领的中国戏曲歌舞团到达比利时首都布鲁塞尔,准备参加在那里举行的国际戏剧节。]

6月13日晚 由吴晗率领的中国戏曲歌舞团在布鲁塞尔举行首场演出。[③]

[按:由吴晗率领的中国戏曲歌舞团在布鲁塞尔艺术宫举行的首场演出,轰动了整个比时利。伊丽莎白王太后也应邀前来观剧,而且一直留到深夜把全部节目看完。她对每一个节目都感到极大的兴趣,并用了许多不同的赞美之词来表示她的赞赏。]

6月23日中午 比利时王太后伊丽莎白邀请中国戏曲歌舞团团长吴晗共进午餐。[④]

[按:比利时王太后伊丽莎白邀请正在比利时演出的中国戏曲歌舞团的团长吴晗共进午餐。席间,王十年动乱太后一再询问关于新中国的建设情况,并且对毛泽东主席的英明领导表示钦佩。她还嘱托吴团长代向毛主席转达问候

① 本条引自1958年5月30日《人民日报》第六版。

② 本条引自1958年7月9日《人民日报》第六版。

③ 本条引自1958年6月25日《人民日报》第五版。

④ 本条引自1958年6月25日《人民日报》第五版。

和谢意。]

6月23日下午 中国戏曲歌舞团团长吴晗在布鲁塞尔举行了盛大告别招待会。①

7月3日 吴晗任调整后的中国人民保卫世界和平委员会常务委员。②

[按:各人民团体和各民主党派负责人举行联席会议,决定调整中国人民保卫世界和平委员会的组织机构,扩充中国亚非团结委员会的成员。吴晗任中国人民保卫世界和平委员会常务委员。]

7月24日下午 吴晗等到机场欢迎法国前总理、激进社会党议员孟戴斯·弗朗斯抵京。③

[按:应中国人民外交学会邀请来我国访问的法国前总理、激进社会党议员孟戴斯·弗朗斯乘飞机到达北京。到机场欢迎的有中国人民外交学会会长张奚若,全国人民代表大会常务委员会副秘书长连贯,北京市副市长吴晗等。]

8月11日晚 吴晗等出席招待孟戴斯·弗朗斯和罗兰·杜马的酒会。④

---

① 本条引自1958年6月25日《人民日报》第五版。

② 本条引自1958年7月4日《人民日报》第四版。

③ 本条引自1958年7月25日《人民日报》第四版。

④ 本条引自1958年8月12日《人民日报》第四版。

［按：北京市市长彭真举行酒会，招待正在北京访问的法国前总理孟戴斯·弗朗斯和法国民主社会抵抗联盟议员罗兰·杜马。出席酒会作陪的有政协北京市委员会主席刘仁，北京市副市长张友渔、吴晗、王昆仑、冯基平、程宏毅、乐松生，中国人民外交学会会长张奚若，中国人民对外文化协会会长楚图南，中国国际贸易促进委员会副主席冀朝鼎和首都各界人士。］

8月12日上午　吴晗到机场欢送法国前总理孟戴斯·弗朗斯和法国民主社会抵抗联盟议员罗兰·杜马回国。[①]

［按：应中国人民外交学会邀请来我国访问的法国前总理孟戴斯·弗朗斯和法国民主社会抵抗联盟议员罗兰·杜马乘飞机离北京经莫斯科回国。前往机场欢送的有中国人民外交学会会长张奚若，全国人民代表大会常务委员会副秘书长连贯，北京市副市长吴晗等人。］

9月3日　吴晗的《中国戏曲歌舞团在法国》一文在《光明日报》上发表。[②]

9月3日晚　吴晗出席欢迎前来我国参加国际学联第五届代表大会的六十一个国家和地区的学生代表、观察员和大会工

---

① 本条引自1958年8月13日《人民日报》第四版。

② 本条引自《吴晗全集》十卷版第九卷第227页。

作人员的招待会。[①]

［按：北京市市长彭真举行盛大招待会，欢迎前来我国参加国际学联第五届代表大会的六十一个国家和地区的学生代表、观察员和大会工作人员。出席招待会的有彭真市长，副市长万里、冯基平、吴晗、贾庭三、乐松生，共青团中央书记处第一书记胡耀邦，全国学联主席胡启立，政协北京市委员会主席刘仁，全国青联主席刘西元等。］

9月4日 吴晗出席国际学联第五届代表大会开幕式。[②]

［按：标志着世界学生进一步大团结的国际学生联合会第五届代表大会在北京隆重开幕。在主席台上就坐的中国来宾有：教育部副部长刘皑风、北京市副市长吴晗、教育部副部长蒋南翔、北京大学副校长陆平、团中央书记处第一书记胡耀邦、全国青联主席刘西元和全国学联主席胡启立。］

9月11日下午 吴晗等到机场欢迎缅甸地方行政代表团抵京。[③]

［按：应北京市人民委员会邀请来我国访问的以吴丹茂为首的缅甸地方行政代表团一行8人从莫斯科乘飞机到达北京。北京市副市长吴晗等到机场欢迎。前往机场欢迎的

---

① 本条引自1958年9月4日《北京日报》第一版《人民日报》第四版。

② 本条引自1958年9月5日《人民日报》第一版。

③ 本条引自1958年9月12日《人民日报》第三版。

还有缅甸驻中国大使馆一等秘书吴巴茂。]

10 月 17 日晚 吴晗出席中苏友好协会总会和北京市中苏友好协会举行的欢送苏中友好协会代表团宴会。①

[按:中苏友好协会总会和北京市中苏友好协会举行宴会,欢送以契列德尼钦科团长为首的苏中友好协会代表团。出席宴会的有中苏友好协会总会副会长邵力子,理事张治中、蔡廷锴、陈其尤、许德珩、刘清扬等,北京市中苏友好协会副会长张奚若、吴晗、老舍、曹靖华、廖沫沙、王之相,外交部副部长曾涌泉等。]

10 月 24 日中午 吴晗到车站欢送中国人民欢迎志愿军归国代表团离京。②

[按:中国人民欢迎志愿军归国代表团由团长、中国人民抗美援朝总会副主席廖承志率领乘专车离开北京,前往安东欢迎英雄的中国人民志愿军最后一批部队归返祖国。到车站送行的有王维舟、张治中、张苏、齐燕铭、邵力子、张奚若、史良、夏衍、胡愈之、吴晗等。]

10 月 27 日 吴晗出席中保友好人民公社命名大会。③

---

① 本条引自 1958 年 10 月 18 日《人民日报》第五版。

② 本条引自 1958 年 10 月 25 日《人民日报》第二版。

③ 本条引自 1958 年 10 月 27 日《人民日报》第二版。

[按：北京西郊西山乡一个人民公社今天命名为中保友好人民公社，并举行了命名大会。参加大会的有保加利亚驻华大使潘切夫斯基，农业部部长廖鲁言、北京市副市长吴晗、农业部副部长杨显东也出席了大会。吴晗在会上说，这个社的命名和保加利亚赠送的礼品，对我们是个很大的鼓舞。他勉励中保友好人民公社的社员们发挥干劲，做出更大的成绩，以回答保加利亚人民的盛意。]

10月28日下午 吴晗到车站欢迎中国人民志愿军代表团抵京。①

[按：下午3点，中国人民志愿军代表团在以廖承志为首的中国人民欢迎志愿军归国代表团陪同下到达北京。到车站欢迎的还有李雪峰、王维舟、华罗庚、竺可桢、邵力子、胡愈之、茅以升、张闻天、张苏、陈垣、万里、王昆仑、吴晗以及北京市各民主党派和各人民团体的负责人等。]

10月29日下午 吴晗出席首都各界人民欢迎中国人民志愿军归国大会。②

[按：下午2点，首都各界人民7千余人在北京体育馆举行欢迎中国人民志愿军归国大会。朱德、周恩来、彭真、陈毅、郭沫若、李富春、张鼎丞等中央领导参加了大会。]

---

① 本条引自1958年10月29日《人民日报》第一版。

② 本条引自北京市档案馆档案号为002—020—00114的档案。

10月29日晚　吴晗出席首都各界人民欢迎中国人民志愿军归国宴会。[①]

［按：首都各界隆重举行的欢迎中国人民志愿军代表团的盛大宴会。出席今晚宴会的有一千多人。郭沫若怀着满腔热情首先在会上致词，周恩来总理、朱德副主席先后在会上讲话。中国人民抗美援朝总会副主席廖承志、政协全国委员会副主席包尔汉、政协北京市委员会副主席吴晗、抗美援朝总会北京市分会主席张奚若等也先后即席祝酒，热烈祝贺中朝人民打败美国侵略军的伟大胜利，衷心感谢志愿军在抗美援朝伟大斗争中的巨大贡献。出席今晚宴会的，还有国防委员会副主席张治中，中国人民解放军的高级将领杨成武、张爱萍、甘泗淇、萧华等人，以及国家机关各部门、各人民团体、各民主党派和北京市党政机关与人民团体的负责人。和吴晗同桌的有：张友渔、郑天翔、张晓梅、张南生、钟伟、张天云、欧阳家祥、罗立斌等。］

10月30日晚　吴晗出席欢迎中国人民志愿军代表团和志愿军文艺工作团京剧晚会。[②]

［按：为了欢迎以杨勇司令员和王平政治委员为首的中国人民志愿军代表团和志愿军文艺工作团，人大常委会、政

---

① 本条引自北京市档案馆档案号为002—020—00114的档案及1958年10月30日《人民日报》第一版。

② 本条引自1958年10月31日《人民日报》第一版。

协全国委员会、中国人民抗美援朝总会、北京市人民委员会、市政协和市抗美援朝分会在怀仁堂举行京剧晚会。出席晚会的有朱德副主席，陈云、陈毅、李富春、李先念、薄一波副总理，李济深、郭沫若、彭真、程潜副委员长，政协全国委员会副主席包尔汉，国防委员会副主席张治中，中国人民抗美援朝总会副主席廖承志，有关单位的负责人张奚若、吴晗，中国人民解放军高级将领，各人民团体和各民主党派的负责人等]

11 月 1 日晚　吴晗出席 1958 年国际无线电快速收发报友谊竞赛开幕式。①

［按:1958 年国际无线电快速收发报友谊竞赛在北京体育馆隆重开幕。竞赛组织委员会主任、中国人民国防体育协会主任李达，在开幕式上讲了话。参加开幕式的有邮电部部长朱学范、中华人民共和国体育运动委员会副主任荣高棠、中国人民对外文化协会会长楚图南、北京市副市长吴晗、中国人民解放军总政治部副主任刘志坚。]

11 月 6 日晚　吴晗出席首都各界人民欢庆十月革命 41 周年盛大集会。②

［按:首都各界人民在中南海怀仁堂举行盛大集会，向

① 本条引自 1958 年 11 月 3 日《人民日报》第六版。

② 本条引自 1958 年 11 月 7 日《人民日报》第一版。

首先举起十月革命红旗的伟大苏联人民致以最热烈的祝贺，欢庆十月革命胜利41周年。朱德、周恩来出席了大会。在主席台上就座的还有：林伯渠、彭真、郭沫若、李济深、沈钧儒、陈毅、李先念、张闻天、薄一波、吴玉章、王稼祥、李雪峰、沈雁冰、蔡畅、廖承志、邵力子、刘长胜、胡耀邦、刘仁、周扬、钱俊瑞、吴晗、范长江。出席大会的首都工农兵学商各界人民两千多人和志愿军代表团全体人员。]

11月9日晚 吴晗出席朝鲜驻中国大使李永镐举行的招待中国人民志愿军代表团的宴会。①

[按：朝鲜驻中国大使李永镐在北京举行宴会。出席宴会的有周恩来总理，陈毅副总理，中国人民抗美援朝总会主席郭沫若，外交部副部长曾涌泉，北京市副市长万里、吴晗，中国人民解放军高级将领杨成武上将、刘亚楼空军上将、李聚奎上将、中国人民抗美援朝总会副主席廖承志，北京市抗美援朝分会主席张奚若和中国朝鲜友好协会副会长老舍等。]

11月11日中午 吴晗出席中国人民抗美援朝总会举行的欢送中国人民志愿军代表团的宴会。②

[按：中国人民抗美援朝总会设宴欢送以杨勇上将、王

---

① 本条引自1958年11月10日《人民日报》第一版。

② 本条引自1958年11月12日《人民日报》第一版。

平上将为首的中国人民志愿军代表团。出席宴会的有抗美援朝总会主席郭沫若、副主席廖承志、北京市抗美援朝分会主席张奚若、北京市副市长吴晗等。]

11月23日 吴晗等陪同金日成首相和朝鲜政府代表团参观了清华大学。①

[按:金日成首相和朝鲜政府代表团全体贵宾由周恩来总理、陈毅副总理陪同,参观了清华大学。陪同贵宾们参观的,还有教育部副部长刘皑风,外交部副部长曾涌泉,北京市副市长吴晗和中国驻朝鲜大使乔晓光。]

11月24日下午 吴晗出席北京市各界人民欢迎金日成首相大会并在主席台上就坐。②

[按:下午4点,北京市各界人民在北京体育馆举行欢迎金日成首相大会。在大会主席台上就坐的还有:彭真、冯基平、王昆仑、乐松生、贾星五、郑天翔、陈克寒、王炯、张晓梅、王照华、舒舍予等。]

12月5日下午 吴晗出席热烈欢迎阿尔及利亚共和国临时政府代表团盛大集会。③

---

① 本条引自1958年11月24日《人民日报》第一版。

② 本条引自北京市档案馆档案号为002—020—00110的档案。

③ 本条引自1958年12月6日《人民日报》第一版。

[按：下午3点，首都各界人民在首都剧场举行盛大集会，热烈欢迎阿尔及利亚人民的使者——阿尔及利亚共和国临时政府代表团全体贵宾。在主席台上就座的有彭德怀、郭沫若、陈叔通、张奚若、雷任民、姬鹏飞、楚图南、达浦生、李德全、许之桢、刘西元、吴晗、蒋光鼐、舒舍予、王炯、张进霖、张季纯、朱子奇。]

12月8日晚　吴晗出席金日成首相举办的答谢北京市各界的宴会。[①]

[按：金日成首相即将结束对我国的访问回国，回国前金日成首相举行了答谢宴会。出席宴会的还有：万里、冯基平、王昆仑、程宏毅、贾庭山、乐松生、贾星五、殷玉昆、辛毅、张忠实等。]

12月14日晚　吴晗出席郭沫若举行的欢迎伊拉克社会活动家代表团宴会。[②]

[按：中国人民保卫世界和平委员会主席郭沫若接见并设宴欢迎伊拉克社会活动家代表团团长纳吉·优素福和代表团全体人员。中国方面出席宴会的有包尔汉、吴晗、罗俊、区棠亮、唐明照、陈宇、吴茂荪、萧方洲等。]

---

① 本条引自北京市档案馆档案号为002—020—00110的档案。

② 本条引自1958年12月15日《人民日报》第五版。

一九五九年

1月20日晚　吴晗出席郭沫若举行的欢迎墨西哥朋友们的宴会。[①]

［按：中国人民保卫世界和平委员会主席郭沫若举行宴会欢迎以墨西哥前总统、世界和平理事会副主席卡德纳斯将军为首的墨西哥朋友们。出席这次宴会的有中国人民保卫世界和平委员会副主席廖承志，政协全国委员会副主席陈叔通，社会各界著名人士茅盾、邵力子、李烛尘、史良、李德全、楚图南、刘长胜、南汉宸、冯仲云、张致祥、吴有训、吴晗、乔冠华、钱学森、孟用潜、张志让、梁思成、陆平、老舍等共50多人。］

1月24日　吴晗到机场欢送拉萨罗·卡德纳斯将军和他的随行人员离京。[②]

［按：墨西哥前总统、世界和平理事会副主席拉萨罗·

---

① 本条引自1959年1月21日《人民日报》第一版。

② 本条引自1959年1月25日《人民日报》第二版。

卡德纳斯将军和他的随行人员由中国人民保卫世界和平委员会主席郭沫若陪同，乘专机飞上海等地参观访问。前往机场欢送的有中国人民保卫世界和平委员会副主席廖承志以及社会各界著名人士李德全、楚图南、张志让、吴晗等人。在北京的拉丁美洲和平人士也到机场欢送。]

1月24日下午 吴晗出席首都各界人民欢迎民主德国政府代表团集会。①

[按：首都各界人民八千多人在北京体育馆举行盛大集会，隆重欢迎以格罗提渥总理为首的德意志民主共和国政府代表团。陪同贵宾们在主席台上就座的有陈毅副总理，彭真市长，沈钧儒、黄炎培、陈叔通副委员长，外交部副部长曾涌泉，对外贸易部副部长林海云，中国科学院原子能研究所所长钱三强，中国驻德意志民主共和国大使王国权，中国德意志民主共和国友好协会会长竺可桢，北京市副市长万里、冯基平、吴晗、程宏毅、贾庭三、乐松生，以及中央和北京市各人民团体、各民主党派的负责人。]

2月17日晚 吴晗出席中国人民对外文化协会和中国人民保卫世界和平委员会举行的欢迎杜波伊斯博士和他的夫人歇莉·格雷姆的宴会。②

---

① 本条引自1959年1月25日《人民日报》第一版。

② 本条引自1959年2月18日《人民日报》第四版。

［按：中国人民对外文化协会和中国人民保卫世界和平委员会举行欢迎美国著名黑人学者、世界和平理事会理事杜波伊斯博士和他的夫人歇莉·格雷姆的宴会。参加宴会的有著名的和平人士和学者、教授、作家丁西林、茅盾、张奚若、刘长胜、史良、李德全、冀朝鼎、吴晗、孟用潜、唐明照等50多人。］

2月23日晚 吴晗出席和大和对外文协为美国著名黑人学者杜波伊斯博士[①]举行的祝寿宴会。[②]

［按：和大和对外文协在北京饭店为美国著名黑人学者杜波伊斯博士举行祝寿宴会。出席祝寿宴会的有陈毅、郭沫若、沈钧儒、黄炎培、吴玉章、茅盾、张奚若、丁西林等各界著名人士共一百多人。祝贺这位为民主自由和世界和平奋斗一生的老者长寿，祝他松柏长青。］

3月7日下午 吴晗出席中国人民对外文化协会举行的欢迎两位加纳朋友的酒会。[③]

［按：中国人民对外文化协会在国际俱乐部举行酒会，欢迎全非人民大会筹备委员会秘书长、加纳“泛非世纪”杂志编辑顾问阿麦格倍和加纳“泛非世纪”杂志发行人哥霍

---

① 杜波伊斯博士（1868～1963）是美国当代杰出的和平战士，黑人解放运动的领袖，世界知名的学者和作家。

② 本条引自1959年2月24日《人民日报》第四版。

③ 本条引自1959年3月8日《人民日报》第四版。

霍。出席这个酒会的有楚图南、廖承志、丁西林、邵力子、李德全、许广平、胡愈之、吴晗、夏衍等各界人士200多人。]

4月5日中午 吴晗出席首都各界人民坚决支持阿尔及利亚人民争取民族独立和反对帝国主义的斗争的集会。①

[按:我国首都各界人民4千人在中山公园音乐堂隆重集会,表示6亿中国人民坚决支持阿尔及利亚人民争取民族独立和反对帝国主义的斗争,热烈祝贺阿尔及利亚人民在长期抗战中取得的辉煌胜利。大会是由中国亚非团结委员会、全国总工会、全国妇联、全国青联、中国人民保卫世界和平委员会、中国人民对外文化协会和中国伊斯兰教协会等团体共同发起召开的。国务院副总理陈毅,中国人民保卫世界和平委员会主席郭沫若,中国亚非团结委员会副主席李德全,中国人民对外文化协会会长楚图南、北京市副市长吴晗等参加了大会。]

4月19日上午 吴晗出席首都各界人民热烈庆祝世界和平运动十周年集会。②

[按:首都各界人民1200多人在首都剧场隆重举行集会,热烈庆祝世界和平运动十周年。出席会议的有郭沫若、廖承志、陈叔通、刘宁一、茅盾、邵力子、蔡廷锴、楚图南、吴

---

① 本条引自1959年4月6日《人民日报》第一版。

② 本条引自1959年4月20日《人民日报》第一版。

晗、老舍、钱三强、侯德榜、刘清扬、区棠亮等。]

4月20日中午 吴晗出席中国人民对外文化协会和中国人民保卫世界和平委员会举行的欢送杜波伊斯博士和他的夫人回国的宴会。①

[按:美国著名黑人学者杜波伊斯博士和他的夫人在中国访问了两个多月以后,即将离开中国。4月20日中午,中国人民对外文化协会和中国人民保卫世界和平委员会设宴为贵宾们饯行。出席宴会的有楚图南、张奚若、史良、李德全、张致祥、吴晗、唐明照等。]

4月21日下午 吴晗到机场欢送杜波伊斯夫妇离京回国。②

[按:美国著名黑人学者杜波伊斯夫妇乘飞机离开北京回国。前往机场欢送的有中国人民对外文化协会会长楚图南、北京市副市长吴晗等。杜波伊斯夫妇到中国后,曾经访问过北京、上海、武汉、重庆、成都、昆明、广州、南京等城市。]

4月23日晚 吴晗出席首都各界人民纪念万隆会议4周年大会。③

---

① 本条引自1959年4月21日《人民日报》第五版。

② 本条引自1959年4月22日《人民日报》第六版。

③ 本条引自1959年4月24日《人民日报》第六版。

［按：首都各界人民三千多人在中山公园音乐堂隆重举行万隆会议四周年纪念大会。出席会议的有群众团体、民主党派和北京市有关方面的负责人，中国同印度尼西亚、伊拉克、印度、尼泊尔、缅甸、阿联、巴基斯坦友好协会的负责人。他们是李济深、沈钧儒、黄炎培、陈叔通、李四光、李德全、刘长胜、楚图南、刘格平、达浦生、罗俊、吴晗、胡愈之、周建人、梁思成、陈翰笙、邵宗汉、刘西元、胡启立等。］

4月30日 吴晗出席中国亚非学会第一次筹备会议。[①]

［按：中国亚非学会第一次筹备会议在北京召开。出席这次筹备会议的有现在北京研究亚非问题的学者、专家30多人。会议推举郭沫若、周扬、包尔汉、楚图南、吴晗、张铁生等人负责进行筹备工作。］

5月11日晚 吴晗出席欢送即将离京回国的民主德国人民议院代表团宴会。[②]

［按：全国人大副委员长、北京市市长彭真举行宴会，欢送即将离京回国的民主德国人民议院代表团。出席宴会的有人大常委会副委员长李济深、林枫，国务院副总理习仲勋，外交部副部长姬鹏飞，中共北京市委第二书记刘仁、书记处书记陈克寒，北京市副市长万里、冯基平、吴晗、贾庭

---

① 本条引自1959年5月5日《人民日报》第六版。

② 本条引自1959年5月12日《人民日报》第一版。

三、乐松生，以及北京市各界人士等。]

6月4日晚 吴晗出席张奚若举行的欢迎秘鲁议员团的酒会。①

[按：中国人民外交学会会长张奚若举行酒会，热烈欢迎秘鲁议员团全体人员。出席今晚酒会的有人大常委委员史良、张苏、许广平，政协常委委员孙晓村、吴晗、屈武，对外文协会长楚图南，和大副主席廖承志，外交学会副会长陈翰笙、胡愈之，政法学会副会长张志让、张友渔，全国妇联副主席李德全，国际贸易促进会副主席冀朝鼎，新闻工作者协会副会长王芸生，北京市副市长乐松生，以及各有关人民团体的其他负责人等。]

7月15日下午 吴晗出席首都各界人民隆重庆祝伊拉克共和国诞生一周年盛大集会。②

[按：首都各界人民举行盛大集会，隆重庆祝伊拉克共和国诞生一周年。出席大会的有国务院副总理薄一波，有关方面的负责人刘宁一、包尔汉、廖承志、张奚若、姬鹏飞、楚图南、吴晗、达浦生、罗俊、粟再温、杨静仁、曹孟君等。]

---

① 本条引自1959年6月5日《人民日报》第一版。

② 本条引自1959年7月16日《人民日报》第一版。

7月16日 吴晗出席中波友好人民公社命名大会。[1]

［按：北京市郊顺义区李桥人民公社被命名为中波友好人民公社。北京市副市长吴晗在命名大会开始时讲话。他说，中波两国人民有着深厚的友谊，让我们更加紧密地团结在以苏联为首的社会主义大家庭里，为社会主义建设事业，为维护世界和平共同奋斗。在命名大会上，基里洛克大使以波兰人民共和国政府的名义，赠给中波友好人民公社农业机械、收音机、照像机和波兰书刊等礼品。会后，基里洛克大使和使馆人员参观了公社的机械修配厂、粮食加工厂和幼儿园。参加命名大会的，还有农业部副部长蔡子伟、外交部苏联东欧司副司长余湛、中波友好协会副会长何成湘和北京市人民委员会副秘书长兼外事处处长辛毅。］

7月20日上午 吴晗出席首都各界人民纪念日内瓦协议签订5周年盛大集会。[2]

［按：首都各界人民隆重举行盛大集会，纪念日内瓦协议签订5周年。大会是由中国亚非团结委员会、中国人民保卫世界和平委员会、中国越南友好协会、中华全国总工会、中华人民共和国全国妇女联合会、中华全国青年联合会联合举行的。出席大会的有中国人民保卫世界和平委员会主席郭沫若，中国越南友好协会副会长孙晓村、中国国民党革

---

① 本条引自1959年7月17日《人民日报》第四版。

② 本条引自1959年7月21日《人民日报》第一版。

命委员会副主席蔡廷锴、中国民主同盟副主席邓初民、中国民主建国会副主任委员李烛尘、中华全国总工会副主席李颉伯、全国妇联副主席刘清扬和全国青联副主席李梦华,各人民团体和民主党派的负责人楚图南、丁西林、吴晗以及北京市有关团体的负责人。]

7月21日晚 吴晗出席首都各界人民欢庆波兰人民共和国成立15周年盛大集会。[①]

[按:首都各界人民一千五百多人举行盛大集会,欢庆波兰人民共和国成立十五周年。大会是由对外文化联络委员会、中国波兰友好协会、中华全国总工会、中华全国青年联合会、全国妇女联合会和中国文学艺术界联合会联合举办的。出席大会的有政府各部门和人民团体的负责人曾涌泉、夏衍、邓拓、许之桢、杨静仁、阳翰笙、史良、林海云、吴晗,波兰在北京的专家,以及各国驻华使节和外交官员。]

9月1日晚 吴晗出席著名钢琴家、卢森堡音乐学院教授黄顺经告别演出和中国人民对外文化协会举行的祝贺酒会。[②]

[按:著名钢琴家、卢森堡音乐学院教授黄顺经在北京举行告别演出。演出结束后,中国人民对外文化协会举行酒会祝贺黄顺经演出成功。出席今晚音乐会和酒会的有中

---

① 本条引自1959年7月22日《人民日报》第一版。

② 本条引自1959年9月2日《人民日报》第五版。

国人民对外文化协会会长楚图南，外交部副部长姬鹏飞，对外文化联络委员会副主任张致祥，北京市副市长吴晗和首都著名音乐家。]

9月7日下午 吴晗随周恩来总理一道陪同阿富汗王国副首相兼外交大臣纳伊姆亲王参观密云水库。①

[按：吴晗随周恩来总理一道陪同阿富汗王国副首相兼外交大臣纳伊姆亲王参观华北最大的综合水利工程——密云水库。随周恩来总理一道陪同的还有陈毅、我国驻阿富汗大使郝汀和水库工地总指挥王宪等。在谈到水利建设的时候，周总理推荐吴晗副市长向副首相谈了中国传说中的大禹治水的故事。大家的谈话不时引起一阵阵欢快的笑声。]

9月8日 吴晗和陈毅陪同阿富汗王国副首相兼外交大臣纳伊姆在天安门等地参观。②

[按：纳伊姆副首相和其他阿富汗贵宾在陈毅和吴晗的陪同下，上午参观了天安门广场建筑工程，中午参观了中央民族学院，下午游览了颐和园。]

9月12日 吴晗在第二届全国人民代表大会常务委员会第

---

① 本条引自1959年9月8日《人民日报》第五版。

② 本条引自1959年9月9日《人民日报》第一版。

七次扩大会议上作了有关中印边界问题[1]的书面发言。[2]

[按:第二届全国人民代表大会常务委员会举行扩大的第七次会议,讨论。吴晗在会上作了书面发言。坚决反对印度政府把边界问题上的片面主张强加于中国,严厉谴责印度军队侵占中国领土的行为,希望尼赫鲁总理和印度政府要以中印友谊为重,根据五项原则,通过友好协商的方式,全面解决中印边界问题。]

10月11日 吴晗和习仲勋陪同博扬·布尔加拉诺夫等在北京八达岭等地参观。[3]

[按:保加利亚人民共和国党政代表团团员博扬·布尔加拉诺夫和夫人、彼奥特·科拉罗夫、伊凡·基诺夫以及彼奥特·潘切夫斯基和夫人,由国务院副总理习仲勋和北京市副市长吴晗陪同,在北京进行参观游览。上午,贵宾们游览八达岭;下午,贵宾们参观了长陵和定陵;贵宾们还参观了十三陵水库。]

10月12日下午 吴晗出席并主持北京市参加中苏友好活

① 中印边界问题,指中国与印度的边界问题,主要包括东段、锡金段、中段和西段。中国与印度两国边界全长约2000公里,分西、中、东3段。西段约600公里,中段约450公里,东段约650公里。1962年两国因边界争端爆发了一场边界战争。

② 本条引自1959年9月13日《人民日报》第一版。

③ 本条引自1959年10月12日《人民日报》第五版。

动的积极分子与苏中友好协会代表团的见面会。①

[按：苏中友好协会代表团同北京市参加中苏友好活动的积极分子举行了见面会。这个见面会由中苏友好协会总会和北京市中苏友好协会主持。会上，北京市中苏友好协会副会长吴晗向苏中友好协会代表团全体贵宾表示热烈的欢迎。苏中友好协会代表团团长吉洪诺夫在会上热情地畅谈了这次参加我国建国十周年庆祝活动以及访问各个城市的观感。]

10 月 13 日上午　吴晗到机场欢送苏中友好协会代表团离京回国。②

[按：应邀来我国访问并参加建国十周年庆祝典礼的以苏中友好协会副主席吉洪诺夫为首的苏中友好协会代表团乘飞机离开北京回国。到机场欢送的有中苏友好协会总会副会长刘宁一、邵力子、全国总工会副主席刘长胜，和大秘书长区棠亮，共青团中央书记处书记、全国青联主席刘西元，全国妇联副主席刘清扬、主席团委员沈兹九，全国学联主席胡启立，中国人民对外文化协会会长楚图南，北京市中苏友好协会副会长吴晗，中苏友好协会总会副秘书长戈宝权等各人民团体的负责人。]

---

① 本条引 1959 年 10 月 13 日《人民日报》第五版。

② 本条引 1959 年 10 月 14 日《人民日报》第五版。

10月14日下午 吴晗陪同亚历山大·萨瓦茨基等波兰贵宾们游览故宫。[1]

[按:波兰人民共和国国务委员会主席、波兰统一工人党中央委员会政治局委员亚历山大·萨瓦茨基等波兰贵宾们在北京市副市长吴晗、故宫博物院院长吴仲超的陪同下游览了故宫。贵宾们观看了故宫的建筑和各种珍贵文物、艺术品。波兰驻华大使馆临时代办傅拉托也陪同贵宾一起参观。]

10月22日晚 吴晗出席郭沫若举行的欢迎英国著名和平人士、英国坎特伯雷教长休勒特·约翰逊博士和他的夫人的宴会。[2]

[按:中国人民保卫世界和平委员会主席郭沫若设宴欢迎英国著名和平人士、英国坎特伯雷教长休勒特·约翰逊博士和他的夫人。出席宴会的有包尔汉、楚图南、张致祥、吴晗、老舍、何成湘、区棠亮、吴茂荪、陈见真、蒋翼振、赵复三、沈元晖等。]

11月2日 吴晗出席热烈庆祝伟大十月社会主义革命42周年中苏友谊联欢晚会。[3]

---

① 本条引1959年10月15日《人民日报》第五版。

② 本条引1959年10月23日《人民日报》第五版。

③ 本条引1959年11月3日《人民日报》第一版。

［按：首都举行盛大中苏友谊联欢晚会，热烈庆祝伟大十月社会主义革命42周年。友谊联欢晚会是由中苏友好协会总会、国务院外国专家局、北京市中苏友好协会和共青团北京市委员会联合主办的。参加晚会的，有中苏友好协会总会副会长邵力子、李烛尘，国务院外国专家局副局长赖祖烈，北京市中苏友好协会副会长吴晗、陈垣、曹靖华，共青团北京市委员会第一书记王照华。］

本年　吴晗任中国亚非学会筹备委员会副主任。①

［按：中国亚非学会的筹建工作始于1958年，1959年成立了筹备委员会，中国科学院院长郭沫若任主任，周扬、包尔汉、楚图南、吴晗任副主任。］

① 《中国社会科学院西亚非洲研究所建所五十周年》（网上）。

一九六〇年

2月2日下午 吴晗出席北京市归侨、侨眷和归国华侨学生春节联欢会。[①]

[按:北京市归侨、侨眷和归国华侨学生1万3千人在人民大会堂举行春节联欢会。联欢会是由中华全国归国华侨联合会、北京市民政局、北京市教育局、北京市归国华侨联合会、共青团北京市委、北京市青年联合会、北京市学生联合会、中国银行总管理处华侨服务部联合举办的。出席联欢会的有教育部部长杨秀峰,北京市副市长吴晗、王昆仑,中华全国青年联合会副主席张超,中华全国归国华侨联合会副主席尤扬祖等。]

3月13日 吴晗随周恩来总理陪同尼泊尔王国柯伊拉腊首相参观密云水库建设工程。[②]

[按:尼泊尔王国柯伊拉腊首相由周恩来总理陪同,参

---

① 本条引自1960年2月3日《人民日报》第一版。

② 本条引自1960年3月14日《人民日报》第一版。

观了密云水库规模宏大的建设工程。陪同贵宾们参观的还有外交部副部长章汉夫，国家计划委员会副主任顾卓新，对外贸易部副部长雷任民，水利电力部副部长钱正英，北京市副市长吴晗，中国驻尼泊尔大使潘自力等人。]

3月14日下午　吴晗出席首都各界人民热烈欢迎尼泊尔王国首相毕什韦什瓦·普拉萨德·柯伊拉腊和夫人的盛大集会。①

［按：首都各界人民1万多人在人民大会堂举行盛大集会，热烈欢迎尼泊尔王国首相毕什韦什瓦·普拉萨德·柯伊拉腊和夫人以及随行的尼泊尔贵宾。在主席台上就座的有周恩来总理，彭真市长和夫人，陈毅副总理和夫人，外交部副部长章汉夫，中国驻尼泊尔大使潘自力，中国尼泊尔友好协会会长周建人，北京市政协主席刘仁，北京市副市长万里、冯基平、吴晗、王昆仑、乐松生，北京市政协副主席和北京市各人民团体的负责人等。]

3月15日　吴晗等陪同尼泊尔王国首相毕仕韦什瓦·普拉萨德·柯伊拉腊一行参观中央民族学院。②

［按：尼泊尔王国首相毕什韦什瓦·普拉萨德·柯伊拉腊和夫人以及随行贵宾，由中央民委副主任杨静仁、北京市

① 本条引自1960年3月15日《人民日报》第一版。

② 本条引自中央民族大学校友网文：《中央民族学院时期1959～1960年》及3月16日《人民日报》第一版。

副市长吴晗、中国驻尼泊尔大使潘自力及夫人陪同来我院参观。来宾们参观文物室、伊斯兰教礼拜堂、喇嘛教经堂和文艺系。”]

3月19日下午 吴晗出席首都各界人民响应“支援拉丁美洲人民周”和庆祝中国拉丁美洲友好协会成立盛大集会。[①]

[按:首都各界人民1万多人在人民大会堂举行盛大集会,响应“支援拉丁美洲人民周”和庆祝中国拉丁美洲友好协会成立,出席会议的有周恩来总理,彭真副委员长,陈毅副总理,中国拉丁美洲友好协会会长楚图南,副会长胡愈之,以及各方面的著名人士廖承志、沈雁冰、张奚若、丁西林、吴晗、陈忠经、老舍等。]

3月21日中午 吴晗出席陈毅举行的招待尼泊尔王国首相柯伊拉腊等的宴会。[②]

[按:陈毅设宴,以北京特产烤鸭招待尼泊尔王国首相柯伊拉腊和夫人以及随行的尼泊尔贵宾。出席宴会作陪的有周恩来总理,国务院副总理习仲勋,对外贸易部代理部长雷任民,外交部副部长章汉夫、罗贵波,国家计划委员会副主任顾卓新,我国驻尼泊尔大使潘自力和夫人,国防部办公厅主任萧向荣中将,北京市副市长吴晗,中华全国新闻工作

---

① 本条引自1960年3月20日《人民日报》第一版。

② 本条引自1960年3月22日《人民日报》第一版。

者协会主席吴冷西等。]

4月28日 吴晗参加首都支援南朝鲜人民爱国正义斗争的集会。①

[按:首都60万人聚集在天安门广场,举行了声势浩大的支援南朝鲜人民爱国正义斗争大会。出席集会的中央领导有中共中央政治局委员林伯渠、彭真、李富春、贺龙,中央政治局候补委员康生,中央书记处候补书记胡乔木,国务院副总理习仲勋,全国人大常委会副委员长沈钧儒、郭沫若等,出席集会的各民主党派负责人有民革副主席蔡廷锴、熊克武,民盟副主席胡愈之、邓初民、吴晗等。]

5月9日下午 吴晗出席首都各界人民支援日本人民反对日美军事同盟条约②大会。③

[按:下午3点,首都各界100多万人举行支援日本人民反对日美军事同盟条约大会。参加今天大会的有党和国家

---

① 本条引自1960年4月29日《人民日报》第一版。

② 日美军事同盟条约 1951年9月8日,日美两国正式签署了《日美安全保障条约》,条约规定美国有权在日本国内及其周围驻扎陆海空军,日美同盟关系正式形成,此后,美国在战后日本外交中一直拥有举足轻重的地位和影响力。1960年1月19日,日美在华盛顿签订《日美共同合作和安全条约》(通称《新日美安全条约》),该条约与《日美安全条约》相比,是两国对等的、双方承担义务的条约,加强了日美军事同盟关系。新条约于1970年期满后,以两国不通告废除而自动延长的方式延续。

③ 本条引自1960年5月10日《人民日报》第一版。

的领导人朱德、宋庆龄、邓小平、董必武，北京市市长彭真，共北京市委第二书记刘仁，书记处书记万里、陈鹏、范儒生、陈克寒，北京市副市长冯基平、吴晗、王昆仑、程宏毅、贾庭三、乐松生。]

5月19日下午 吴晗出席北京各界人民热烈欢迎阿尔及利亚临时政府代表团的集会。①

[按：北京各界一万多人在人民大会堂举行盛大集会，热烈欢迎以贝勒卡塞姆副总理为首的阿尔及利亚共和国临时政府代表团。出席大会的有贺龙副总理，陈毅副总理兼外交部长，北京市市长彭真，中国非洲人民友好协会会长刘长胜，中国亚非团结委员会主席廖承志，外交部副部长章汉夫、罗贵波、姬鹏飞，中国亚非团结委员会副主席李德全，中共北京市委第二书记刘仁，北京市副市长万里、冯基平、吴晗、贾庭三、乐松生和北京市各方面的负责人等。]

5月20日 吴晗参加首都支持苏联政府对美帝国主义的侵略罪行的严正立场，愤怒谴责美帝国主义破坏四国首脑会议。②

[按：首都各界人民三百二十万人举行声势空前浩大的示威和集会，支持苏联政府对美帝国主义侵略罪行的严正立场，愤怒谴责美帝国主义破坏四国首脑会议。出席会议

---

① 本条引自1960年5月20日《人民日报》第二版。

② 本条引自1960年5月21日《人民日报》第一版。

的中央领导有朱德、林彪、宋庆龄、邓小平、彭真、陈毅、李富春等。北京市郑天翔、陈克寒、万里、冯基平、吴晗、王昆仑等也出席了会议。]

5月24日晚 吴晗出席陈毅元帅举行的欢迎英国蒙哥马利元帅的宴会。[①]

[按:陈毅元帅举行宴会,欢迎英国蒙哥马利元帅。出席宴会的有贺龙元帅,国防委员会副主席傅作义,对外贸易部部长叶季壮,外交部副部长罗贵波,国防部副部长王树声大将,中国人民国防体育协会主任李达上将,体育运动委员会副主任黄中,中国国际贸易促进委员会主席南汉宸,北京市副市长吴晗,外交部礼宾司司长俞沛文,西欧司副司长宋之光等。]

5月25日晚 吴晗出席英国驻中国代办施棣华为蒙哥马利元帅访问中国举行的宴会。[②]

[按:英国驻中国代办施棣华为蒙哥马利元帅访问中国在代办处举行宴会。中国方面出席宴会的有国务院副总理贺龙元帅,国务院副总理、中国人民解放军总参谋长罗瑞卿,国务院副总理习仲勋,外交部副部长罗贵波,国防部副部长王树声大将,中国人民国防体育协会主任李达上将,对

① 本条引自1960年5月25日《人民日报》第一版。

② 本条引自1960年5月25日《人民日报》第一版。

外贸易部副部长林海云，北京市副市长吴晗等。]

5月26日晚 吴晗出席周恩来总理举行的欢迎英国蒙哥马利元帅的宴会。[1]

[按：周恩来总理在人民大会堂宴会厅举行宴会，欢迎来我国访问的英国蒙哥马利元帅。出席宴会的有国务院副总理贺龙元帅，国务院副总理兼外交部长陈毅元帅，国务院副总理、中国人民解放军总参谋长罗瑞卿大将，国务院副总理习仲勋，体育运动委员会副主任荣高棠，北京市副市长万里、吴晗，以及各人民团体的负责人，中国人民解放军高级将领等。]

5月27日上午 吴晗到机场欢送蒙哥马利元帅乘飞机离京，前往上海参观访问。[2]

[按：英国蒙哥马利元帅乘飞机离开北京，前往上海参观访问。英国蒙哥马利元帅今天上午乘飞机离开北京，前往上海参观访问。陪同前往的有李达、荣高棠、俞沛文、宋之光。到飞机场送行的，有国防部副部长王树声大将，中国人民解放军京津卫戍司令员杨勇上将，对外贸易部副部长林海云，体育运动委员会副主任黄中，北京市副市长吴晗等。到飞机场送行的有王树声、杨勇、林海云、黄中、吴

---

① 本条引自1960年5月27日《人民日报》第一版。

② 本条引自1960年5月28日《人民日报》第一版。

晗等。]

5月31日 吴晗的《所谓日美建交一百周年》在《人民日报》上发表。[1]

[按:吴晗在文中指出,日本卖国首相岸信介在用暴力通过美日军事同盟条约、遭到举国一致反对、众叛亲离、摇摇欲坠的情况下,还无耻地宣扬他的走狗哲学说:"如果不批准新条约,日本的朋友们将对日本失掉信任,日本将受到外来的军事威胁。因此,我深信,我的政治道路是正义和正确的。"把日本的国运拴在美国战争狂人的车轮上,叫作正义和正确!为了取得主子的欢心,不惜出卖国家,出卖人民,叫作正义和正确!好一副走狗嘴脸!。]

6月5日下午 吴晗出席陈毅举行的欢迎刚果政党代表团的酒会。[2]

[按:陈毅举行欢迎刚果政党代表团的酒会。出席酒会的有胡愈之、蔡廷锴、史良、李德全、高崇民、楚图南、南汉宸、吴晗、张友渔、梅兰芳等各民主党派、人民团体和各界著名人士共二百多人。]

6月18日晚 吴晗出席北京市各民主党派联合举行的集

---

① 本条引自《吴晗全集》十卷版第8卷第56页。

② 本条引自1960年6月6日《人民日报》第四版。

会,热烈拥护和支持中国人民解放军福建前线部队炮击金门的反美大示威。[1]

[按:民盟北京市委员会主任委员吴晗、民革北京市委员会副主任委员苏从周、民建北京市委员会主任委员浦洁修、民进北京市委员会副主任委员陈选善、农工民主党北京市委员会主任委员王人旋、九三学社北京市委员会主任委员严济慈、致公党北京市筹备委员会委员刘锦汉、台湾民盟北京市支部代表王万德等都在会上讲了话。吴晗在讲话中说:"人民解放军福建前线司令部告台、澎、金、马军民同胞书的每个字都代表了我们的意志。现在美帝国主义在亚洲的走狗李承晚、曼德列斯都被人民赶下了台,日本人民又使艾森豪威尔吃了闭门羹,这更进一步证明美帝国主义是一只纸老虎,它横行霸道的日子不会很长了。"]

6 月 25 日下午　吴晗出席首都各界人民纪念朝鲜人民反对美国侵略的祖国解放战争十周年集会。[2]

[按:下午 3 点,首都各界 1 万人在人民大会堂举行盛大集会,纪念朝鲜人民反对美国侵略的祖国解放战争十周年。在主席台上就座的有陈毅、郭沫若、习仲勋、中国亚非团结委员会主席廖承志,副主席茅盾,外交部副部长姬鹏飞,中朝友好协会会长李德全,中国人民保卫世界和平委员会北

---

① 本条引自 1960 年 6 月 19 日《人民日报》第四版。

② 本条引自 1960 年 6 月 26 日《人民日报》第一版。

京市分会主席张奚若，副主席吴晗，前中国人民志愿军一级战斗英雄郭恩志，二级战斗英雄丘耳林，以及北京市各人民团体和各民主党派北京市组织的负责人。]

7月4日 吴晗的《纸老虎歌》一诗在《人民日报》上发表。①

[按：《纸老虎歌》全诗共六首，一、送瘟神；二、贼骨头；三、猢狲散；四、闭门羹；五、“迎送”曲；六、东风劲。]

7月23日上午 吴晗出席首都各界人民坚决支持刚果人民反对帝国主义侵略和干涉、保卫民族独立的爱国正义斗争的盛大集会。

[按：首都各界人民一万多人在人民大会堂再次举行坚决支持刚果人民反对帝国主义侵略和干涉、保卫民族独立的爱国正义斗争的盛大集会。出席会议的有周恩来总理，陈毅副总理，沈钧儒、彭真、郭沫若副委员长，政协全国委员会副主席包尔汉，中国亚非团结委员会主席廖承志，中国非洲人民友好协会会长刘长胜，中国亚非团结委员会副主席李德全，中华全国总工会副主席李颉伯，中国人民对外文化协会会长楚图南，外交部副部长章汉夫，首都各方面的人士许广平、张致祥、吴晗、胡子昂、梅龚彬、王炯、李梦华、张进霖、王春平等。]

---

① 本条引自1960年7月24日《人民日报》第一版。

7月23日晚　吴晗出席阿拉伯联合共和国驻我国武官蒙大奇准将举行的庆祝阿联武装部队建军节和革命纪念日的招待会。[①]

［按：阿拉伯联合共和国驻我国武官蒙大奇准将举行招待会，庆祝阿联武装部队建军节和革命纪念日。应邀出席招待会的有中国人民解放军副总参谋长杨成武上将，成钧空军中将、刘少文中将、王兴纲少将、魏天禄少将、陈锐霆少将等中国人民解放军将领，外交部副部长罗贵波，北京市副市长吴晗，中阿友好协会副会长张铁生。］

8月10日上午　吴晗到车站迎接朝中友好协会代表团。[②]

［按：应邀来我国参加朝鲜解放十五周年庆祝活动的朝中友好协会代表团，乘火车由沈阳到达北京。中朝友好协会会长李德全、副会长老舍、魏传统，对外文委副主任楚图南、张致祥，外交部副部长姬鹏飞，中共中央工业工作部副部长于江震，教育部副部长董纯才，我国驻朝鲜大使乔晓光，北京市副市长吴晗，黄继光烈士的母亲邓芳芝，以及首都教育、新闻、文艺界人士等到车站欢迎。］

8月10日晚　吴晗出席欢迎朝中友好协会代表团的宴会。[③]

---

① 本条引自1960年7月24日《人民日报》第六版。

② 本条引自1960年8月11日《人民日报》第一版。

③ 本条引自1960年8月11日《人民日报》第一版。

[按:中朝友好协会会长李德全举行宴会,热烈欢迎以团长金钟恒和副团长朴丰植为首的朝中友好协会代表团。出席宴会的有对外文化联络委员会主任张奚若,副主任楚图南,外交部副部长姬鹏飞,中朝友好协会副会长老舍、魏传统,理事李颉伯、刘白羽,北京市副市长吴晗,黄继光烈士的母亲邓芳芝,以及首都教育、新闻、文艺界人士周培源、胡绩伟、杨朔等。]

8月11日 吴晗出席北京市大兴县红星人民公社命名为红星中朝友好人民公社大会。①

[按:北京市大兴县红星人民公社命名为红星中朝友好人民公社。一千多社员在今天上午举行隆重集会,热烈庆祝"八·一五"朝鲜解放十五周年和庆祝红星中朝友好公社的命名。出席会议的有中朝友好协会会长李德全、农业部副部长魏震五、北京市副市长吴晗、外交部第二亚洲司副司长李强奋、对外文委第一司副司长鲁明、黄继光烈士的母亲邓芳芝都参加了庆祝大会。吴晗在庆祝大会上讲话,他对朝鲜贵宾的来临表示热烈的欢迎,并且赞颂中朝两国人民深厚的战斗友谊。他说,北京市人民和全国人民一道,热烈祝贺和欢呼兄弟的朝鲜人民在社会主义革命和社会主义建设中取得的伟大胜利。朝鲜人民的每一个胜利,都标志着我们社会主义阵营力量的不断壮大,对于中国人民和全世

① 本条引自1960年8月12日《人民日报》第一版。

界人民都是有力的鼓舞和支持。

吴晗说:“红星人民公社命名为红星中朝友好人民公社,这是全社的荣誉,也是对全体社员的鼓舞。全体社员要在党的领导下,高举总路线、大跃进、人民公社三面红旗,发挥更大的革命干劲,以更出色的成绩,答谢朝鲜人民的深厚友谊,同朝鲜人民携手前进。”]

8月12日 吴晗在北京市大兴县红星人民公社命名为红星中朝友好人民公社大会上的讲话(摘录)在《人民日报》上发表。①

8月14日上午 吴晗等陪同宋庆龄副主席、周恩来总理接见朝中友好协会代表团、朝鲜电影代表团、朝鲜国家排球队全体人员。②

[按:宋庆龄副主席、周恩来总理接见了以金钟恒为首的朝中友好协会代表团,以金汉奎为首的朝鲜电影代表团、以朴赞松率领的朝鲜国家排球队全体人员。接见的时候在座的有国务院副总理李先念、习仲勋,全国人民代表大会常务委员会副委员长郭沫若、陈叔通,中国人民保卫世界和平委员会副主席廖承志,文化部部长沈雁冰,对外文化联络委员会副主任楚图南、张致祥,外交部副部长姬鹏飞,中朝友好协会副会长老舍,北京市副市长吴晗,前中国人民志愿军

① 本条引自1960年8月12日《人民日报》第一版。

② 本条引自1960年8月15日《人民日报》第一版。

司令员杨勇上将、政治委员王平上将，以及黄继光烈士的母亲邓芳芝等。]

8月14日 吴晗出席首都各界人民热烈地庆祝朝鲜解放十五周年集会。①

[按：首都各界人民1500多人在政协礼堂举行盛大集会，隆重、热烈地庆祝朝鲜解放十五周年。宋庆龄副主席和周恩来总理出席了大会。大会由对外文委副主任楚图南主持。出席大会的还有沈雁冰、廖承志、姬鹏飞、雷任民、张致祥、黄中、刘长胜、老舍、许广平、欧阳予倩、杨静仁等吴晗各方面的负责人。]

8月26日晚 吴晗出席郭沫若举行的欢迎墨西哥著名社会活动家、墨西哥全国和平理事会主席埃里维尔托·哈拉将军等的宴会。②

[按：中国人民保卫世界和平委员会主席郭沫若设宴欢迎墨西哥著名社会活动家、墨西哥全国和平理事会主席埃里维尔托·哈拉将军，以及随他同来的墨西哥《永恒》杂志编辑何塞·罗萨莱斯先生。出席宴会的有中国人民保卫世界和平委员会副主席包尔汉，首都各方面人士李达上将、董纯才、吴晗、申健、吴茂荪、王明远、杨朔、李炳泉等。]

---

① 本条引自1960年8月15日《人民日报》第一版。

② 本条引自1960年8月27日《人民日报》第四版。

8 月 27 日晚　吴晗出席朝鲜驻我国大使李永镐为朝中友好协会代表团访问中国举行的宴会。[1]

［按：朝鲜民主主义人民共和国驻中国大使李永镐为朝中友好协会代表团访问中国在北京饭店举行宴会。应邀出席宴会的有中朝友好协会副会长老舍，对外文委代主任张致祥，外交部副部长姬鹏飞，文化部副部长夏衍，教育部副部长董纯才，农业部副部长魏震五，中朝友好协会副会长魏传统，北京市副市长吴晗，中朝友协理事和首都各方面的人士。］

8 月 29 日上午　吴晗到车站欢送朝中友协代表团离京回国。[2]

［按：以团长金钟恒、副团长朴丰植为首的朝中友协代表团的贵宾们，同我国人民一起欢庆朝鲜解放十五周年和在各地访问之后，乘火车离开北京回国。到车站欢送的有中朝友协副会长老舍、魏传统，对外文委代主任张致祥、副主任楚图南，教育部副部长董纯才，北京市副市长吴晗，以及中朝友协理事和各方面的人士周培源、胡绩伟、曹孟君、周巍峙、黄洛峰、夏鼐、王炯，黄继光烈士的母亲邓芳芝等。］

---

① 本条引自 1960 年 8 月 28 日《人民日报》第二版。

② 本条引自 1960 年 8 月 30 日《人民日报》第四版。

8月30日　吴晗随周总理陪同美国作家斯诺视察密云水库。①

［按：周恩来陪同美国作家斯诺视察密云水库，吴晗作为周总理的陪同参加。这是周总理第七次视察密云水库。］

9月8日晚　吴晗出席阿拉伯联合共和国驻我国大使塔拉齐举行的欢送即将去阿联进行友好访问的中国军事友好代表团招待会。②

［按：阿拉伯联合共和国驻我国大使塔拉齐举行招待会，欢送即将去阿联进行友好访问的、由中国人民解放军副总参谋长张宗逊上将率领的中国军事友好代表团。应邀出席招待会的有中国人民解放军总参谋长罗瑞卿大将，外交部副部长章汉夫、中国人民解放军总政治部副主任萧华上将、国防部办公厅副主任王兴纲少将、中阿友好协会会长包尔汉、中国伊斯兰教协会副主任达浦生、北京市副市长吴晗、乐松生。各国驻华使节和武官也出席了招待会。］

9月30日上午　吴晗随罗瑞卿陪同缅甸国防军总参谋长奈温将军和夫人参观游览了万里长城等。③

［按：10月3日上午，缅甸国防军总参谋长奈温将军和

① 本条引自《吴晗画传》第110页照片。

② 本条引自1960年9月9日《人民日报》第四版。

③ 本条引自1960年10月1日《人民日报》第三版。

夫人由中国人民解放军总参谋长罗瑞卿大将和夫人、北京市副市长吴晗陪同游览了万里长城和明十三陵，参观了十三陵水库。]

10月3日上午 吴晗随习仲勋副总理陪同缅甸联邦总理吴努和夫人、女儿参观游览十三陵。[①]

[按：缅甸联邦总理吴努和夫人、女儿，由习仲勋副总理陪同参观游览了十三陵。陪同吴努总理等贵宾参观的，还有北京市副市长吴晗、外交部礼宾司司长俞沛文。]

10月3日下午 吴晗出席文化部、对外文化联络委员会和中缅友好协会为缅甸文化代表团访华演出举行的开幕式。[②]

[按：文化部、对外文化联络委员会和中缅友好协会在人民大会堂为缅甸文化代表团访华演出，举行了隆重的首次演出开幕式。出席今天演出开幕式的有周恩来总理、吴努总理和奈温将军、国务院副总理陈毅、习仲勋，全国人民代表大会常务委员会副委员长郭沫若、程潜、班禅额尔德尼·却吉坚赞，国防委员会副主席张治中、傅作义，最高人民法院院长谢觉哉，最高人民检察院检察长张鼎丞，文化部部长沈雁冰，外交部副部长章汉夫、耿飚，我国驻缅甸大使李一氓，中缅友好协会副会长翦伯赞、赵朴初，中国人民对

① 本条引自1960年10月4日《人民日报》第二版。

② 本条引自1960年10月4日《人民日报》第二版。

外文化协会会长楚图南和北京市副市长吴晗等。]

10月3日晚 吴晗出席八个中国人民团体与日本12个访华代表团发表共同声明的签字仪式。[①]

[按:中国人民保卫世界和平委员会等八个中国人民团体与应邀访问中国并参加中华人民共和国成立11周年庆祝典礼的日本各界12个访华代表团发表共同声明的签字仪式在北京举行。分别代表中国八个人民团体在共同声明上签字的是郭沫若、廖承志、楚图南、李颉伯、吴冷西、李德全、胡愈之、张超。出席签字仪式的还有许广平、赵朴初、阳翰笙、夏衍、田汉、欧阳予倩、吴晗、老舍、邵力子、梅兰芳等。]

10月4日上午 吴晗陪同阿巴斯总理等参观游览八达岭和十三陵。[②]

[按:阿巴斯总理和阿尔及利亚共和国临时政府代表团全体贵宾,今天上午由习仲勋副总理和北京市副市长吴晗等陪同,参观游览了八达岭和十三陵。在水库大坝上,贵宾们观赏了水库风光,并听了水库负责人凌玉清关于水库工程的介绍。参观以后,凌玉清把几本水库画册赠给贵宾们留念。]

---

① 本条引自1960年10月4日《人民日报》第三版。

② 本条引自1960年10月5日《人民日报》第四版。

10月4日下午　吴晗出席首都各界热烈地欢迎阿尔及利亚共和国临时政府代表团大会。①

［按：下午4点，首都各界在人民大会堂举行万人大会，热烈地欢迎英雄的阿尔及利亚人民的使者——以阿巴斯·费尔哈特总理为首的阿尔及利亚共和国临时政府代表团。参加大会的有周恩来总理、贺龙副总理、北京市副市长万里，外交部副部长章汉夫，中非友好协会会长刘长胜，副会长包尔汉、屈武、南汉宸、刘子载、徐平羽，中国亚非团结委员会副主席茅盾、李德全，北京市副市长冯基平、吴晗、贾庭三、乐松生，以及北京市政协委员会，北京市工会、青年、妇女等人民团体的负责人。］

10月19日上午　吴晗陪同阿尔巴尼亚中国友好协会代表团的贵宾参观游览十三陵水库和定陵博物馆。②

［按：阿尔巴尼亚劳动党中央委员、部长会议副主席、阿中友好协会主席阿卜杜勒·凯莱齐和阿尔巴尼亚中国友好协会代表团的贵宾们，今天上午参观游览了十三陵水库和定陵博物馆。陪同贵宾们参观游览的有国家计划委员会副主任刘明夫，北京市副市长吴晗，外交部苏联东欧司副司长陈伯清等。阿中友协代表团部分团员还游览了八达岭。］

---

① 本条引自1960年10月5日《人民日报》第一版。

② 本条引自1960年10月20日《人民日报》第四版。

10月24日下午 吴晗到车站欢迎朝鲜人民军协奏团抵京。[①]

[按:下午4点,应我国国防部邀请,前来我国进行友好访问演出的朝鲜人民军协奏团,在团长张瑞焕少将率领下乘专车到达北京。贵宾们在车站上受到中国人民解放军指战员和首都各界人民2000多人的热烈欢迎。到车站欢迎的有中国人民解放军总政治部副主任萧华上将,李志民上将等中国人民解放军高级将领,以及陆、海、空军部队的军官和部队文艺工作的负责人,中国对外文化联络委员会副主任楚图南,北京市副市长吴晗,中朝友好协会副会长老舍,中国人民保卫世界和平委员会副秘书长王明远和北京各文艺团体的代表。]

10月24日晚 吴晗出席国防部举行的热烈欢迎朝鲜人民军协奏团的宴会。[②]

[按:国防部举行宴会,热烈欢迎由张瑞焕少将率领来我国作友好访问演出的朝鲜人民军协奏团全体贵宾。出席宴会的有国防委员会副主席叶剑英元帅、国务院副总理习仲勋,中国人民解放军总政治部副主任萧华上将,有张爱萍上将、李志民上将等中国人民解放军高级将领以及陆、海、空军驻京部队军官代表和部队文艺工作者,罗盛教烈士的

---

① 本条引自1960年10月25日《人民日报》第一版。

② 本条引自1960年10月25日《人民日报》第四版。

父亲罗迭开，国务院外事办公室副主任张彦，外交部副部长姬鹏飞，文化部副部长夏衍，对外文化联络委员会副主任楚图南、屈武，北京市副市长吴晗，中国朝鲜友好协会副会长老舍，以及文艺界有关负责人和艺术家等。]

10月25日下午 吴晗出席首都各界人民隆重纪念中国人民志愿军抗美援朝出国作战10周年大会。[①]

[按：首都各界人民举行盛大集会，隆重纪念中国人民志愿军抗美援朝出国作战10周年。在大会主席台上就座的有周恩来总理，陈毅副总理，全国人大常委会副委员长林枫，政协全国委员会副主席陈叔通、李四光，国防委员会副主席叶剑英元帅，中国人民保卫世界和平委员会主席郭沫若，外交部副部长姬鹏飞，民盟主席沈钧儒，中国朝鲜友好协会副会长老舍，全国妇联副主席刘清扬，对外文化协会会长楚图南，全国文联副主席阳翰笙，中共北京市委书记处书记陈克寒，北京市副市长吴晗，中国人民保卫世界和平委员会北京市分会主席张奚若，北京市政协委员会、各民主党派北京市组织、北京市各人民团体的负责人余心清、蒋光鼐、闻家驷、浦洁修、王之相、张晓梅、关世雄等。]

10月29日 吴晗接见委内瑞拉文化代表团。[②]

---

① 本条引自1960年10月26日《人民日报》第一版。

② 本条引自1960年第1期《北京档案史料》第79页。

11月21日下午 吴晗出席首都各界人民热烈欢迎古巴革命政府经济代表团欢迎大会。①

[按:下午4点,首都各界人民1万多人在人民大会堂举行盛大集会,热烈欢迎古巴国家银行行长埃·切·格瓦拉少校和由他率领的古巴革命政府经济代表团。在主席台上就座的有周恩来总理,陈毅、李先念副总理,外交部副部长耿飚,对外贸易部副部长卢绪章,中国驻古巴大使申健,北京市副市长万里,冯基平、吴晗、乐松生,中国拉丁美洲友好协会会长楚图南,副会长周而复,以及北京市各方面的负责人。]

11月28日下午 吴晗出席首都各界坚决支持刚果和非洲人民争取和维护民族独立、反对帝国主义侵略的正义斗争集会。②

[按:首都各界在政协礼堂隆重集会,坚决支持刚果和非洲人民争取和维护民族独立、反对帝国主义侵略的正义斗争。出席大会的有国务院副总理陈毅,全国人民代表大会常务委员会副委员长、中国人民保卫世界和平委员会主席郭沫若,首都各方面的人士李德全、张奚若、楚图南、屈武、丁西林、张天民、刘清扬、王照华、吴晗、舒舍予、区棠亮、杨朔、王明远等。]

---

① 本条引自1960年11月22日《人民日报》第一版。

② 本条引自1960年11月29日《人民日报》第一版。

12 月 1 日上午 吴晗到机场欢送古巴革命政府经济代表团离京。[①]

[按:以古巴国家银行行长埃·切·格瓦拉少校为首的古巴革命政府经济代表团,在结束了对我国的友好访问以后乘专机离开北京前往朝鲜民主主义人民共和国访问。今天到机场欢送的有李先念副总理,对外贸易部部长叶季壮、副部长卢绪章,外交部副部长耿飚,国家计划委员会副主任宋养初,中国人民解放军副总参谋长张宗逊上将,中国人民银行行长曹菊如,中国驻古巴大使申健,中国拉丁美洲友好协会会长楚图南,北京市副市长吴晗,以及首都各方面的负责人士。]

12 月 3 日晚 吴晗出席中国拉丁美洲友好协会举行的欢迎古巴首任驻华大使奥斯卡·皮诺·桑托斯的酒会。[②]

[按:中国拉丁美洲友好协会举行酒会,热烈欢迎来自英雄国家的使节、古巴首任驻华大使奥斯卡·皮诺·桑托斯。出席酒会的有首都各方面人士张奚若、章汉夫、孔原、张彦、卢绪章、夏衍、胡愈之、冀朝鼎、董纯才、陈克寒、丁西林、荣高棠、周而复、吴晗,中国驻古巴大使申健以及曾经访问过古巴的人士。]

---

① 本条引自 1960 年 12 月 2 日《人民日报》第一版。

② 本条引自 1960 年 12 月 4 日《人民日报》第四版。

12月9日晚 吴晗出席廖承志举办的招待日本中国友好协会学术代表团和日本群马县和平代表团的宴会。①

[按:中国亚非团结委员会主席、中国人民保卫世界和平委员会副主席廖承志设宴招待正在我国访问的日本中国友好协会学术代表团和日本群马县和平代表团全体成员。出席宴会作陪的有丁西林、吴晗、赵朴初、区棠亮、吴茂荪、赵安博、陈宇、郑森禹、朱子奇、潘纯、孙平化、杨春松等各界人士。在北京的日本和平人士西园寺公一和他的夫人也应邀出席了宴会。]

12月11日下午 吴晗出席中国朝鲜友好协会举行的中国访朝军事友好代表团访问朝鲜的报告会。②

[按:中国朝鲜友好协会在人民大会堂举行有首都各界群众1万人参加的报告会,由中国访朝军事友好代表团副团长、国务院副总理、中国人民解放军总参谋长罗瑞卿大将作了代表团访问朝鲜的报告。出席报告会的有国务院总理周恩来、副总理陈毅元帅,全国人民代表大会常务委员会副委员长彭真、陈叔通,政协全国委员会副主席鲍尔汉,对外文委主任张奚若,外交部副部长姬鹏飞,中朝友好协会副会长老舍,全国妇联副主任刘清扬,北京市副市长吴晗等。]

---

① 本条引自1960年12月10日《人民日报》第四版。

② 本条引自1960年12月12日《人民日报》第一版。

12月17日晚 吴晗出席胡愈之招待摩洛·博热斯·蒂希拉及夫人的宴会。①

[按:中国人民外交学会副会长胡愈之设宴招待巴西众议员、新当选的果亚斯州州长摩洛·博热斯·蒂希拉及夫人。出席这次宴会的有中国拉丁美洲友好协会副会长冀朝鼎,北京市副市长吴晗,曾经访问过巴西的中国新闻工作者代表团负责人邵宗汉,外交部美澳司副司长王第三等。]

12月19日下午 吴晗出席首都各界人民欢迎诺罗敦·西哈努克亲王并且庆祝中柬两国政府签订中柬友好和互不侵犯条约大会。②

[按:首都各界人民1万多人在人民大会堂隆重集会,热烈欢迎柬埔寨国家元首诺罗敦·西哈努克亲王,并且庆祝中柬两国政府今天庄严签订中柬友好和互不侵犯条约。在大会主席台上就座的有刘少奇主席,董必武副主席,朱德委员长,周恩来总理,陈毅副总理、北京市市长彭真,外交部副部长章汉夫、姬鹏飞,中国亚非团结委员会主席廖承志,中国柬埔寨友好协会会长齐燕铭,北京市的负责人刘仁、冯基平、吴晗、王昆仑、贾庭三、乐松生,以及北京市各方面的负责人。]

---

① 本条引自1960年12月19日《人民日报》第四版。

② 本条引自1960年12月20日《人民日报》第一版。

12月23日下午　吴晗到机场欢送郭沫若率领的中国访问古巴友好代表团离京。[①]

[按:由郭沫若率领的中国访问古巴友好代表团,乘飞机离开北京前往哈瓦那。到机场送行的有全国人大常委会副委员长林枫,国务院副总理习仲勋,中国人民保卫世界和平委员会副主席廖承志、包尔汉,中国拉丁美洲友好协会会长楚图南,全国人大常委会副秘书长张苏,外交部副部长章汉夫以及首都各方面人士刘长胜、丁西林、吴晗、刘清扬、徐光霄、周而复、区棠亮、张超等。]

12月26日下午　吴晗出席首都各界人民纪念拉丁美洲各国争取民族独立150周年和庆祝古巴革命胜利2周年大会。[②]

[按:首都各界人民在政协礼堂隆重集会,纪念拉丁美洲各国争取民族独立150周年和庆祝古巴革命胜利2周年。出席大会的有国务院副总理罗瑞卿、习仲勋,全国人大常委会副委员长林枫,政协全国委员会副主席包尔汉,外交部副部长章汉夫,中国人民保卫世界和平委员会副主席廖承志,中国拉丁美洲友好协会会长楚图南,中国人民对外文化协会副会长丁西林,中华全国总工会副主席许之桢,全国妇联副主席许广平,北京市副市长吴晗以及北京各方面人士。]

---

① 本条引自1960年12月24日《人民日报》第一版。

② 本条引自1960年12月27日《人民日报》第一版。

12 月 29 日上午 吴晗等到机场欢迎古巴哈瓦拉市长一行到京。①

[按:应北京市市长彭真的邀请,古巴哈瓦拉市长阿塞·利亚努萨一行乘飞机到京。北京市市长彭真,北京市副市长冯基平、吴晗、贾庭三,人民解放军北京卫戍区副司令员熊伯涛少将,中国拉丁美洲友好协会副会长周而复,外交部美澳司副司长王第三、礼宾司副司长葛步海,北京市各人民团体负责人以及到古巴访问过的人士张东川、杜近芳、李少春、李尼、徐杰等到机场欢迎。]

12 月 29 日下午 吴晗出席欢迎古巴哈瓦拉市长一行宴会。②

[按:彭真市长会见并宴请古巴哈瓦拉市长一行。古巴驻中国大使奥斯卡·皮诺·桑托斯和夫人以及大使馆其他官员也应邀参加了宴会。出席宴会作陪的,有中共北京市委书记处书记郑天翔,北京市副市长冯基平、吴晗、贾庭三、王纯、赵鹏飞,外交部副部长章汉夫,对外贸易部副部长卢绪章,北京卫戍区副司令员熊伯涛少将,中国拉丁美洲友好协会副会长周而复,北京市各人民团体负责人以及我国访问过古巴的人士。]

---

① 本条引自 1960 年 12 月 30 日《人民日报》第一版。

② 本条引自 1960 年 12 月 30 日《人民日报》《北京日报》第一版。

12 月 30 日晚 吴晗出席中国拉丁美洲友好协会举行的庆祝古巴革命胜利两周年的招待会。[①]

［按:中国拉丁美洲友好协会在人民大会堂举行招待会,热烈庆祝古巴革命胜利两周年,祝贺英雄的古巴人民和拉丁美洲各国人民进行的民族民主运动的正义斗争。出席招待会的有中国拉丁美洲友好协会会长楚图南,国家副主席董必武,国务院副总理李先念、习仲勋,全国人大常委会副委员长林枫,外交部副部长章汉夫和国家机关其他各部门负责人钱俊瑞,中国拉丁美洲友好协会副会长胡愈之、周而复,北京市副市长冯基平、吴晗,首都各界人士阳翰笙、老舍、梅兰芳以及访问过拉丁美洲的人士等。］

---

① 本条引自 1960 年 12 月 31 日《人民日报》第一版。

一九六一年

1月1日上午 吴晗陪同何塞·利亚努萨等一行参观游览了十三陵水库等地。[①]

［按：古巴哈瓦那市市长何塞·利亚努萨等一行贵宾们由吴晗等人陪同，参观游览了十三陵水库、定陵地下博物馆和八达岭。下午由彭真陪同，到北京体育馆观看了篮球和乒乓球比赛。］

1月3日晚 吴晗出席中国缅甸友好协会举行的庆祝缅甸联邦独立13周年招待会。[②]

［按：中国缅甸友好协会在北京饭店举行招待会，热烈庆祝缅甸联邦独立13周年，祝贺缅甸人民在发展民族经济和文化方面所取得的光辉成就。出席招待会的有国务院副总理习仲勋，全国人大常委会副委员长林枫，中国缅甸友好协会会长张友渔，外交部副部长章汉夫，和国家机关其他各

---

① 本条引自1961年1月2日《人民日报》第三版。

② 本条引自1961年1月4日《人民日报》第四版。

部门负责人楚图南、钱俊瑞、阳翰笙、卢绪章、刘皑风、黄中、萨空了，中缅友好协会副会长蔚伯赞，中国人民解放军高级将领，北京市副市长吴晗，以及首都各界人士。]

1月4日下午 吴晗出席首都各界人民欢迎日本禁止原子弹氢弹协议会理事长安井郁大会。①

[按：首都各界人民1千多人集会，热烈欢迎日本禁止原子弹氢弹协议会理事长安井郁。参加今天大会的有中国人民保卫世界和平委员会副主席廖承志、刘宁一、包尔汉，各人民团体的负责人：李德全、李颉伯、许广平、吴晗、王照华、倪斐君，以及北京市各界人士。在京的日本和平人士西园寺公一、今天刚到北京的日本青年团协议会代表团成员和在京的其他日本朋友也应邀参加了大会。]

1月4日晚 吴晗出席廖承志、刘宁一招待正在我国访问的日本禁止原子弹氢弹协议会理事长安井郁先生的宴会。②

[按：中国人民保卫世界和平委员会副主席廖承志、刘宁一设宴招待正在我国访问的日本禁止原子弹氢弹协议会理事长安井郁先生。出席宴会的有中国人民保卫世界和平委员会副主席廖承志、刘宁一、包尔汉、李德全、李颉伯、张志让、许广平、吴晗、王芸生、曹禺、谢冰心、区棠亮、吴茂荪、

① 本条引自1961年1月5日《人民日报》第一版。

② 本条引自1961年1月5日《人民日报》第二版。

赵安博等各界人士。在京的日本和平人士西园寺公一和他的夫人应邀出席了宴会。]

1月5日晚 吴晗出席日本禁止原子弹氢弹协议会理事长安井郁举行的告别酒会。[①]

[按:日本禁止原子弹氢弹协议会理事长安井郁今晚在北京饭店举行酒会,向首都各界人士告别。应邀出席酒会的有中国人民保卫世界和平委员会副主席廖承志、刘宁一、包尔汉。应邀出席酒会的还有:李四光、李德全、楚图南、李颉伯、阳翰笙、丁西林、张志让、张友渔、邵力子、许广平、吴晗、梅兰芳、王芸生、曹禺、谢冰心、倪斐君、区棠亮、吴茂荪、赵安博等北京各界人士。]

1月11日下午 吴晗到机场欢迎阿尔巴尼亚政府经济代表团抵京。[②]

[按:阿尔巴尼亚劳动党中央政治局委员、部长会议第一副主席斯皮罗·科列加和他率领的阿尔巴尼亚政府经济代表团乘飞机到达北京。今天到机场欢迎的有中共中央政治局委员、国务院副总理李富春、李先念,政府各有关部门的负责人曾山、段君毅、沈雁冰、何长工、屈武,中国人民解放军总政治部副主任萧华上将,中国阿尔巴尼亚友好协会

① 本条引自1961年1月6日《人民日报》第一版。

② 本条引自1961年1月12日《人民日报》第一版。

会长蒋南翔，北京市副市长吴晗以及首都数百名群众的热烈欢迎。]

1月14日晚 吴晗出席中国阿尔巴尼亚友好协会举行的欢迎阿尔巴尼亚政府经济代表团的招待会。①

[按：中国阿尔巴尼亚友好协会在人民大会堂山东厅举行招待会，热烈欢迎阿尔巴尼亚部长会议第一副主席斯皮罗·科列加和他率领的阿尔巴尼亚政府经济代表团全体贵宾。出席招待会的有国务院副总理李先念、中国阿尔巴尼亚友好协会会长蒋南翔，出席招待会的还有各方面的负责人、中国阿尔巴尼亚友好协会理事和首都各方面人士沈雁冰、李德全、曾涌泉、屈武、萨空了、吴有训、吴晗、林巧稚。中国驻阿尔巴尼亚大使罗士高也出席了招待会。]

1月18日中午 吴晗出席章汉夫举行的欢迎中尼边界联合委员会尼泊尔首席代表帕·巴·卡特里少将一行的宴会。②

[按：外交部副部长章汉夫举行宴会，热烈欢迎中尼边界联合委员会尼泊尔首席代表帕·巴·卡特里少将和代表、顾问以及随行的工作人员。出席宴会的有中国人民解放军副总参谋长杨成武，中国尼泊尔友好协会副会长周叔迦，北京市副市长吴晗，外交部礼宾司司长俞沛文、第一亚

① 本条引自1961年1月15日《人民日报》第一版。

② 本条引自1961年1月19日《人民日报》第一版。

洲司副司长胡成放。出席宴会的还有中国驻尼泊尔大使、中尼边界联合委员会中国首席代表张世杰、中国代表团代表、顾问等。]

1月18日晚 吴晗出席越南驻华大使陈子平举行的庆祝中越两国建交11周年电影招待会。①

[按:越南民主共和国驻华大使陈子平举行电影招待会,庆祝中越两国建交11周年。出席今晚电影招待会的有中越友好协会会长杨秀峰,外交部副部长罗贵波、姬鹏飞,对外贸易部副部长李强,对外文化联络委员会副主任张致祥、丁西林,中国亚非团结委员会副主席李德全,中越友好协会副会长欧阳予倩,北京市副市长吴晗以及首都各界人士许之桢、钱李仁等。]

1月20日晚 吴晗出席我国七个人民团体联合举行的欢迎日本社会党顾问黑田寿男和其他日本朋友的酒会。②

[按:中国人民保卫世界和平委员会、中国亚非团结委员会、中国人民外交学会、中国人民对外文化协会、中国人民救济总会、中国红十字会总会、中国政治法律学会等七个人民团体联合举行酒会,热烈欢迎日本社会党顾问黑田寿男和其他日本朋友。出席今晚酒会的有各人民团体负责人

---

① 本条引自1961年1月19日《人民日报》第四版。

② 本条引自1961年1月21日《人民日报》第四版。

和各界人士刘宁一、李德全、楚图南、南汉宸、雷任民、冀朝鼎、周鲠生、张致祥、丁西林、吴晗、许广平、吴德峰、欧阳予倩、马少波等。]

1月23日晚 吴晗出席陈毅举行的欢迎中尼边界联合委员会尼泊尔首席代表帕·巴·卡特里少将等的宴会。[①]

[按:国务院副总理兼外交部长陈毅在人民大会堂举行宴会,热烈欢迎中尼边界联合委员会尼泊尔首席代表帕·巴·卡特里少将和代表、顾问、以及随行的工作人员。出席宴会的有文化部部长沈雁冰,外交部副部长章汉夫、耿飚,对外贸易部副部长李强,对外文化联络委员会副主任楚图南,中国人民解放军副总参谋长杨成武上将,中国尼泊尔友好协会副会长周叔迦,北京市副市长吴晗等。中国驻尼泊尔大使、中尼边界联合委员会中国首席代表张世杰,以及中国代表团代表、顾问等也出席了宴会。]

1月25日晚 吴晗出席杨成武举行的招待中尼边界联合委员会尼泊尔代表团首席代表帕·巴·卡特里少将的宴会。[②]

[按:中国人民解放军副总参谋长杨成武上将设宴招待中尼边界联合委员会尼泊尔代表团首席代表帕·巴·卡特里少将和代表、顾问以及随行的工作人员。出席宴会的有

① 本条引自1961年1月24日《人民日报》第一版。
② 本条引自1961年1月26日《人民日报》第四版。

外交部副部长章汉夫、耿飚，中国驻尼泊尔大使、中尼边界联合委员会中国代表团首席代表张世杰和代表、顾问，外交部第一亚洲司司长章文晋，北京市副市长吴晗，中尼友好协会副会长周叔迦等。]

1月26日晚 吴晗出席中国拉丁美洲友好协会、对外文化联络委员会、文化部举行的欢迎古巴芭蕾舞团的酒会。①

[按：中国拉丁美洲友好协会、对外文化联络委员会、文化部在北京饭店举行酒会，热烈欢迎费尔南多·阿隆索为首的古巴芭蕾舞团。出席酒会的有陈毅副总理、中国拉丁美洲友好协会会长楚图南，对外文化联络委员会主任张奚若，文化部部长沈雁冰，对外文化联络委员会副主任丁西林，中国人民保卫世界和平委员会副主席廖承志，中国拉丁美洲友好协会副会长胡愈之、周而复，北京市副市长吴晗，曾经访问过古巴的中国艺术团团长陈忠经，以及首都文艺界人士阳翰笙、欧阳予倩、刘白羽、李少春、袁世海等。]

1月27日下午 吴晗出席中国拉丁美洲友好协会、中国作家协会举行的纪念何塞·马蒂诞生108周年大会。②

[按：中国拉丁美洲友好协会、中国作家协会举行集会，纪念古巴民族英雄和伟大诗人何塞·马蒂诞生108周年。

---

① 本条引自1961年1月27日《人民日报》第四版。

② 本条引自1961年1月28日《人民日报》第四版。

出席大会的有中国作家协会副主席刘白羽，中国拉丁美洲友好协会会长楚图南，首都文艺界人士丁西林、周而复、吴晗和曾经访问过古巴的人士等。]

1月27日晚 吴晗出席周恩来举行的庆祝中缅友好和互不侵犯条约签订1周年和欢迎缅甸政府贸易代表团的宴会。①

[按：周恩来总理在人民大会堂安徽厅举行宴会，热烈庆祝中缅友好和互不侵犯条约签订一周年和欢迎以缅甸联邦贸易发展和民用物资供应部部长吴敦为首的缅甸政府贸易代表团来中国进行友好访问。出席宴会的有周恩来总理、陈毅副总理和夫人，国务院副总理习仲勋，全国人大常委会副委员长李维汉，国防委员会副主席张治中、傅作义，政府各部门、各民主党派、各人民团体和北京市的负责人，中国人民解放军高级将领，以及曾经访问过缅甸的人士廖承志、刘宁一、李烛尘、沈雁冰、杨秀峰、章汉夫、姬鹏飞、荣毅仁、荣高棠、丁西林、吴晗、张友渔等。]

1月29日晚 吴晗出席张奚若举行的欢迎法国参议员、民主社会抵抗联盟主席密特朗的宴会。②

[按：中国人民外交学会会长张奚若设宴欢迎正在我国访问的法国参议员、民主社会抵抗联盟主席密特朗。出席

---

① 本条引自1961年1月28日《人民日报》第一版。

② 本条引自1961年1月30日《人民日报》第三版。

今晚宴会作陪的有中国人民外交学会副会长胡愈之、乔冠华，全国人民代表大会常务委员会委员张苏、副秘书长连贯，中国人民对外文化协会会长楚图南，中国国际贸易促进委员会副主席冀朝鼎，北京市副市长吴晗等。]

2月2日下午 吴晗出席首都各界人民坚决支持老挝人民反对美帝国主义的侵略干涉，争取和平中立、维护国家主权和民族独立的正义斗争的集会。[①]

[按：首都各界人民1千多人隆重举行集会，表示坚决支持老挝人民反对美帝国主义的侵略干涉，争取和平中立、维护国家主权和民族独立的正义斗争。国务院副总理陈毅出席了大会，并且发表了重要讲话。出席大会的各人民团体的负责人有包尔汉、李德全、许广平、吴晗、彭思明、关世雄等。在北京的各国和平人士和亚非国家的朋友西园寺公一、凯尔、艾黎、黑田寿男、冈田春夫、阮善志等，出席了今天的大会。]

2月2日晚 吴晗出席欢迎阿尔巴尼亚政府经济代表团的宴会。[②]

[按：北京饭店举行招待会，欢迎阿尔巴尼亚驻中国大使帕里夫蒂为斯皮罗·科列加第一副主席率领的阿尔巴尼

---

① 本条引自1961年2月3日《人民日报》第一版。

② 本条引自1961年2月3日《人民日报》第一版。

亚政府经济代表团访问中国。应邀出席招待会的有国务院副总理陈毅、李先念、薄一波，全国人大常委会副委员长陈叔通、林枫，政协全国委员会副主席包尔汉，外交部副部长章汉夫、曾涌泉，对外贸易部部长叶季壮，中阿友好协会会长蒋南翔，中国驻阿尔巴尼亚大使罗士高，北京市副市长吴晗、冯基平，以及政府各部门、各有关方面的负责人等。]

2月3日上午 吴晗到机场欢送阿尔巴尼亚政府经济代表团离京回国。[①]

[按：阿尔巴尼亚部长会议第一副主席斯皮罗·科列加和他率领的阿尔巴尼亚政府经济代表团结束在中国的访问以后乘飞机离北京回国。到机场欢送的有国务院副总理陈毅、李先念，外交部副部长曾涌泉，对外贸易部副部长李强，国家计划委员会副主任刘明夫，财政部副部长陈如龙，建筑工程部副部长杨春茂，中阿友好协会会长蒋南翔，中国驻阿尔巴尼亚大使罗士高和北京市副市长吴晗。]

2月7日晚 吴晗出席黑田寿男在北京举行的辞行招待会。[②]

[按：日本社会党顾问黑田寿男在北京举行招待会，向中国各方面的人士辞行。出席招待会的中国方面的人士有

---

① 本条引自1961年2月4日《人民日报》第一版。

② 本条引自1961年2月8日《人民日报》第四版。

郭沫若，廖承志，张奚若，李德全，楚图南，南汉宸，李烛尘，吴德峰，许广平，胡愈之、周鲠生、冀朝鼎、丁西林、张志让、梅龚彬、吴晗、张维桢等。]

2月10日晚 吴晗出席帕·巴·卡特里少将举行的招待会。[①]

[按：中尼边界联合委员会尼泊尔代表团首席代表帕·巴·卡特里少将举行招待会。应邀出席今晚招待会的有周恩来总理，陈毅副总理，习仲勋副总理，林枫副委员长，政府各有关部门负责人沈雁冰、章汉夫、楚图南，我国驻尼泊尔大使、中尼边界联合委员会中国代表团首席代表张世杰和代表，中尼友好协会副会长周叔迦，北京市副市长吴晗和首都各方面人士。]

2月11日 吴晗在电台发表广播讲话，坚决支持卢蒙巴—基赞加合法政府，声援刚果人民反对以美国为首的帝国主义的侵略、维护祖国独立自由的正义斗争。[②]

[按：为响应援助刚果国际委员会关于举行"刚果周"的号召，支持卢蒙巴—基赞加合法政府，声援刚果人民反对以美国为首的帝国主义的侵略、维护祖国独立自由的正义斗争。中国亚非团结委员会、中国非洲人民友好协会和我国

① 本条引自1961年2月11日《人民日报》第一版。

② 本条引自1961年2月13日《人民日报》第二版。

各人民团体的负责人，最近几天先后在中央人民广播电台发表广播讲话。吴晗在广播讲话中说："我们六亿五千万中国人民过去、现在和将来都始终是刚果人民最可靠的朋友。我们深信，在全世界人民的支持和援助下，只要刚果人民团结一致，高举民族独立的旗帜，同帝国主义势力进行坚持不懈的斗争，以美国为首的帝国主义对刚果进行侵略和干涉的魔爪必将被斩断，刚果人民的斗争必将取得最后的胜利。"]

2月13日　吴晗坚决支持卢蒙巴—基赞加合法政府，声援刚果人民反对以美国为首的帝国主义的侵略、维护祖国独立自由的正义斗争的广播讲话（摘录）在《人民日报》上发表。[①]

2月13日　下午，吴晗出席中苏友好同盟互助条约签订十一周年集会。[②]

［按：首都各界人民在人民大会堂举行盛大集会，热烈庆祝中苏友好同盟互助条约签订十一周年。出席会议的有：周恩来、彭真、陈毅、谭震林、薄一波，苏联驻中国大使契尔沃年科，苏中友好协会代表团团长康斯坦丁诺夫，出席今天大会并登上主席台的还有：沈钧儒、黄炎培、陈叔通、林枫、罗瑞卿、习仲勋、李四光、包尔汉、张治中、傅作义、章汉夫、李德全、沈雁冰、邵力子、李烛尘、刘宁一、胡耀邦、冯基

① 本条引自1961年2月13日《人民日报》第二版。

② 本条引自1961年2月14日《人民日报》第一版。

平、吴晗以及首都各界著名人士。]

2月18日下午 吴晗出席首都各界人民抗议帝国主义及其代理人杀害刚果总理卢蒙巴大会。①

[按:北京有十万人参加的首都各界人民抗议帝国主义及其代理人杀害刚果总理卢蒙巴大会在东郊工人体育场举行。出席大会的有:国务院总理周恩来、全国人民代表大会常务委员会副委员长黄炎培、彭真、陈叔通、林枫,国务院副总理陈毅、薄一波、罗瑞卿,政协全国委员会副主席包尔汉,国防委员会副主席张治中、傅作义。出席今天大会的还有政府各部门负责人章汉夫、张奚若,北京市副市长吴晗、王昆仑,各民主党派、各人民团体负责人,中国人民解放军高级将领,和首都各界著名人士等。]

3月17日 吴晗出席首都学术界人士举行纪念巴黎公社建立九十周年集会并在会上发言。②

[按:首都学术界人士举行集会,纪念巴黎公社建立九十周年。会议由中共中央高级党校、中共中央马克思恩格斯列宁斯大林著作编译局、《历史研究》编辑部、北京历史学会联合主办。范文澜主持了今天的会议。中共中央高级党校副校长艾思奇,中共中央马克思恩格斯列宁斯大林著作

---

① 本条引自1961年2月19日《人民日报》第一版。

② 本条引自1961年3月18日《人民日报》第四版。

编译局副局长张仲实,《历史研究》主编黎澍,北京历史学会会长吴晗,中国人民大学副校长胡锡奎、中国科学院哲学社会科学部副主任潘梓年、中国科学院历史研究所第二所副所长侯外庐等先后在会议上发言。]

3月18日 吴晗在首都学术界人士举行纪念巴黎公社建立九十周年集会上的讲话(摘录)在《人民日报》上发表。①

4月17日晚 吴晗出席中国非洲人民友好协会举行的庆祝中国非洲人民友好协会成立1周年酒会。②

[按:中国非洲人民友好协会在人民大会堂举行酒会,热烈庆祝中国非洲人民友好协会成立1周年,并欢迎最近到北京的加纳共和国和刚果共和国驻中国大使。出席酒会的有中非友好协会副会长包尔汉,政府有关部门、人民团体和北京市的负责人章汉夫、张彦、丁西林、朱光、雷任民、夏衍、徐平羽、萧向荣、吴晗,以及中国非洲人民友好协会的理事和首都各方面的人士。]

4月18日 吴晗出席首都各界人民隆重庆祝万隆会议六周年集会。③

[按:首都各界人民1500多人今天在政协礼堂举行集

① 本条引自1961年3月18日《人民日报》第四版。

② 本条引自1961年4月18日《人民日报》第一版。

③ 本条引自1961年4月19日《人民日报》第二版。

会，隆重庆祝具有伟大历史意义的万隆会议六周年。出席大会的有国务院副总理陆定一，全国政协副主席包尔汉，中国亚非团结委员会主席廖承志，我国各方面的负责人郭沫若、沈钧儒、黄炎培、陈叔通、蔡廷锴、姬鹏飞，各民主党派、人民团体的负责人陈其尤、周培源、刘清扬、吴晗、舒舍予以及北京市各方面的负责人。］

4月21日 吴晗出席北京支持古巴人民的反侵略斗争的示威和集会。①

［按：北京60万人举行声势浩大的示威和集会，支持古巴人民的反侵略斗争。在主席台上就座的有国务院总理周恩来，北京市市长彭真，中共中央政治局委员李富春、贺龙、李先念，政治局候补委员陆定一、康生，国务院副总理罗瑞卿，全国人大常委会副委员长郭沫若、黄炎培、陈叔通、林枫，政协全国委员会副主席包尔汉，国防委员会副主席张治中、傅作义，最高人民法院院长谢觉哉，中共北京市委第二书记刘仁，外交部副部长章汉夫，中国拉丁美洲友好协会会长楚图南，北京市副市长王昆仑、吴晗、乐松生以及其他各方面的负责人。］

4月22日 上午，吴晗出席首都各界人民庆祝全非人民大会和亚非人民团结组织理事会万隆会议的成就，欢迎出席万隆

---

① 本条引自1961年4月22日《人民日报》第一版。

会议以后来中国访问的几内亚、南非、乌干达等非洲国家的代表的集会。①

［按：首都各界人民一千五百多人在政协礼堂举行热烈庆祝全非人民大会和亚非人民团结组织理事会万隆会议的成就，欢迎出席万隆会议以后来中国访问的几内亚、南非、乌干达等非洲国家的代表的集会。出席会议的有全国人大常委会副委员长、中国人民保卫世界和平委员会主席郭沫若，中国亚非团结委员会主席廖承志、中国非洲人民友好协会副会长包尔汉，以及各有关部门的负责人李德全、李颉伯、吴晗、徐平羽、区棠亮、朱子奇等，出席了大会。］

4 月 22 日中午　吴晗出席中国非洲人民友好协会举行的欢迎出席亚非人民团结组织理事会会议的几内亚等国家代表的酒会。②

［按：中国非洲人民友好协会举行酒会，欢迎出席最近在万隆举行的亚非人民团结组织理事会会议的几内亚、乌干达、塞内加尔、北罗得西亚、南非和约旦等国家的代表。出席酒会的有全国人大常委会副委员长、中国人民保卫世界和平委员会主席郭沫若、中国亚非团结委员会主席廖承志、副主席包尔汉，各有关部门的负责人李德全、李颉伯、冀朝鼎、丁西林、罗俊、吴晗、徐平羽、区棠亮、朱子奇等。］

---

① 本条引自 1961 年 4 月 23 日《人民日报》第一版。

② 本条引自 1961 年 4 月 23 日《人民日报》第三版。

4月22日晚 吴晗出席中苏友好协会总会、北京市中苏友好协会举行的纪念列宁诞辰91周年的集会。①

[按:中苏友好协会总会、北京市中苏友好协会在政协礼堂举行集会,纪念伟大的革命导师列宁诞辰91周年。出席会议的有中苏友好协会总会副会长郭沫若,苏友好协会总会副会长李德全、邵力子,北京市中苏友协会长邓拓,中共中央高级党校副校长艾思奇,外交部副部长曾涌泉,中苏友协总会代理秘书长张致祥,红旗杂志副总编辑胡绳,北京市中苏友协副会长杨述、吴晗、王炯以及首都工人、国家机关干部、高等学校学生等1500多人。]

4月23日下午 吴晗出席首都各界人民举行的欢迎老挝王国政府首相梭发那·富马亲王、老挝爱国战线党主席苏发努冯亲王和全体老挝贵宾的盛大集会。②

[按:首都各界人民一万多人在人民大会堂举行盛大集会,热烈欢迎老挝王国政府首相梭发那·富马亲王、老挝爱国战线党主席苏发努冯亲王和全体老挝贵宾。出席会议的有周恩来总理、陈毅副总理,北京市长彭真,全国人民代表大会常务委员会副委员长郭沫若、陈叔通,政协全国委员会副主席李四光、包尔汉,国防委员会副主席张治中、傅作义,外交部副部长章汉夫、姬鹏飞,首都各方面人士廖承志、张

---

① 本条引自1961年4月23日《人民日报》第一版。

② 本条引自1961年4月24日《人民日报》第一版。

奚若、刘仁、吴晗等。]

5月2日晚 吴晗出席周恩来举行的欢迎缅甸代表团全体成员的宴会。①

[按:周恩来总理在人民大会堂举行宴会,热烈欢迎前来参加中缅边界联合委员会第六次会议的缅方代表团首席代表、缅甸国防军副总参谋长昂季准将和代表团全体成员。出席宴会的有国务院副总理兼外交部长陈毅元帅,副总理兼中国人民解放军总参谋长罗瑞卿大将,全国人大常委会副委员长郭沫若,外交部副部长章汉夫,对外文化联络委员会主任张奚若,文化部副部长夏衍,曾经在今年1月参加由周恩来总理率领的中国友好代表团访问缅甸的我国各方面的负责人李烛尘、荣毅仁,中缅友好协会副会长蕭伯赞、赵朴初,北京市副市长吴晗等。]

5月26日晚 吴晗出席中国非洲人民友好协会举行的欢迎几内亚、马里和阿尔及利亚首任驻华使节的招待会。②

[按:中国非洲人民友好协会在人民大会堂举行招待会,欢迎几内亚、马里和阿尔及利亚首任驻华使节。出席招待会的有中非友好协会副会长包尔汉,我国政府各有关部门、各人民团体的负责人曾涌泉、孔原、夏衍、丁西林、朱光、

① 本条引自1961年5月3日《人民日报》第一版。
② 本条引自1961年5月27日《人民日报》第一版。

徐平羽、卢绪章、冀朝鼎、许广平、萨空了、吴晗，以及中非友协在京理事和首都各界人士。]

6月3日晚 吴晗出席楚图南举行的欢迎玻利维亚前副总统、共和国参议员费德里科·阿耳瓦雷斯·普拉塔的宴会。[①]

[按：中国拉丁美洲友好协会会长楚图南举行宴会，热烈欢迎玻利维亚前副总统、共和国参议员费德里科·阿耳瓦雷斯·普拉塔。出席宴会的有全国人大常委会副委员长林枫，首都各方面人士：张苏、周甦生、周而复、吴晗、陆平、任映仑、林平、种汉九和曾经访问玻利维亚人士朱穆之、邵宗汉等。]

6月14日上午 吴晗出席北京欢迎苏加诺总统集会。[②]

[按：北京10万多人举行规模盛大的隆重集会，热烈欢迎苏加诺总统。出席欢迎大会的有刘少奇主席，董必武副主席，周恩来总理，彭真市长，国务院副总理贺龙、罗瑞卿，全国人民代表大会常务委员会副委员长郭沫若、黄炎培，政协全国委员会副主席包尔汉，中国亚非团结委员会主席廖承志，外交部副部长耿飚，北京市副市长万里、冯基平、吴晗、王昆仑、乐松生等。]

---

① 本条引自1961年6月4日《人民日报》第三版。

② 本条引自1961年6月15日《人民日报》第一版。

6月19日下午　吴晗出席首都各界人民欢迎日本共产党国会议员访华代表团集会。①

［按：首都各界人民1万多人在人民大会堂隆重集会，热烈欢迎以日本共产党中央政治局委员志贺义雄为首的日本共产党国会议员访华代表团。出席今天大会的有中国亚非团结委员会主席廖承志，中共中央政治局委员、全国人大常委会副委员长彭真，中共北京市委第二书记刘仁，首都各界人士李德全、楚图南、丁西林、张苏、李颉伯、冯基平、吴晗、吴茂荪等。］

6月19日晚　吴晗出席彭真举行的欢迎索马里市政代表团全体贵宾的宴会。②

［按：彭真举行宴会，欢迎由索马里共和国首都摩加迪沙市市长艾哈麦德·穆德·侯赛因率领的市政代表团全体贵宾。出席宴会作陪的有北京市副市长万里、冯基平、吴晗、贾庭三、乐松生、赵鹏飞，市政协副主席梁思成、林巧稚，以及北京市各有关部门的负责人。］

6月28日下午　吴晗到机场欢迎穆罕默德·阿里·阿明等抵京。③

---

① 本条引自1961年6月20日《人民日报》第一版。

② 本条引自1961年6月20日《人民日报》第一版。

③ 本条引自1961年6月29日《人民日报》第四版。

［按：应天津市市长的邀请前来我国参观访问的印度尼西亚南苏门答腊首府巨港市市长穆罕默德·阿里·阿明，偕夫人和儿子哈纳菲，今天下午从广州乘飞机到达北京。客人们在机场受到北京市副市长吴晗和市人民委员会副秘书长李续纲的热烈欢迎。］

6月28日晚　吴晗陪同穆罕默德·阿里·阿明共进晚餐。[①]

［按：吴晗陪同印度尼西亚南苏门答腊首府巨港市市长穆罕默德·阿里·阿明共进晚餐，并进行了亲切的交谈。］

7月3日晚　吴晗出席欢迎印度尼西亚南苏门答腊首府巨港市市长等的宴会。[②]

［按：北京市人委举行宴会欢迎印度尼西亚南苏门答腊首府巨港市市长默罕默德·阿里·阿明和他的夫人、儿子。参加宴会作陪的有北京市副市长吴晗、赵鹏飞，北京市妇女联合会副主任王春平，中国印度尼西亚友好协会理事翦伯赞和北京市有关部门的负责人等。］

7月12日　吴晗在中国人民对外文化协会和有关的14个友好协会举行的理事会联席会议上增选为中国尼泊尔友好协会

① 本条引自1961年6月29日《人民日报》第四版。

② 本条引自1961年7月4日《人民日报》第三版。

副会长。①

［按：中国人民对外文化协会和有关的14个友好协会举行理事会联席会议，听取了对外文协会长楚图南的会务报告，讨论了各协会今后的工作任务，并且增选了各协会的领导人员。吴晗增选为中国尼泊尔友好协会副会长。］

7月20日下午　吴晗出席首都各界人民坚决支持越南人民反对美帝国主义侵略、争取祖国和平统一的爱国正义斗争大会。②

［按：首都各界人民在政协礼堂隆重集会，坚决支持越南人民反对美帝国主义侵略、争取祖国和平统一的爱国正义斗争。今天的大会是由中国人民保卫世界和平委员会、中国亚非团结委员会等8个团体联合举办的。参加大会的有中越友好协会会长杨秀峰，中国亚非团结委员会副主席李德全，各方面的负责人廖承志、刘宁一、李烛尘、许广平、茅以升、张友渔、吴晗、乐松生、区棠亮等。］

7月23日晚　吴晗出席阿拉伯联合共和国驻中国大使馆武官拉赫曼举行的庆祝阿联革命纪念日招待会。③

［按：阿拉伯联合共和国驻中国大使馆武官拉赫曼准将

---

① 本条引自1961年7月13日《人民日报》第三版。

② 本条引自1961年7月21日《人民日报》第一版。

③ 本条引自1961年7月24日《人民日报》第二版。

举行招待会，庆祝阿联革命纪念日。中国人民解放军副总参谋长张宗逊上将等应邀出席了招待会。应邀出席招待会的还有李聚奎上将等中国人民解放军高级将领，外交部副部长黄镇，北京市副市长吴晗，中国阿联友好协会副会长张杰等。]

8月24日晚 吴晗出席中国尼泊尔友好协会举行的欢迎尼泊尔新任驻中国大使凯谢尔·巴哈杜尔的宴会。[①]

[按：中国尼泊尔友好协会举行宴会，热烈欢迎尼泊尔新任驻中国大使凯谢尔·巴哈杜尔。中尼友协吴晗副会长和巴哈杜尔大使在宴会上讲话，共祝中尼两国友好关系和人民友谊的日益巩固和发展。出席作陪的，有中尼友协理事严文井，外交部第一亚洲司副司长程之平，对外文委二司司长林林等。]

8月28日 吴晗到机场欢迎日本地方自治友好代表团抵京。[②]

[按：以鹈崎多一为首的日本地方自治友好代表团一行6人乘飞机到达北京。到机场欢迎的有中国亚非团结委员会主席廖承志、中国人民外交学会副会长周鲠生、北京市副市长吴晗、中国人民对外文化协会副会长丁西林和赵安博、

① 本条引自1961年8月25日《人民日报》第四版。

② 本条引自1961年8月29日《人民日报》第五版。

陈宇、郭建、萧向前、王晓云等各界人士。]

9月2日下午 吴晗出席首都各界人民祝贺第七届禁止原子弹氢弹和争取全面裁军世界大会的胜利的集会。①

[按:首都各界人民在政协礼堂隆重集会,热烈祝贺第七届禁止原子弹氢弹和争取全面裁军世界大会的胜利。出席大会的有中国人民保卫世界和平委员会副主席、中国亚非团结委员会主席廖承志,出席第七届禁止原子弹氢弹和争取全面裁军世界大会的中国代表团团长周培源,各人民团体的负责人和各界人士刘宁一、李德全、史良、伍云甫、吴晗、区棠亮、丁玉璋、巨赞、王照华等。]

9月5日晚 吴晗出席北京市人民委员会举行的欢迎日本地方自治友好代表团的招待会。②

[按:北京市人民委员会举行招待会,热烈欢迎以鹈崎多一为首的日本地方自治友好代表团。出席招待会的有北京市副市长吴晗、乐松生,中国亚非团结委员会主席廖承志、副主席李德全,外交学会副会长周鲠生等。吴晗在招待会上讲话说,发展中日两国人民的友谊和使两国邦交早日正常化,是两国人民的共同愿望。虽然日本政府对我国采取不友好和敌视的政策,但是我们高兴地看到,在各位日本

---

① 本条引自1961年9月3日《人民日报》第一版。

② 本条引自1961年9月6日《人民日报》第四版。

朋友所领导的各个地方，日中友好运动有着很好的发展。]

9月6日下午 吴晗到机场欢迎英国蒙哥马利元帅抵京。[①]

[按：前来我国访问的英国蒙哥马利元帅由中国人民国防体育协会主任李达上将陪同乘飞机从广州到达北京。到机场欢迎的有国防部副部长王树声大将，国家体育运动委员会副主任黄中，外交部礼宾司司长俞沛文，西欧司副司长宋之光，北京市副市长吴晗，中国人民解放军北京卫戍区副司令员熊伯涛少将等。]

9月7日晚 吴晗出席陈毅举行的欢迎英国蒙哥马利元帅再度访问中国的宴会。[②]

[按：国务院副总理陈毅元帅在人民大会堂宴会厅举行宴会，欢迎英国蒙哥马利元帅再度访问中国。出席宴会的有国务院副总理习仲勋，全国人大常委会副委员长黄炎培，对外贸易部部长叶季壮，国务院外事办公室副主任刘宁一，外交部副部长曾涌泉，国防部副部长王树声大将，中国人民国防体育协会主任李达上将，体育运动委员会副主任黄中，北京市副市长吴晗，以及政府各部门、各民主党派、各人民团体的负责人，中国人民解放军高级将领和战斗英雄，首都各个战线上的模范工作者和各方面人士。]

---

① 本条引自1961年9月7日《人民日报》第一版。

② 本条引自1961年9月8日《人民日报》第一版。

9月8日上午 吴晗陪同蒙哥马利元帅游览八达岭等地。[①]

[按:蒙哥马利元帅由李达和吴晗陪同游览八达岭,参观了十三陵水库和定陵。下午由陈毅元帅陪同,参观了北京市工人体育馆,并且观看了参加第26届世界乒乓球锦标赛的中国代表队部分队员的表演赛。]

9月11日晚 吴晗出席鹈崎多一举行的告别招待会。[②]

[按:日本地方自治友好代表团团长鹈崎多一在北京饭店举行招待会,向首都各方面的朋友告别。出席招待会的有中国人民外交学会副会长周鲠生,中国亚非团结委员会主席廖承志、副主席李德全,北京市副市长吴晗、乐松生等。]

9月12日 吴晗到机场欢送鹈崎多一等离京。[③]

[按:以鹈崎多一为首的日本地方自治友好代表团乘飞机离开北京到我国南方各地参观访问。到机场欢送的有中国人民外交学会副会长周鲠生,北京市副市长吴晗,中国人民对外文化协会副会长丁西林,以及赵安博、谢南光、郭建、萧向前、王晓云等各方面人士。]

---

① 本条引自1961年9月9日《人民日报》第四版。

② 本条引自1961年9月12日《人民日报》第四版。

③ 本条引自1961年9月13日《人民日报》第四版。

9月21日下午 吴晗出席英国驻中国代办施棣华为蒙哥马利元帅饯行的酒会。[①]

［按:英国驻中国代办施棣华为蒙哥马利元帅访问中国,在代办处举行酒会。国务院副总理陈毅元帅,副总理兼中国人民解放军总参谋长罗瑞卿大将,副总理习仲勋等应邀出席酒会。应邀出席的有对外贸易部部长叶季壮,国务院外事办公室副主任孔原,外交部副部长曾涌泉,中国人民国防体育协会主任李达上将,体育运动委员会副主任荣高棠,国防部办公厅主任萧向荣中将,北京市副市长吴晗等。］

9月22日晚 吴晗出席周恩来总理为蒙哥马利元帅饯行的酒会。[②]

［按:饯别宴会在人民大会堂宴会厅举行。出席宴会的有副总理陈毅元帅,副总理兼中国人民解放军总参谋长罗瑞卿大将,副总理习仲勋,副委员长黄炎培,国防委员会副主席张治中、傅作义,对外贸易部部长叶季壮,国务院外事办公室副主任刘宁一,外交部副部长曾涌泉,中国人民国防体育协会主任李达上将,体育运动委员会副主任荣高棠,国防部办公厅主任萧向荣中将,北京市副市长吴晗以及政府各部门、各民主党派、各人民团体的负责人,中国人民解放军高级将领和首都各界人士。］

---

① 本条引自1961年9月22日《人民日报》第一版。

② 本条引自1961年9月23日《人民日报》第一版。

9月23日上午 吴晗到机场欢送英国蒙哥马利元帅离京去我国南方访问。①

［按:英国蒙哥马利元帅由中国人民国防体育协会主任李达上将陪同乘专机离开北京,去我国南方访问。到机场欢送的有国防部办公厅主任萧向荣中将,体育运动委员会副主任荣高棠,外交部礼宾司司长俞沛文和北京市副市长吴晗等。］

9月25日下午 吴晗到机场欢迎比利时伊丽莎白王太后抵京。②

［按:比利时伊丽莎白王太后乘飞机从莫斯科到达北京。到机场欢迎的有全国妇联主席蔡畅,全国人大常委会副委员长、中国人民保卫世界和平委员会主席郭沫若,和大副主席廖承志,卫生部部长、中国红十字会总会会长李德全,中国人民对外文化协会会长楚图南,北京市副市长吴晗,全国妇联副主席许广平,以及政府有关部门的负责人和首都文化、艺术、医学、妇女、宗教界人士张琴秋、林巧稚、罗叔章、张晓梅、马思聪、吴作人、李伯钊等。］

9月26日晚 吴晗出席蔡畅举行的欢迎比利时伊丽莎白王

---

① 本条引自1961年9月24日《人民日报》第一版。

② 本条引自1961年9月26日《人民日报》第一版。

太后的宴会。[1]

［按：全国妇联主席蔡畅举行宴会，热烈欢迎比利时伊丽莎白王太后和其他比利时贵宾。出席宴会的有全国人大常委会副委员长、和大主席郭沫若，卫生部部长、中国红十字会总会会长李德全，中国人民对外文化协会会长楚图南，北京市副市长吴晗，全国妇联副主席许广平以及政府有关部门的负责人和首都文化、艺术、医学、科学、妇女、宗教界人士。］

9月28日下午　吴晗出席中国人民对外文化协会举行的欢迎比利时伊丽莎白王太后的酒会。[2]

［按：比利时伊丽莎白王太后在中国人民对外文化协会举行的欢迎酒会上，同首都各界人士一起热烈举杯，祝贺中比两国人民的友谊进一步发展。出席酒会的有人大常委会副委员长、中华全国文学艺术界联合会主席郭沫若，对外文协会长楚图南，对外文化联络委员会主任张奚若、副主任屈武、罗俊，对外文协副会长周而复，北京市副市长吴晗，中国国际贸易促进委员会副主席冀朝鼎，全国妇联副主席杨之华，中国音乐家协会主席吕骥，中国美术家协会副主席吴作人，中国戏剧家协会副主席曹禺等。］

---

① 本条引自1961年9月27日《人民日报》第一版。

② 本条引自1961年9月29日《人民日报》第四版。

9月29日 吴晗的《欢迎马亨德拉国王》[①]一文在《人民日报》上发表。[②]

［按：吴晗在文章中说："由于两国长期的友好的交往，不止在中国文化中吸收了尼泊尔文化的因素，同样，在尼泊尔也如此，尼泊尔的木结构建筑也充分吸取了我国建筑的屋顶斗拱形式。这种传统的友好关系，千年以来和睦共处关系，在历史上树立了良好的范例。近百年来，由于帝国主义的祸害，我们两国之间友好往来受到破坏和阻碍，不得不暂时中断了。一直到我国革命取得胜利，尼泊尔取得独立之后，1955年两国才建立外交关系，在和平共处五项原则的新基础上，中尼关系展开了新的一页。"］

9月30日上午 吴晗随朱德陪同尼泊尔国王马亨德拉和王后陛下参观和游览北海公园和故宫博物院。[③]

［按：尼泊尔国王马亨德拉和王后陛下，在朱德委员长和夫人陪同下，参观和游览了北海公园和故宫博物院。陪同游览的还有北京市副市长、中尼友协副会长吴晗，外交部礼宾司司长俞沛文，我国驻尼泊尔大使张世杰和夫人，以及尼泊尔驻中国大使巴哈杜尔等。］

---

① 马亨德拉国王（1920～1972），尼泊尔国王。尼泊尔杰出诗人，著有《收获诗抄》等诗集。我国有冰心和孙用合译出版的《马亨德拉诗抄》。

② 本条引自《吴晗全集》十卷版第九卷第310页。

③ 本条引自1961年10月1日《人民日报》第三版。

10月2日上午　吴晗随陈毅陪同尼泊尔国王马亨德拉和王后陛下参观游览八达岭和居庸关等名胜古迹。①

[按：尼泊尔国王马亨德拉和王后陛下，由国务院副总理陈毅元帅陪同，参观游览了八达岭和居庸关等名胜古迹。陪同参观的有北京市副市长、中尼友协副会长吴晗，外交部礼宾司司长俞沛文，我国驻尼泊尔大使张世杰和夫人。吴晗副市长和水库管理处的负责人还向马亨德拉国王和王后陛下介绍了水库的修建情况。]

10月4日　吴晗出席欢迎尼泊尔国王和王后的晚会。②

[按：文化部和中国尼泊尔友好协会举行晚会，欢迎尼泊尔国王和王后。刘少奇主席和夫人、周恩来总理等陪同观看了晚会的演出。陪同观看的还有陈毅副总理兼外交部长，班禅额尔德尼·却吉坚赞副委员长，全国政协副主席阿沛·阿旺晋美和帕巴拉·卓列朗杰，文化部部长沈雁冰，对外文委主任张奚若，中尼友好协会会长周建人、副会长吴晗、周叔迦，我国驻尼泊尔大使张世杰和夫人等。]

10月5日下午　吴晗出席首都各界热烈欢迎尼泊尔国王，隆重庆祝中尼边境条约签订大会。③

---

① 本条引自1961年10月3日《人民日报》第二版。

② 本条引自1961年10月5日《人民日报》第一版。

③ 本条引自1961年10月6日《人民日报》第一版。

［按：首都各界十万群众举行盛大集会，热烈欢迎我国友好亲密邻邦尼泊尔的国王马亨德拉和王后陛下，隆重庆祝中尼边境条约签订。国家主席刘少奇和总理周恩来主席了大会。彭真和马亨德拉国王先后在会上讲话。出席会议的还有副总理陈毅、罗瑞卿和夫人、习仲勋，副委员长沈钧儒、黄炎培，外交部副部长耿飚，中国尼泊尔友好协会会长周建人，中国驻尼泊尔大使张世杰和夫人，以及万里、冯基平、吴晗、程宏毅、乐松生、王纯等北京市的负责人和首都各界人士。］

10月6日上午 吴晗和夫人等到机场为尼泊尔国王送行。①

［按：尼泊尔国王马亨德拉和王后，由周恩来总理、陈毅副总理和夫人陪同，10月6日上午，乘飞机离开北京，前往西安参观访问。董必武副主席、习仲勋副总理、外交部副部长耿彪、北京市副市长、中尼友好协会副会长吴晗和夫人到机场送行。］

11月10日下午 吴晗等去机场欢迎委内瑞拉客人。②

［按：应北京市市长彭真的邀请前来我国进行友好访问的委内瑞拉首都加拉加斯市议会代表团，11月10日下午乘飞机达到北京。北京市副市长万里代表彭真市长到机场欢

① 本条引自1961年10月7日《人民日报》第一版。

② 本条引自1961年11月11日《人民日报》第一版。

迎客人。到机场欢迎委内瑞拉客人的还有：冯基平、吴晗、乐松生、赵鹏飞、陈忠经、周而复、王第三等。]

11月10日晚上 吴晗等出席欢迎委内瑞拉客人的宴会。[①]

[按：北京市人委举行宴会，欢迎委内瑞拉加拉加斯市议会代表团客人。出席宴会的有：北京市副市长冯基平、吴晗、乐松生、赵鹏飞，中国人民对外文化协会副会长陈忠经，中国拉丁美洲友好协会副会长周而复，中国人民外交学会理事王第三，和北京市各民主党派地方组织、人民团体负责人，以及访问过委内瑞拉的人士等。]

11月18日 吴晗陪同彭真接见委内瑞拉首都加拉加斯市议会代表团全体成员。[②]

[按：彭真接见委内瑞拉首都加拉加斯市议会代表团全体成员，并和客人们进行了亲切友好的谈话。接见时在坐的有北京市副市长万里、冯基平、吴晗、王昆仑、贾庭三、乐松生、王纯、赵鹏飞，中国人民对外文化协会副会长陈忠经等。接见后，彭真市长设便宴招待委内瑞拉客人。]

11月20日下午 吴晗出席首都各界人民严厉谴责美帝国

---

① 本条引自1961年11月11日《人民日报》第一版。

② 本条引自1961年11月19日《人民日报》第一版。

主义企图再次发动对古巴的武装侵略集会。[①]

［按：首都各界人民在政协礼堂举行集会，严厉谴责美帝国主义企图再次发动对古巴的武装侵略，重申中国人民坚决支持英雄的古巴人民反对美帝国主义斗争的决心。参加大会的有国务院副总理陈毅元帅，全国人民代表大会常务委员会副委员长林枫，中共中央委员吴玉章，各有关方面的负责人廖承志、刘宁一、张致祥、南汉宸、胡愈之、吴晗、史良、顾大椿、王照华等。］

11 月 28 日晚 吴晗出席首都各界庆祝阿尔巴尼亚解放 17 周年庆祝大会。[②]

［按：首都各界一千多人在政协礼堂举行庆祝阿尔巴尼亚解放 17 周年庆祝大会。出席大会的有国务院副总理李先念，中阿友好协会会长蒋南翔，北京市总工会主席王炯，各有关方面的负责人姬鹏飞、张致祥、屈武、吴晗、萨空了等。阿尔巴尼亚驻中国大使馆官员，阿尔巴尼亚政府经济代表团的成员，阿尔巴尼亚留学生，应邀出席了大会。］

12 月 8 日 吴晗出席各民主党派负责人和无党派民主人士集会。[③]

---

① 本条引自 1961 年 11 月 21 日《人民日报》第一版。

② 本条引自 1961 年 11 月 29 日《人民日报》第一版。

③ 本条引自 1961 年 12 月 9 日《人民日报》第一版。

［按：各民主党派的负责人和无党派民主人士50多人在政协礼堂举行集会，愤怒谴责印度当局对中国的诬蔑和攻击，一致表示拥护我国外交部关于中印边界问题的声明，拥护我国政府在处理中印边界问题上的严正立场。中国国民党革命委员会副主席程潜主持了座谈会。在座谈会上发言的有九三学社主席许德珩，中国民主促进会副主席王绍鏊，中国农工民主党主席季方，中华全国工商业联合会主任委员陈叔通，无党派民主人士张奚若，中国民主建国会主任委员黄炎培，中国致公党副秘书长严希纯，参加座谈会的还有沈钧儒、史良、胡愈之、吴晗、李烛尘等。］

12月10日 吴晗等到机场欢送委内瑞拉加拉加斯市议会代表团离京回国。①

［按：委内瑞拉加拉加斯市议会代表团离京回国，北京市副市长万里、冯基平、吴晗、乐松生、中国人民对外文化协会副会长陈忠经、中国人民外交协会副秘书长吴晓达等到机场欢送。］

12月23日晚 吴晗出席李先念举行的欢迎阿尔巴尼亚政府经济代表团的宴会。②

［按：国务院副总理李先念举行宴会，热烈欢迎阿尔巴

① 本条引自1961年12月11日《北京日报》第一版。

② 本条引自1961年12月24日《人民日报》第一版。

尼亚部长会议副主席凯莱齐，贸易部长恩杰拉和国家计划委员会第一副主席希提，以及由他们率领的阿尔巴尼亚政府经济代表团全体贵宾。出席宴会作陪的有国务院总理周恩来，副总理陈毅，对外贸易部部长叶季壮、副部长李强，外交部副部长姬鹏飞，中国人民解放军副总参谋长张爱萍上将，中阿友协会长蒋南翔，北京市副市长吴晗等有关方面的负责人，以及曾经访问过阿尔巴尼亚的人士。]

12月26日晚 吴晗出席文化部和中阿友协举行的欢迎阿尔巴尼亚政府经济代表团晚会。①

[按：文化部和中国阿尔巴尼亚友好协会举行晚会，热烈欢迎由部长会议副主席凯莱齐率领的阿尔巴尼亚政府经济代表团。阿尔巴尼亚贵宾由李先念副总理，文化部副部长徐平羽，中阿友协会长蒋南翔，以及其他有关方面负责人姬鹏飞、李强、屈武、吴晗陪同，欣赏了北京市戏曲学校实验京剧团演出的京剧《雏凤凌空》。]

12月29日 吴晗出席首都各界人民庆祝古巴革命胜利三周年集会。②

[按：首都各界人民在政协礼堂举行隆重集会，庆祝古巴人民的光辉节日——古巴革命胜利三周年。出席大会的

① 本条引自1961年12月27日《人民日报》第一版。

② 本条引自1961年12月30日《人民日报》第一版。

有陈毅副总理，黄炎培、陈叔通副委员长，中国拉丁美洲友好协会会长楚图南，中华全国总工会副主席刘长胜，各有关方面负责人还有耿飚、胡愈之、杨之华、吴晗、李琦涛、张寅安等。]

12月30日晚 吴晗出席陈毅举行的新年招待会。①

［按：陈毅和夫人在人民大会堂举行新年招待会，同各国驻中国的使节、外交官员和他们的夫人以及在北京的其他外国朋友，一起迎接即将到来的1962年。出席招待会的有周恩来总理，陈毅副总理，各有关方面的负责人叶季壮、章汉夫、孔原、楚图南、甘泗淇、吴晗等。]

① 本条引自1961年12月31日《人民日报》第一版。

一九六二年

1月4日下午 吴晗出席首都各界人民欢迎日本禁止原子弹氢弹协议会理事长安井郁集会。①

［按：首都各界人民1500多人在政协礼堂举行集会，热烈欢迎日本禁止原子弹氢弹协议会理事长安井郁。出席大会的有中国人民保卫世界和平委员会副主席廖承志，中国人民保卫世界和平委员会副主席刘宁一、包尔汉和首都各界著名人士李德全、楚图南、许广平、康永和、吴晗、金仲华、周培源、王芸生、伍云甫、赵安博、王照华，在北京的日本朋友等。］

1月4日晚 吴晗出席安井郁举行的告别酒会。②

［按：日本禁止原子弹氢弹协议会理事长安井郁即将结束在这里的访问，1月4日晚，在北京举行告别酒会，招待中国各方面的人士。出席酒会的有和大副主席廖承志、刘宁

---

① 本条引自1962年1月5日《人民日报》第一版。

② 本条引自1962年1月5日《人民日报》第一版。

一、包尔汉，首都工会、青年、妇女、文化、科学、政法、贸易、新闻等各界人士张奚若、楚图南、李德全、王震、李颉伯、许广平、阳翰笙、吴晗、周培源、伍云甫、邓岗、王照华等。在北京的日本和平人士西园寺公一，日中贸易促进会专务理事铃木一雄，以及在北京的其他各国和平人士也出席了酒会。]

1月15日上午 吴晗去机场为阿尔巴尼亚政府经济代表团到外地参观访问送行。①

[按：阿尔巴尼亚政府经济代表团团长、部长会议副主席凯莱齐和副团长、贸易部长恩杰拉，以及政府经济代表团的部分成员，乘专机离开北京，前往外地参观访问。国务院副总理李先念和有关方面负责人叶季壮、方毅、黄镇、蒋南翔、吴晗及首都群众，前往机场欢送贵宾。]

1月17日 吴晗出席北京市各界人民拥护中共中央声明，谴责美国肯尼迪政府的反共暴行的集会。②

[按：北京市各界人民1400多人举行集会，拥护中共中央1月15日的声明，同声谴责美国肯尼迪政府的反共暴行，坚决支持美共反迫害的正义斗争。出席会议的有：中共北京市委书记处书记陈鹏、北京市总工会主席王炯、副主席彭

---

① 本条引自1962年1月16日《人民日报》第一版。

② 本条引自1962年1月18日《人民日报》第一版。

思明、共青团北京市委副书记周世贤、民盟北京市委主任委员吴晗等。吴晗代表各民主党派北京市组织和工商界讲话，他说，肯尼迪政府今天之所以加紧迫害美国共产党，是和它法西斯化的对内对外政策分不开的，是为了去干更多更大更卑鄙的坏事。吴晗说，肯尼迪口头上叫嚷“寻求和平”、“全面彻底裁军”、“反对殖民主义”等口号，实际上干的是战争、侵略、屠杀人民的血腥罪行。吴晗说，在肯尼迪政府对美共进行迫害的对照下，美国的伪民主、自由连影子也消失光了。肯尼迪的反动步调，完全像当年希特勒的所作所为。希特勒终于自食其果，遭到毁灭；肯尼迪的反动措施，也必然促使他的灭亡。]

1月18日　吴晗在北京市各界人民拥护中共中央声明，谴责美国肯尼迪政府反共暴行集会上的讲话（摘录）在《人民日报》上发表。①

1月26日晚　吴晗出席印度驻中国大使馆临时代办班纳吉举行的庆祝印度共和国成立12周年招待会。②

［按：印度驻中国大使馆临时代办班纳吉在大使馆举行招待会，庆祝印度共和国成立12周年。应邀出席招待会的有国务院副总理兼外交部长陈毅，外交部副部长黄镇，对外文化联络委员会副主任楚图南，北京市副市长吴晗等有关

① 本条引自1962年1月18日《人民日报》第一版。

② 本条引自1962年1月27日《人民日报》第一版。

方面的负责人，以及各国驻华使节和外交官员。]

2月12日下午 吴晗出席首都各界人民支持古巴第二个哈瓦那宣言集会。[①]

[按：首都各界人民在政协礼堂隆重举行的集会，支持古巴第二个哈瓦那宣言。出席大会的有陈毅副总理，政协全国委员会副主席陈叔通，外交部副部长耿飚，以及中拉友协、和大、全国总工会、全国青联、全国妇联、全国学联等大会发起单位的负责人楚图南、廖承志、刘宁一、康永和、李启新、刘清扬、吴晗、张寅安、钱李仁等。]

3月5日下午 吴晗出席首都各界人民坚决支持越南人民反对美国武装干涉的正义斗争的集会。[②]

[按：首都各界人民在政协礼堂举行集会，坚决支持越南人民反对美国武装干涉的正义斗争。出席大会的有国务院副总理李富春、习仲勋，中国人民保卫世界和平委员会副主席、中国亚非团结委员会副主席刘宁一，中华全国总工会副主席刘长胜，各人民团体、各民主党派以及其他有关方面的负责人李德全、吴晗、李烛尘、杨明轩、余心清、刘清扬、严信民、严希纯、徐萌山、袁水拍等。]

---

① 本条引自1962年2月13日《人民日报》第一版。

② 本条引自1962年3月6日《人民日报》第一版。

4 月 18 日下午　吴晗出席首都各界人民群众隆重纪念万隆会议[①]7 周年盛大集会。[②]

［按：首都各界人民群众 1500 多人在政协礼堂举行盛大集会，隆重纪念万隆会议七周年。出席会议的有陈毅副总理，政协全国委员会副主席郭沫若、黄炎培、陈叔通、包尔汉以及各方面负责人廖承志、刘宁一、李德全、楚图南、章汉夫、刘长胜、蔡廷锴、许广平、史良、陈其尤、吴晗、周培源、周谷城、李烛尘、徐萌山等。］

4 月 19 日　中国亚非学会在北京成立。吴晗担任学会副会长。[③]

［按：亚非（万隆）会议 7 周年之际，中国亚非学会在北京成立。国务院副总理陈毅、中国亚非学会筹备委员会主任郭沫若、副主任周扬、包尔汉、楚图南、吴晗、学会筹备委员会的委员们，亚非学会的各地会员，以及首都和各地学术界著名人士等，出席了在今天上午举行的学会成立大会。在成立大会上，通过了中国亚非学会简章，选出了学会理事 62 人，并选出周扬为学会会长，胡愈之、包尔汉、楚图南、吴晗为学会副会长。］

---

① 万隆会议是 1955 年 4 月 18 ~ 24 日在印度尼西亚万隆召开的反对殖民主义，推动亚非各国民族独立的会议。又称第一次亚非会议。

② 本条引自 1962 年 4 月 19 日《人民日报》第一版。

③ 本条引自 1962 年 4 月 20 日《人民日报》第一版。

6月11日晚 吴晗出席尼泊尔驻中国大使凯谢尔·巴哈杜尔举行的庆祝尼泊尔王国马亨德拉·比尔·比克拉姆·沙阿·德瓦国王陛下诞辰的盛大招待会。[①]

[按:尼泊尔驻中国大使凯谢尔·巴哈杜尔在北京饭店举行盛大招待会,庆祝尼泊尔王国马亨德拉·比尔·比克拉姆·沙阿·德瓦国王陛下诞辰。应邀出席招待会的有陈毅副总理,人大常委会副委员长郭沫若、陈叔通,国务院副总理习仲勋,政协全国委员会副主席李四光、包尔汉,外交部副部长章汉夫,中国尼泊尔友好协会副会长吴晗,政府各部门的负责人和首都各方面人士,以及各国驻华使节和外交官员。]

6月25日下午 吴晗陪同朝鲜最高人民会议代表团的贵宾们游览景山公园等地。[②]

[按:人大常委会委员张苏、北京市副市长吴晗等陪同以朴金喆团长为首的朝鲜最高人民会议代表团的贵宾们,游览了景山公园、北海公园和团城,受到了正在那里游览的群众的热情欢迎。朝鲜民主主义人民共和国驻中国大使韩益洙今天也陪同贵宾一起参观游览。]

6月27日 吴晗等陪同朝鲜最高人民会议代表团在北京西

---

① 本条引自1962年6月12日《人民日报》第一版。

② 本条引自1962年6月26日《人民日报》第三版。

郊参观游览。[1]

［按：人大常委会副秘书长张苏和北京市副市长吴晗等陪同朝鲜最高人民会议代表团副团长康良煜、朴信德和代表团全体团员，在北京西北郊参观游览了长城、定陵地下宫殿和十三陵水库。朝鲜驻华大使韩益洙，也陪同代表团一起参观游览。］

7月1日 吴晗出席11家人民团体的负责人会议。[2]

［按：中国人民保卫世界和平委员会、中华全国总工会、全国妇女联合会、全国青年联合会、全国学生联合会、中国亚非团结委员会、中国文学艺术界联合会、中国作家协会、中国人民对外文化协会、中国科学技术协会、中华全国新闻工作者协会等人民团体的负责人举行会议，讨论并通过了出席即将在莫斯科召开的争取普遍裁军与和平世界大会中国代表团名单。会议由中国人民保卫世界和平委员会主席郭沫若主持。参加会议的有刘宁一、陈叔通、蔡廷锴、茅盾、史良、李德全、楚图南、丁西林、夏衍、许广平、金仲华、吴晗、邵力子、老舍、周培源、田汉、曹禺、陈宇、钱李仁、李炳泉、胡启立等。］

7月5日下午 吴晗出席首都各界人民庆祝阿尔及利亚的

---

① 本条引自1962年6月28日《人民日报》第一版。

② 本条引自1962年7月2日《人民日报》第一版。

独立的集会。[1]

[按:首都各界人民在政协礼堂隆重集会,热烈庆祝阿尔及利亚的独立。出席大会的有全国人民代表大会常务委员会副委员长郭沫若、国务院副总理习仲勋,中非人民友好协会会长刘长胜,以及中国各人民团体的负责人廖承志、黄镇、许之桢、楚图南、丁西林、朱光、许广平、吴晗、王照华、胡启立等。社会主义国家和非洲、亚洲、拉丁美洲各国驻中国的使节,正在北京的非洲和阿拉伯国家的朋友,也都应邀参加了大会。]

8月13日下午 吴晗出席朝鲜驻我国大使韩益洙举行的庆祝朝鲜解放17周年电影招待会。[2]

[按:朝鲜驻我国大使韩益洙举行电影招待会,庆祝朝鲜解放17周年。我国政府各有关部门、中朝友好协会和北京市的负责人,中国人民解放军高级将领,以及首都各方面的人士应邀出席了招待会。他们当中有耿飚、伍修权、张致祥、曹瑛、李强、杨勇、甘泗淇、李达、萧向荣、老舍、吴晗等。各国驻中国的使节和外交官员也应邀出席了招待会。]

8月14日晚 吴晗出席首都各界人民庆祝朝鲜人民的全民

① 本条引自1962年7月6日《人民日报》第一版。

② 本条引自1962年8月15日《人民日报》第一版。

节日——“八·一五”解放17周年集会。[1]

[按:首都各界人民1千多人在民族文化宫礼堂隆重集会,热烈庆祝朝鲜人民的全民节日——“八·一五”解放17周年。出席大会的有中朝友好协会会长李德全,政府各有关部门和人民团体的负责人耿飚、曹瑛、老舍、许广平、田汉、吴晗、马纯古、孙轶青、彭思明、王骥、张寅安等,以及朝鲜驻华使馆官员和其他在北京的朝鲜朋友。]

8月18日晚 吴晗出席苏联驻中国大使馆临时代办梅晓滋夫为庆祝苏联“东方三号”“东方四号”卫星式宇宙飞船联袂上天并胜利返航举行的酒会。[2]

[按:苏联驻中国大使馆临时代办梅晓滋夫在大使馆举行酒会,庆祝苏联“东方三号”“东方四号”卫星式宇宙飞船联袂上天并胜利返航。应邀出席酒会的有国务院副总理习仲勋,伍修权、黄镇、李德全、王树声、甘泗淇、张致祥、李强、钱学森、钱三强、吴晗等各有关部门的负责人和首都各界著名人士,以及各国驻华使节和外交官员。]

9月12日 吴晗就我国击落美制蒋匪U—2飞机发表谈话。[3]

---

① 本条引自1962年8月15日《人民日报》第一版。

② 本条引自1962年8月19日《人民日报》第一版。

③ 本条引自1962年9月13日《人民日报》第一版。

［按：中国民主同盟北京市委员会主任委员吴晗、中国国民党革命委员会北京市委员会主任委员蒋光鼐、中国民主促进会北京市委员会主任委员顾均正、九三学社北京分社主任委员严济慈等，就击落美制蒋匪U—2飞机发表谈话。吴晗在谈话中说："美帝国主义的任何侵略手段，都不能在中国人民面前得逞。美制蒋匪帮U—2型飞机被我击落就是一个有力的证明。全世界爱好和平的人民决不会饶恕美帝国主义这种猖狂的阴谋。"］

9月14日下午　吴晗到机场欢迎松村谦三抵京。①

［按：日本自由民主党顾问、众议院议员松村谦三到达北京。中国亚非团结委员会主席廖承志代表周恩来总理和陈毅副总理前往首都机场欢迎松村谦三。到机场欢迎的还有首都各方面的人士张奚若、李德全、楚图南、冀朝鼎、卢绪章、许广平、吴晗、李梦华、赵安博等。在北京的日本和平人士西园寺公一也到机场迎接。］

9月15日晚　吴晗出席周恩来总理和陈毅副总理举行的欢迎日本松村谦三先生的宴会。②

［按：周恩来总理和陈毅副总理举行宴会，欢迎日本松村谦三先生。出席宴会作陪的有郭沫若、廖承志、刘宁一、

---

① 本条引自1962年9月15日《人民日报》第一版。

② 本条引自1962年9月16日《人民日报》第一版。

张奚若、叶季壮、李德全、章汉夫、蔡廷锴、楚图南、胡愈之、朱光、南汉宸、冀朝鼎、卢绪章、侯德榜、许广平、连贯、吴晗、王芸生、伍云甫、康永和、赵安博等各方面的人士。在北京的日本和平人士西园寺公一应邀出席了宴会。]

9月19日晚　吴晗出席松村谦三举行的告别宴会。[①]

［按:日本自由民主党顾问、众议院议员松村谦三举行告别宴会,向中国各方面的人士辞行。周恩来总理,陈毅副总理应邀出席宴会。应邀出席宴会的,还有刘宁一、李德全、蔡廷锴、楚图南、胡愈之、朱光、乔冠华、南汉宸、冀朝鼎、卢绪章、许广平、连贯、吴晗、邓岗、王芸生、伍云甫、赵安博等各界人士。]

9月20日上午　吴晗到机场欢送松村谦三离京。[②]

［按:日本自由民主党顾问、众议院议员松村谦三和他的随行人员乘飞机离开北京,前往上海等地参观访问。廖承志代表周恩来总理、陈毅副总理到飞机场送行。到飞机场送行的还有首都各方面人士张奚若、李德全、楚图南、许广平、朱光、卢绪章、吴晗、连贯、冀朝鼎、郑森禹、赵安博、王晓云等。在北京的日本和平人士西园寺公一也到飞机场欢送。]

---

① 本条引自1962年9月20日《人民日报》第一版。

② 本条引自1962年9月21日《人民日报》第一版。

9月30日上午　吴晗和王光美陪同苏加诺夫人等贵宾游览长城和定陵。①

[按:哈蒂妮·苏加诺夫人和随行的贵宾由刘少奇主席的夫人王光美和北京市副市长吴晗陪同,游览了长城,参观了定陵。刘主席夫人王光美和吴晗副市长向贵宾讲述孟姜女哭长城的故事和修筑长城的历史。陪同贵宾们参观游览的还有外交部副部长黄镇和夫人朱霖等。印度尼西亚驻我国大使苏卡尼·卡托迪维约也随同参观游览了长城和定陵。]

10月4日下午　吴晗出席中国尼泊尔友好协会举行的庆祝我国和尼泊尔王国边界条约签订1周年酒会。②

[按:中国尼泊尔友好协会举行酒会,热烈庆祝中华人民共和国和尼泊尔王国边界条约签订1周年。吴晗在讲话中说:"一年前签订的中尼边界条约,使我们两国的友好关系发展到一个新的阶段,为不同社会制度国家的和平共处,友好协商解决历史遗留下来的问题,树立了良好的榜样。中国人民和中国政府一贯尊重和支持尼泊尔国王陛下政府奉行的独立自主、和平中立政策。我们感谢尼泊尔为恢复中国在联合国的合法权利所采取的正义立场。我们对尼泊尔政府和人民在建设自己的祖国和维护民族主权的崇高事业

---

① 本条引自1962年10月1日《人民日报》第三版。

② 本条引自1962年10月5日《人民日报》第一版。

中所取得的成就，表示衷心的敬佩和赞扬。”吴晗最后说，“中尼两国人民的亲密友谊是任何力量也破坏不了的，它将世世代代保持和发展下去。”]

10月5日 吴晗在中国尼泊尔友好协会举行的庆祝我国和尼泊尔王国边界条约签订1周年酒会上的讲话(摘录)在《人民日报》上发表。[1]

10月6日上午 吴晗设宴欢送哈·克·什雷斯塔离京去上海访问。[2]

[按：应中国尼泊尔友好协会邀请来我国访问的尼泊尔苏联友好协会主席、加德满都伦芝纳电影院经理哈·克·什雷斯塔乘飞机离开北京前往上海等地参观访问。客人离京前夕，中尼友好协会副会长吴晗曾设宴欢送。]

10月6日下午 吴晗出席尼泊尔驻中国大使凯谢尔·巴哈杜尔为庆祝尼泊尔王国和中我国边界条约签订1周年举行的招待会。[3]

[按：尼泊尔驻中国大使凯谢尔·巴哈杜尔举行招待会，热烈庆祝尼泊尔王国和中华人民共和国边界条约签订1周年。出席招待会的有陈毅副总理，外交部副部长耿飚，对

---

① 本条引自1962年10月5日的《人民日报》第一版。

② 本条引自1962年10月7日《人民日报》第二版。

③ 本条引自1962年10月7日《人民日报》第一版。

外文委副主任楚图南、丁西林、张致祥，对外贸易部副部长白向银，中尼友协副会长吴晗、周叔迦，参加中尼边界谈判的中方人员以及首都各方面的人士。]

10月18日上午 吴晗率中尼友协代表团离京去尼泊尔进行友好访问。[1]

[按：应尼泊尔中国友好协会邀请，前往南北进行友好访问的中尼友协代表团一行三人，在中尼友好副会长、北京市副市长吴晗的率领下乘飞机离开北京。到机场送行的有：对外文委副主任朱光、北京市副市长王纯、中尼友协总干事张亦桦等。尼泊尔驻我国大使凯谢尔·巴哈杜尔也到机场送行。]

10月21日 吴晗从缅甸致电万里。[2]

[按：电报全文如下：

"北京市委万里同志：

敌大举向我进攻，代表团奉令暂停缅馆侯命。知念，特告。

并请告袁震、罗文。

吴晗　10月21日"]

---

① 本条引自1962年9月19日《人民日报》第一版。

② 本条引自北京市档案馆档案号为2—20—891的档案。

11月19日晚 吴晗出席伊拉克驻华大使法迪尔举行的欢送即将去伊拉克参加纪念巴格达建城一千周年和哲学家阿布·尤塞夫·金迪[①]活动的中国代表团宴会。[②]

[按:伊拉克驻华大使法迪尔举行宴会,欢送即将去伊拉克参加纪念巴格达建城一千周年和哲学家阿布·尤塞夫·金迪活动的中国代表团。以北京市副市长吴晗为首的代表团全体成员出席了宴会。应邀出席的还有:外交部副部长黄镇,北京市副市长万里,对外文委副主任丁西林和中伊友好协会副会长罗俊等。]

11月22日 吴晗率中国代表团乘飞机离京前往伊拉克进行友好访问。[③]

[按:吴晗率中国代表团一行五人,乘飞机离开北京前往伊拉克巴格达参加巴格达建城1千周年和伊拉克哲学家阿布·尤塞夫·肯迪的纪念活动,并进行友好访问。到机场送行的有:北京市副市长冯基平、中伊友好协会副会长罗俊、外交部西亚非洲司司长王玉田等。]

---

① 哲学家阿布·尤塞夫·金迪(796—873年),阿拉伯第一位哲学家。在麦蒙时代就享有盛名,是当时著名的科学家和哲学家。

② 本条引自1962年11月20日《人民日报》第三版。

③ 本条引自1962年11月25日《人民日报》第二版。

11 月 28 日晨　吴晗率领的代表团到达巴格达。[①]

［按：吴晗率领的代表团五人 11 月 28 日晨达到巴格达，在机场欢迎代表团的有伊拉克庆祝活动最高委员会秘书、国家指导部行政管理局局长萨勒姆等。］

11 月 28 日晚　伊拉克科学院院长拜访吴晗及代表团成员。[②]

［按：伊拉克科学院院长为纳吉·阿西勒博士，他是这次伊拉克庆祝活动最高委员会的副主席。］

11 月 29 日　吴晗等拜会纳吉·阿西勒博士。[③]

［按：参加巴格达建城 1 千周年和伊拉克古代哲学家金迪诞辰纪念的中国代表团拜会伊拉克庆祝活动最高委员会的副主席、伊拉克科学院院长纳吉·阿西勒博士。］

11 月 30 日上午　吴晗等拜会伊斯梅尔·阿里夫。[④]

［按：参加巴格达建城 1 千周年和伊拉克古代哲学家金迪诞辰纪念的中国代表团，拜会了伊拉克国家指导部长、庆祝活动最高委员会副主席伊斯梅尔·阿里夫。阿里夫同代

---

① 本条引自北京市档案馆档案号为 002—020—00891 的档案。及 12 月 1 日《人民日报》第五版。

② 本条引自北京市档案馆档案号为 002—020—00891 的档案。

③ 本条引自 1962 年 12 月 2 日《人民日报》第三版。

④ 本条引自 1962 年 12 月 2 日《人民日报》第三版。

表团团长吴晗进行了友好的谈话。宾主双方表示希望进一步发展并加强两国间的文化关系和两国在反对帝国主义的共同斗争中的合作。拜会时,中国驻伊拉克大使张伟烈也在座。]

12月1日下午 吴晗出席伊拉克首都巴格达庆祝巴格达建城1千周年和纪念伊拉克古代哲学家金迪的集会。①

[按:伊拉克首都巴格达举行集会,庆祝巴格达建城1千周年和纪念伊拉克古代哲学家金迪。由吴晗率领的中国代表团同来自其他约40个国家的30多个官方代表团和学者参加了集会。吴晗在集会中讲话,他代表北京市民和中国人民向巴格达市民和全体伊拉克人民表示节日的祝贺。他祝富有古老传统的伊拉克文化进一步发扬光大,中国和伊拉克之间的传统友谊千秋万代。]

12月7日 吴晗代表北京市市民及中国人民向卡塞姆总理赠送礼物。②

[按:中国代表团团长、北京市副市长吴晗举行庆祝活动结束会议,代表北京市市民及中国人民向庆祝活动最高委员会名誉主席卡塞姆总理赠送了北京的故宫刺绣画。卡塞姆总理亲自接受了礼物,并致简短的讲话表示感谢。]

---

① 本条引自1962年12月4日《人民日报》第四版。

② 本条引自62年12月11日《人民日报》第三版。

12月8日 吴晗偕中国代表团成员拜访巴克达市市长马吉德·哈桑。①

［按：吴晗还曾拜访巴格达大学校长阿卜杜勒·贾巴尔·阿卜杜拉等人。］

12月9日下午 吴晗率中国代表团离开巴格达启程回国。②

［按：吴晗率领的中国代表团应伊拉克政府邀请参加巴克达建城1千周年和纪念古代哲学家金迪的庆祝活动之后，乘飞机离开巴格达回国。］

12月26日 吴晗率领的中国代表团乘火车回到北京。③

［按：由吴晗率领的中国代表团乘火车回到北京。代表团是应伊拉克政府的邀请，前往巴格达参加巴格达建城1千周年和伊拉克古代哲学家肯迪诞辰的纪念活动，并进行友好访问的。到车站迎接的有北京市副市长万里、中伊友好协会副会长罗俊等。伊拉克驻华大使法迪尔也到车站迎接。］

---

① 本条引自62年12月11日《人民日报》第三版。

② 本条引自62年12月11日《人民日报》第三版。

③ 本条引自1962年12月27日《人民日报》第四版。

一九六三年

1月3日下午 吴晗出席首都各界人民欢迎锡兰总理西丽玛沃·班达拉奈克夫人大会。①

［按：首都各界人民在人民大会堂隆重举行万人大会，热烈欢迎来我国进行友好访问的锡兰总理西丽玛沃·班达拉奈克夫人及全体锡兰贵宾。出席会议的有周恩来总理，副总理贺龙，副委员长郭沫若和夫人，副委员长陈叔通，外交部副部长章汉夫，中国驻锡兰大使谢克西和夫人，中锡友协会长张志让，北京市副市长万里、吴晗、乐松生，以及首都各方面的负责人。锡兰驻中国大使佩雷拉和使馆外交官员，在北京的锡兰留学生，各国驻华使节和外交官员，以及在北京的亚洲、非洲、拉丁美洲国家的朋友们，也出席了大会。］

1月21日晚 吴晗出席图尔西·吉里博士举行的告别

---

① 本条引自1963年1月4日《人民日报》第一版。

宴会。[1]

[按:尼泊尔王国大臣会议副主席兼外交大臣图尔西·吉里博士在人民大会堂举行宴会,向中国政府领导人和有关方面人士告别。应邀出席宴会的有副总理兼外交部长陈毅,交部副部长耿飚,中国人民解放军杨成武上将,中国驻尼泊尔大使张世杰,中国佛教协会会长喜饶嘉措大师,中尼友好协会副会长吴晗、周叔迦,以及其他有关方面的人士。尼泊尔驻中国大使凯谢尔·巴哈杜尔和使馆官员,以及在北京的其他尼泊尔朋友,都出席了宴会。]

2月13日晚 吴晗出席中苏友好协会总会和北京市中苏友好协会举行的庆祝中苏友好同盟互助条约签订13周年晚会。[2]

[按:中苏友好协会总会和北京市中苏友好协会在政协礼堂举行晚会,庆祝中苏友好同盟互助条约签订13周年。中苏友好协会总会、北京市中苏友好协会和其他方面负责人吴玉章、郭沫若、廖承志、陈叔通、李四光、刘长胜、黄镇、邓拓、吴晗、萧向荣、许广平、路金栋出席了晚会。出席庆祝晚会的还有首都各界代表1500多人。]

2月14日下午 吴晗出席首都各界热烈欢迎柬埔寨国家元

---

① 本条引自1963年1月22日《人民日报》第一版。

② 本条引自1963年2月14日《人民日报》第一版。

首诺罗敦·西哈努克亲王和夫人的集会。①

[按:首都各界1万多人在人民大会堂隆重集会,热烈欢迎柬埔寨国家元首诺罗敦·西哈努克亲王和夫人以及随同来访的全体柬埔寨贵宾。出席会议的有刘少奇主席和夫人、董必武副主席、朱德委员长、周恩来总理、彭真市长和夫人,全国人大常委会副委员长郭沫若、陈叔通、林枫,国务院副总理贺龙和夫人,副总理罗瑞卿和夫人,国防委员会副主席傅作义,外交部副部长姬鹏飞和夫人,中国驻柬埔寨大使陈叔亮和夫人,中柬友协副会长王昆仑,北京市的负责人万里、吴晗、乐松生,以及首都各方面人士。柬埔寨驻中国大使西里克·马塔克和其他国家驻中国的使节,以及在北京的柬埔寨朋友和留学生都应邀出席了大会。]

2月16日 吴晗同周恩来一道陪同诺罗敦·西哈努克亲王和夫人游览长城。②

[按:柬埔寨国家元首诺罗敦·西哈努克亲王和夫人由周恩来总理陪同游览长城。今天陪同贵宾们游览的还有外交部副部长姬鹏飞和夫人,中国驻柬埔寨大使陈叔亮和夫人,北京市副市长吴晗等。贵宾们游览长城以后,还乘车观赏了十三陵水库的景色。]

---

① 本条引自1963年2月15日《人民日报》第一版。

② 本条引自1963年2月17日《人民日报》第一版。

2月17日晚 吴晗出席中国尼泊尔友好协会庆祝尼泊尔王国民主日招待会。[①]

[按:中国尼泊尔友好协会在新侨饭店举行招待会,热烈庆祝尼泊尔王国民主日。吴晗在会上讲话。他说:"中国和尼泊尔都是爱好和平的国家,都致力于维护亚非团结和世界和平的事业。中尼两国已经签订的和平友好条约和边界条约,将成为中尼两国人民世世代代友好相处的纽带,为不同社会制度国家之间的和平共处树立了良好的榜样。"出席招待会的有关部门负责人有丁西林、朱光、周叔迦、胡愈之、周而复,中国驻尼泊尔大使张世杰等。]

2月18日 吴晗在中国尼泊尔友好协会庆祝尼泊尔王国民主日招待会上的讲话(摘录)在《人民日报》上发表。[②]

3月1日 中午,吴晗到机场欢迎佐·阿·布托抵京。[③]

[按:巴基斯坦外交部长佐·阿·布托率领的巴基斯坦政府代表团,应我国外交部长陈毅的邀请,前来签订中巴两国政府关于边界问题的协定和进行友好访问,3月1日中午乘专机由上海到达北京。到机场欢迎巴基斯坦贵宾的有副总理兼外交部长陈毅,政府有关部门负责人和首都各方面人士李烛尘、蒋光鼐、黄镇、段君毅、何长工、林海云、丁西

---

① 本条引自1963年2月18日《人民日报》第一版。

② 本条引自1963年2月18日《人民日报》第一版。

③ 本条引自1963年3月2日《人民日报》第一版。

林、吴晗、萧向荣、方石珊、张杰、刘品一等。]

3月2日下午 吴晗出席首都各界庆祝中国巴基斯坦两国政府签订边界协定集会。①

[按:首都各界1万多人在人民大会堂隆重集会,热烈庆祝中国巴基斯坦两国政府签订边界协定。出席大会的有国务院总理周恩来,副总理兼外交部长陈毅,彭真市长,国务院副总理李富春,全国人民代表大会常务委员会副委员长林枫,政协全国委员会副主席李四光,国防委员会副主席傅作义,外交部副部长耿飚,中国驻巴基斯坦大使丁国钰,中巴友协副会长张杰,北京市副市长万里、吴晗、程宏毅、乐松生以及首都各方面人士。各国驻中国的使节,巴基斯坦驻中国大使馆外交官员,在京的巴基斯坦朋友都应邀出席了大会。]

3月4日上午 吴晗到机场欢送巴基斯坦政府代表团离京回国。②

[按:以巴基斯坦外交部长佐·阿·布托为首的巴基斯坦政府代表团乘专机离开北京回国。到机场欢送贵宾的有副总理兼外交部长陈毅,政府有关部门负责人和首都各方面人士李烛尘、蒋光鼐、段君毅、黄镇、林海云、丁西林、吴

---

① 本条引自1963年3月3日《人民日报》第一版。

② 本条引自1963年3月5日《人民日报》第一版。

晗、方石珊、张杰、刘品一等。巴基斯坦驻华大使馆外交官员和部分驻华使节也到机场欢送。]

3月7日上午 吴晗同彭真一起陪同老挝国王西萨旺·瓦达纳参观游览北京火车站、故宫博物院等地。[①]

[按:老挝国王西萨旺·瓦达纳陛下等贵宾由彭真等陪同,参观了北京火车站、北京工人体育场、北京工人体育馆和故宫博物院,并且观览了北京市容。陪同贵宾们参观游览的还有北京市副市长吴晗,外交部礼宾司副司长葛步海。]

3月8日下午 吴晗出席首都各界欢迎老挝王国西萨旺·瓦达纳国王陛下集会。[②]

[按:首都各界1万多人在人民大会堂隆重集会,热烈欢迎老挝王国西萨旺·瓦达纳国王陛下。出席欢迎大会的有刘少奇主席、周恩来总理和北京市市长彭真,国务院副总理陈毅,全国人民代表大会常务委员会副委员长林枫,政协全国委员会副主席李四光,国防委员会副主席傅作义、蔡廷锴,外交部副部长章汉夫、姬鹏飞,中国驻老挝大使刘春,中老友协会长连贯,北京市副市长万里、吴晗、程宏毅、贾庭三、乐松生、王纯等。]

---

① 本条引自1963年3月8日《人民日报》第二版。

② 本条引自1963年3月9日《人民日报》第一版。

3月15日 吴晗到机场欢送我国市政代表团离京。[①]

［按：由王基平率领的我国市政代表团，应非洲地方当局会议秘书处的邀请乘飞机离开北京去加纳，参加在加纳首都阿克拉召开的非洲地方当局会议。前往机场送行的有北京市副市长吴晗、外交部西亚非洲司司长王雨田等。］

3月31日晚 吴晗出席印度尼西亚驻中国大使馆临时代办苏弗雷·尤淑夫和夫人举行的庆祝《印度尼西亚中国友好条约》和《文化合作协定》签订两周年招待会。[②]

［按：印度尼西亚驻中国大使馆临时代办苏弗雷·尤淑夫和夫人在大使馆举行招待会，庆祝《印度尼西亚中国友好条约》和《文化合作协定》签订两周年。应邀出席招待会的有陈毅副总理和夫人、郭沫若副委员长和夫人、中国印度尼西亚友协会长包尔汉，还有对外文委主任张奚若，外交部副部长黄镇，其他有关方面负责人张致祥、徐光霄、林海云、崔义田、萨空了、黄中、吴晗、萧向荣、邓岗，以及首都各方面的人士。］

4月15日晚 吴晗出席郭沫若和廖承志举行的欢迎古巴全国保卫革命委员会主席何塞·马塔的宴会。[③]

---

① 本条引自1963年3月17日《人民日报》第四版。

② 本条引自1963年4月1日《人民日报》第一版。

③ 本条引自1963年4月16日《人民日报》第三版。

［按：全国人大常委会副委员长、中国人民保卫世界和平委员会主席郭沫若和中国亚非团结委员会主席廖承志举行宴会，热烈欢迎古巴全国保卫革命委员会主席何塞·马塔。出席宴会的有首都各方面人士包尔汉、周扬、茅盾、赵毅敏、夏衍、刘志坚、吴晗、胡愈之、区棠亮、周而复、孟用潜、王照华、郭建、吴茂荪等。］

4月18日下午 吴晗出席首都各界隆重纪念万隆会议8周年大会。[①]

［按：首都各界1500多人在政协礼堂举行大会，隆重纪念万隆会议8周年。参加大会的有国务院总理周恩来，副总理贺龙，政协全国委员会副主席郭沫若、黄炎培、陈叔通、包尔汉，政府有关部门、各民主党派、各人民团体和北京市的负责人廖承志、茅盾、李德全、蔡廷锴、姬鹏飞、杨明轩、楚图南、刘长胜、朱学范、吴晗、王绍鏊、季方、陈其尤、许德珩、陈炳基、刘清扬、孙轶青、张寅安等。］

4月23日下午 吴晗出席首都各界欢迎阿拉伯联合共和国部长执行会议主席阿里·萨布里阁下大会。[②]

［按：首都各界1万人在人民大会堂举行大会，热烈欢迎阿拉伯联合共和国部长执行会议主席阿里·萨布里阁

① 本条引自1963年4月19日《人民日报》第一版。

② 本条引自1963年4月24日《人民日报》第一版。

下。出席大会的有周恩来总理、彭真市长，外交部副部长章汉夫，我国驻阿联大使陈家康，北京市副市长万里、吴晗、乐松生、王纯以及北京市各方面的负责人。各国驻中国的使节应邀出席了大会。]

4月27日晚　吴晗出席中国尼泊尔友好协会举行的庆祝中国尼泊尔和平友好条约签订3周年的酒会。[1]

［按：中国尼泊尔友好协会举行酒会，庆祝中国尼泊尔和平友好条约签订3周年。尼泊尔驻中国大使凯谢尔·巴哈杜尔和在北京的其他尼泊尔朋友应邀出席酒会。中尼友协副会长吴晗和尼泊尔驻中国大使巴哈杜尔在酒会上讲了话。出席酒会的还有中尼友协副会长周叔迦以及朱光、周而复、张彤等。]

4月28日中午　吴晗出席摩洛哥王国驻中国大使阿卜杜勒·拉赫曼·兹尼贝尔和夫人举办的招待午宴。[2]

［按：摩洛哥王国驻中国大使阿卜杜勒·拉赫曼·兹尼贝尔和夫人设午宴招待周恩来总理。包尔汉、曾涌泉、林海云、吴晗等也应邀出席宴会。]

4月30日下午　吴晗出席荷兰驻我国代办处临时代办魏立

---

① 本条引自1963年4月28日《人民日报》第四版。

② 本条引自1963年4月29日《人民日报》第一版。

恒为庆祝荷兰女王朱丽安娜诞辰举行的招待会。[①]

［按：荷兰驻我国代办处临时代办魏立恒举行招待会，庆祝荷兰女王朱丽安娜诞辰。外交部副部长曾涌泉，对外贸易部副部长林海云，对外文委副主任楚图南，北京市副市长吴晗等出席了招待会。出席招待会的还有各国驻我国的使节和外交官员。］

5 月 15 日下午　吴晗会见尼泊尔新闻代表团全体成员。[②]

［按：中国尼泊尔友好协会副会长吴晗会见了尼泊尔新闻代表团全体成员，同他们进行了友好的谈话。］

5 月 15 日晚　吴晗出席中华全国新闻工作者协会和中国尼泊尔友好协会联合举行的欢送以尼泊尔新闻出版广播局长纳·普·巴苏科塔为首的尼泊尔新闻代表团的宴会。[③]

［按：中华全国新闻工作者协会和中国尼泊尔友好协会联合设宴欢送以尼泊尔新闻出版广播局长纳·普·巴苏科塔为首的尼泊尔新闻代表团。出席宴会的有首都新闻界人士和中尼友协的负责人。］

5 月 29 日下午　吴晗出席中国尼泊尔友好协会举行的欢迎

---

① 本条引自 1963 年 5 月 1 日《人民日报》第四版。

② 本条引自 1963 年 5 月 16 日《人民日报》第三版。

③ 本条引自 1963 年 5 月 16 日《人民日报》第三版。

尼泊尔妇女代表团的茶会。①

[按:中国尼泊尔友好协会举行茶会,欢迎尼泊尔妇女代表团。尼泊尔驻中国大使馆临时代办巴斯尼亚特和夫人应邀出席了茶会。同尼泊尔朋友一起欢聚的有中尼友协副会长吴晗,全国妇联有关部门的负责人戚云,以及曾经访问过尼泊尔的人士楚图南等。]

6月7日上午 吴晗陪同朝鲜贵宾参观中国革命博物馆。②

[按:朝鲜最高人民会议常任委员会委员长崔庸健和其他朝鲜贵宾李孝淳、朴成哲、姜希源等同志,在董必武、陈毅等陪同下参观了中国革命博物馆。陪同贵宾们参观的还有文化部副部长徐平羽,北京市副市长吴晗。我国驻朝鲜大使郝德青和朝鲜驻中国大使韩益洙也陪同参观。]

6月7日中午 吴晗随万里会见陪同崔庸健委员长访问中国的朝鲜最高人民会议代议员、朝鲜劳动党中央委员会委员、平壤市人民委员会委员长姜希源同志。③

[按:万里在北京市人民委员会会见陪同崔庸健委员长访问中国的朝鲜最高人民会议代议员、朝鲜劳动党中央委员会委员、平壤市人民委员会委员长姜希源同志。会见时

---

① 本条引自1963年5月30日《人民日报》第四版。

② 本条引自1963年6月8日《人民日报》第一版。

③ 本条引自1963年6月8日《人民日报》第三版。

在座的有中共北京市委书记处书记陈克寒，中共北京市委书记处书记、北京市副市长冯基平，北京市副市长吴晗、程宏毅、贾庭三、乐松生、王纯等。会见后，万里设宴招待客人。中国驻朝鲜大使郝德青，外交部第二亚洲司司长周秋野，朝鲜驻中国大使韩益洙和夫人也出席了宴会。]

6月8日下午 吴晗出席首都热烈欢迎崔庸健委员长以及全体来访的朝鲜贵宾集会。[①]

[按：首都10万人在工人体育场举行盛大隆重的集会，热烈欢迎来自兄弟盟邦的友好使者崔庸健委员长以及来访的全体朝鲜贵宾。出席大会的有刘少奇主席、董必武副主席、周恩来总理，万里副市长，各方面的领导人贺龙、陈毅、郭沫若、陈叔通、张治中，外交部副部长姬鹏飞，我国驻朝鲜大使郝德青，中朝友协会长李德全，北京市副市长吴晗、程宏毅、贾庭三、乐松生等。朝鲜驻中国大使馆外交官员，在北京的朝鲜同志和各国外宾，各国驻中国的使节，应邀出席了大会。]

6月9日上午 吴晗随朱德陪同崔庸健等游览北京西山名胜古迹。[②]

[按：朝鲜最高人民会议常任委员会委员长崔庸健等和

① 本条引自1963年6月9日《人民日报》第一版。

② 本条引自1963年6月10日《人民日报》第一版。

朱德等同游北京西山名胜古迹。今天陪同贵宾们参观的还有外交部副部长姬鹏飞，北京市副市长吴晗，我国驻朝鲜大使郝德青等。朝鲜驻中国大使韩益洙也陪同参观。]

6月11日晚 吴晗出席尼泊尔王国驻华大使馆临时代办巴斯尼亚特为庆祝尼泊尔王国马亨德拉国王陛下44寿辰举行的招待会。①

[按：尼泊尔王国驻华大使馆临时代办巴斯尼亚特在北京饭店举行招待会，庆祝尼泊尔王国马亨德拉·比尔·比克拉姆·沙阿·德瓦国王陛下44寿辰。出席招待会的有董必武副主席，陈毅副总理，郭沫若、陈叔通副委员长，政协全国委员会副主席包尔汉，国防委员会副主席张治中、傅作义，外交部副部长黄镇，中国尼泊尔友好协会副会长吴晗等。]

6月14日上午 吴晗随邓小平陪同崔庸健委员长和其他朝鲜贵宾游览八达岭长城。②

[按：崔庸健委员长和其他朝鲜贵宾，在邓小平的陪同下到八达岭游览了长城。在城楼上，邓小平和吴晗向崔庸健委员长和朝鲜驻中国大使韩益洙，谈了许多有关长城的有趣史话。]

---

① 本条引自1963年6月12日《人民日报》第一版。

② 本条引自1963年6月15日《人民日报》第一版。

7月5日上午 吴晗到机场欢送邓小平彭真同志率中共代表团离京参加中苏两党会谈。[①]

[按:参加中苏两党会谈的中国共产党代表团,在团长、中共中央总书记邓小平,副团长、中共中央政治局委员、书记处书记彭真率领下,乘专机离开北京前往莫斯科。中共中央副主席、国家主席刘少奇,中共中央副主席、国务院总理周恩来,中共中央副主席、人大常委会委员长朱德,中共中央政治局委员、国家副主席董必武,以及党和国家其他领导人,中共中央和国务院各部门负责人,各民主党派负责人和无党派民主人士,各人民团体负责人,都前往首都机场热烈欢送。]

7月8日 吴晗致信小林文男。[②③]

7月11日下午 吴晗出席首都各界庆祝中朝友好合作互助条约签订两周年集会。[④]

[按:首都各界一千五百多人隆重举行集会,热烈庆祝中朝友好合作互助条约签订两周年。出席大会的有中共中央副主席、国务院总理周恩来,中共中央政治局委员、国务

---

① 本条引自1963年7月6日《人民日报》第一版。。

② 本条引自刘光永著:《清官梦——吴晗传》第292页。

③ 小林文男,日本友人、著名学者,他和另一位日本友人、著名学者佐久间重男一起将吴晗的一些文章翻译成日文,准备出版。这封信是吴晗收到小林文男的来信后的回信。

④ 本条引自1963年7月12日《人民日报》第一版。。

院副总理陈毅，中共中央书记处书记、国务院副总理兼中国人民解放军总参谋长罗瑞卿大将，全国人民代表大会常务委员会副委员长林枫，政协全国委员会副主席郭沫若、李四光、陈叔通、包尔汉，廖承志，杨成武，杨勇，刘长胜，姬鹏飞，老舍，魏传统，张致祥，曹瑛，杨之华，吴晗，王照华等各有关部门、各人民团体和北京市的负责人，以及中国驻朝鲜大使郝德青。]

7月14日下午 吴晗出席首都各界人民的欢迎参加世界妇女大会后前来我国访问各国妇女代表团。①

［按：首都各界人民7千人在人民大会堂举行盛大集会，热烈欢迎参加世界妇女大会后前来我国访问的亚洲、非洲、拉丁美洲各国妇女代表团。邓颖超副主席主持欢迎大会。出席世界妇女大会的中国妇女代表团团长杨蕴玉，副团长郭建、吴全衡和代表团全体成员参加了大会。参加大会的还有国务院各部女副部长刘亚雄、张琴秋、罗叔章、胡子婴、钱正英、夏之栩，以及中国人民对外文化协会、中国非洲人民友好协会、中国拉丁美洲友好协会、中国印度尼西亚友好协会、中国尼泊尔友好协会、中华全国总工会、中华全国青年联合会、中国文学艺术界联合会、中国作家协会、中国美术家协会、中华全国新闻工作者协会、中国政治法律学会和中国人民保卫儿童全国委员会等单位的负责人楚图

---

① 本条引自1963年7月15日《人民日报》第一版。

南、张铁生、丁西林、胡愈之、吴晗、马纯古、王照华、阳翰笙、张友渔、严文井、王芸生、刘开渠等，以及全国妇联和北京市妇联的负责人。]

7月15日晚　吴晗出席中非友协等5个友好团体联合举行欢迎前来我国访问的妇女代表团的代表的酒会。①

[按：中非友协等5个友好团体联合举行酒会，欢迎前来我国访问的亚洲、非洲、拉丁美洲的妇女代表团的代表。出席酒会的有全国人大常委会副委员长郭沫若和夫人，中国非洲人民友好协会、中国拉丁美洲友好协会、中国越南友好协会、中国印度尼西亚友好协会、中国尼泊尔友好协会和全国妇联的负责人包尔汉、张铁生、丁西林、孙晓村、胡愈之、吴晗、许广平等和首都各方面的知名人士等。]

7月17日下午　吴晗前往北京东直门外殡仪馆，吊唁因苏联班机失事遇难的七位阿尔巴尼亚同志和三位中国同志。②

[按：前往北京东直门外殡仪馆，吊唁因苏联班机失事遇难的阿尔巴尼亚驻中国大使雷兹·马利列的夫人费丽克·马利列等七位阿尔巴尼亚同志和三位中国同志的有国务院副总理兼外交部长陈毅和夫人张茜以及各有关方面的负责人叶季壮、廖承志、姬鹏飞、曾涌泉和夫人、李强、白向银、

---

① 本条引自1963年7月16日《人民日报》第四版。

② 本条引自1963年7月18日《人民日报》第一版。

方毅、夏衍、徐平羽、曹瑛、贺彪、韩念龙、萧向荣中将、吴晗、胡绩伟、邵公文等。]

7月18日下午 吴晗出席首都各界欢迎参加世界妇女大会后归来的中国妇女代表团的集会。①

[按：首都各界1万多人在人民大会堂隆重集会，热烈欢迎参加世界妇女大会后归来的中国妇女代表团。出席会议的有全国妇联副主席邓颖超，中国妇女代表团团长杨蕴玉、副团长郭建、吴全衡和代表团全体成员同我国20个人民团体的负责人廖承志、包尔汉、李德全、许广平、史良、杨之华、刘清扬、朱学范、王照华、徐葵、楚图南、老舍、朱穆之、张友渔、吴茂荪、范长江、荣高棠、胡子昂、吴晗、林巧稚、王瑛璞、关世雄等。]

7月21日下午 吴晗到首都机场欢迎从苏联会谈回国的邓小平、彭真同志。②

[按：参加中国共产党和苏联共产党会谈的中国共产党代表团，由团长、中共中央总书记邓小平同志和副团长、中共中央政治局委员、书记处书记彭真同志率领，7月21日下午乘专机由莫斯科回到北京。毛泽东、刘少奇、周恩来等党和国家的领导人、中共中央各部门负责人，全国人民代表大

① 本条引自1963年7月19日《人民日报》第一版。

② 本条引自1963年7月22日《人民日报》第一版。

会常务委员会委员，国务院各部门负责人，中国人民政治协商会议全国委员会常务委员，各民主党派负责人和无党派民主人士，各人民团体负责人，中国人民解放军高级将领，中共中央华北局和北京市的负责人，以及首都各界五千多人，到首都机场热烈地欢迎代表团同志归来。]

7月24日晚 吴晗出席中国人民保卫世界和平委员会、中国亚非团结委员会举行的欢迎朝鲜拥护和平全国民族委员会和朝鲜亚非团结委员会代表团的宴会。①

[按：中国人民保卫世界和平委员会、中国亚非团结委员会举行宴会，热烈欢迎以金国熏为首的朝鲜拥护和平全国民族委员会和朝鲜亚非团结委员会代表团全体同志。出席宴会的有中国人民保卫世界和平委员会主席郭沫若，副主席陈叔通、包尔汉，中国亚非团结委员会主席廖承志，副主席茅盾，中朝友好协会会长李德全。出席宴会的还有姬鹏飞、杨勇上将、李志民上将、李运昌、楚图南、丁西林、南汉宸、吴德峰、张执一、范长江、朱学范、武新宇、吴晗、王芸生、魏传统、区棠亮、连贯、老舍、刘清扬等各有关方面负责人和首都各界人士。]

7月25日下午 吴晗出席首都各界庆祝古巴“7·26”革命

① 本条引自1963年7月25日《人民日报》第三版。

节10周年集会。[1]

［按：首都各界一万多人在人民大会堂举行隆重盛大的集会，热烈庆祝古巴“7·26”革命节10周年。出席会议的有中共中央副主席、国务院总理周恩来，中共中央政治局委员、国务院副总理陈毅，人大常委会副委员长郭沫若、林枫，政协全国委员会副主席包尔汉，13个全国性的人民团体和其他方面的负责人廖承志、楚图南、黄镇、朱学范、李德全、张致祥、吴德峰、夏衍、阳翰笙、吴晗、范瑾、黄家驷、王照华、张寅安等。］

8月1日下午　吴晗出席首都各界支持第九届禁止原子弹氢弹世界大会的集会。[2]

［按：首都各界1万多人在人民大会堂隆重集会，热烈支持即将在日本广岛举行的第九届禁止原子弹氢弹世界大会，支持日本人民的反美爱国斗争。出席会议的有周恩来总理，陈毅、罗瑞卿副总理，郭沫若、陈叔通副委员长，政协全国委员会副主席李四光，国防委员会副主席傅作义，各人民团体、各民主党派和其他有关方面的负责人刘宁一、张奚若、茅盾、李烛尘、李德全、朱学范、吴德峰、楚图南、丁西林、阳翰笙、刘清扬、梅益、吴晗、王绍鏊、余心清、陈此生、严信民、黄鼎臣、徐萌山、魏建功、王照华、张寅安等。］

---

① 本条引自1963年7月26日《人民日报》第一版。

② 本条引自1963年8月2日《人民日报》第一版。

8月6日下午 吴晗出席首都各界人民欢迎索马里共和国总理阿卜迪拉希德·阿里·舍马克博士的集会。[1]

[按:首都各界人民1万多人在人民大会堂举行盛大集会,热烈欢迎索马里共和国总理阿卜迪拉希德·阿里·舍马克博士。出席会议的有国务院总理周恩来,副总理陈毅、李先念,全国人民代表大会常务委员会副委员长陈叔通,政协全国委员会副主席包尔汉,北京市副市长万里,各方面的负责人刘长胜、黄镇、张奚若、程宏毅、王昆仑、吴晗、贾庭三、乐松生,中国驻索马里大使张越,北京各界知名人士和穆斯林的代表。出席大会的,还有各国驻中国的使节,在北京的索马里朋友以及非洲其它国家的朋友。]

8月6日傍晚 吴晗随陈毅陪同阿卜迪拉希德·阿里·舍马克博士游览颐和园。[2]

[按:索马里共和国总理阿卜迪拉希德·阿里·舍马克博士和随同他来访的其他索马里贵宾,由陈毅副总理等陪同,游览了细雨微蒙中的颐和园。陪同贵宾游览的还有外交部副部长黄镇,北京市副市长吴晗和中国驻索马里大使张越。]

8月12日下午 吴晗出席首都各界支持美国黑人反对种族

---

① 本条引自1963年8月7日《人民日报》第一版。

② 本条引自1963年8月7日《人民日报》第二版。

歧视的英勇斗争的集会。[①]

［按：首都各界1万多人举行盛大集会，坚决支持美国黑人反对种族歧视的英勇斗争，强烈谴责美国帝国主义的种族歧视罪行。出席会议的有周恩来总理、陈毅、罗瑞卿副总理，黄炎培、陈叔通副委员长，政协全国委员会副主席郭沫若、李四光，国防委员会副主席傅作义，各民主党派、各人民团体和政府有关部门的负责人参加了大会。他们当中有廖承志、刘长胜、茅盾、姬鹏飞、李德全、吴德峰、朱学范、陈其瑗、范长江、阳翰笙、吴晗、王绍鏊、严信民、茅以升、黄鼎臣、徐萌山、杨之华、朱穆之、钱李仁、张寅安等。］

9月2日中午　吴晗到机场欢迎肯尼亚非洲民族联盟代表团抵京。[②]

［按：以肯尼亚下院议员、下院执政党议会党团首席督导约翰·戴维·卡利为首的肯尼亚非洲民族联盟代表团，应中国人民外交学会邀请来我国进行友好访问，9月2日中午乘飞机到达北京。到机场欢迎的有首都各有关方面负责人包尔汉、廖承志、刘长胜、武新宇、胡愈之、南汉宸、吴德峰、连贯、赵伯平、朱光、吴晗、许广平等。中国人民外交学会会长张奚若在机场讲话。他代表中国人民外交学会向肯尼亚客人们表示热烈欢迎。］

---

① 本条引自1963年8月13日《人民日报》第一版。

② 本条引自1963年9月3日《人民日报》第二版。

9月3日下午 吴晗出席张奚若举行的欢迎肯尼亚非洲民族联盟代表团的招待会。[1]

[按:中国人民外交学会会长张奚若举行招待会,热烈欢迎以肯尼亚下院议员、下院执政党议会党团首席督导约翰·戴维·卡利为首的肯尼亚非洲民族联盟代表团。出席招待会的有人大常委会副委员长郭沫若,政协全国委员会副主席包尔汉,中国亚非团结委员会主席廖承志,中国非洲人民友好协会会长刘长胜,外交部副部长黄镇,人大常委,政协常委,各民主党派、各人民团体的负责人,以及首都各界知名人士李德全、胡愈之、武新宇、南汉宸、张志让、张友渔、连贯、赵伯平、孙大光、李代耕、蔡子伟、卢绪章、吴晗、朱光、邓岗、曹孟君、王照华等。]

9月5日下午 吴晗出席首都各界欢迎肯尼亚非洲民族联盟代表团集会。[2]

[按:首都各界1500多人在政协礼堂举行集会,热烈欢迎以肯尼亚下院议员、下院执政党议会党团首席督导约翰·戴维·卡利为首的肯尼亚非洲民族联盟代表团。出席大会的有人大常委会副委员长林枫,中国人民外交学会会长张奚若,中国非洲人民友好协会会长刘长胜,中国亚非团结委员会副主席李德全等出席了大会。非洲国家驻华使节和

---

① 本条引自1963年9月4日《人民日报》第三版。

② 本条引自1963年9月6日《人民日报》第五版。

外交官员，在北京的非洲各国外宾，应邀出席了大会。出席大会的还有南汉宸、吴德峰、朱学范、许广平、吴晗、赵伯平、张执一、朱光、张铁生、曹孟君、王照华等各方面人士。]

9月5日晚 吴晗出席中国科学院赠予迪·努·艾地中国科学院名誉学部委员称号仪式。①

[按：中国科学院在人民大会堂隆重举行赠予印度尼西亚共产党中央委员会主席迪·努·艾地中国科学院名誉学部委员称号仪式。中共中央副主席、国务院总理周恩来，中共中央副主席、全国人民代表大会常务委员会委员长朱德，中共中央总书记邓小平，中共中央政治局委员彭真，中共中央政治局候补委员陆定一、陈伯达、康生，中共中央委员、国务院副总理聂荣臻，中共中央委员、中共中央高级党校校长林枫，中国科学院院长郭沫若和科学院在京各学部委员以及科学界著名人士，参加了赠予仪式。出席赠予仪式的，还有中共中央委员吴玉章、廖承志、刘宁一、伍修权，中央候补委员周扬，外交部副部长黄镇。中国科学院副院长张劲夫、竺可桢、吴有训、裴丽生，科学院各学部委员于光远、邓拓、华罗庚、艾思奇、汪菊潜、严济慈、吴晗、张维、陈垣、金岳霖、周培源、范文澜、茅盾、赵九章、赵忠尧、侯德封、许杰、潘梓年、钱三强、钱学森、钱崇澍等。]

---

① 本条引自1963年9月7日《人民日报》第一版。

9月6日中午 吴晗出席彭真举行的欢送肯尼亚非洲民族联盟代表团的宴会。[①]

[按:全国人民代表大会常务委员会副委员长彭真举行宴会,热烈欢送以肯尼亚下院议员、下院执政党议会党团首席督导约翰·戴维·卡利为首的肯尼亚非洲民族联盟代表团。出席宴会的有人大常委、有关部门负责人,各民主党派和各人民团体的负责人张奚若、廖承志、刘宁一、包尔汉、刘长胜、黄镇、武新宇、季方、南汉宸、胡子昂、茅以升、高崇民、许广平、王绍鏊、史良、李德全、吴晗、吴德峰、蔡廷锴、曹孟君、王照华等。]

9月7日中午 吴晗到机场欢送肯尼亚非洲民族联盟代表团团长约翰·戴维·卡利及代表团团员离京回国。[②]

[按:肯尼亚非洲民族联盟代表团团长约翰·戴维·卡利及代表团团员6人乘飞机离开北京回国。前往机场欢送的有外交学会会长张奚若,副会长胡愈之,政协全国委员会副主席包尔汉,中国亚非团结委员会主席廖承志,中非友好协会会长刘长胜,副会长朱光,人大常委会副秘书长武新宇、连贯、赵伯平,北京市副市长吴晗,政法学会副会长吴德峰,全国青联副主席王照华等。]

---

① 本条引自1963年9月7日《人民日报》第一版。

② 本条引自1963年9月9日《人民日报》第五版。

9月11日晚 吴晗出席杨秀峰举行的欢送越中友协代表团的酒会。[①]

[按:中国越南友好协会会长杨秀峰举行酒会,欢送由孙光阀团长率领的越中友协代表团。出席宴会的有陈毅副总理,各方面的负责人包尔汉、曹瑛、连贯、申伯纯、吴晗和中越友协的理事们。越南民主共和国驻中国大使陈子平和使馆官员应邀出席了酒会。杨秀峰会长和孙光阀团长先后在会上讲话。孙光阀团长还朗诵了他在中国访问期间作的歌颂越中两国人民友谊的诗。]

9月26日晚 吴晗出席中国人民保卫世界和平委员会举行的宴会欢迎美国黑人领袖罗伯特·威廉[②]和夫人梅贝尔的宴会。[③]

[按:中国人民保卫世界和平委员会举行宴会,欢迎美国黑人领袖罗伯特·威廉和夫人梅贝尔。出席宴会的有和大主席郭沫若和夫人于立群,副主席廖承志、刘宁一、包尔汉和夫人拉希达,各人民团体和有关方面的负责人张奚若、茅盾、南汉宸、吴德峰、朱学范、胡愈之、许广平、吴晗、谢鹤

---

① 本条引自1963年9月12日《人民日报》第一版。

② 罗伯特·威廉 美国民权领袖之一,作家。美国上世纪60年代初,种族歧视现象十分严重时,这位黑人就积极倡导美国黑人团结起来,并鼓动黑人能拿起武器的都拿起武器进行自卫。后来他受到了美国FBI追捕,于是他趁机逃出美国,先到古巴,后来一路跑到中国,受到毛泽东主席的接见。

③ 本条引自1963年9月27日《人民日报》第二版。

筹、薛子正、陈其瑗、茅以升、曹禺、张铁生、区棠亮、郑为之、王传斌、潘丽华等。]

9 月 30 日中午 吴晗出席陈毅举行的欢迎阿尔及利亚政府代表团全体贵宾的宴会。[①]

[按:陈毅副总理在人民大会堂举行宴会,热烈欢迎由阿尔及利亚国务部长阿马尔·乌兹加尼率领的阿尔及利亚政府代表团全体贵宾。出席宴会作陪的有关方面人士廖承志、包尔汉、叶季壮、张奚若、沈雁冰、朱学范、黄镇、王树声大将、方毅、南汉宸、卢绪章、程照轩、朱光、屈武、许广平、梅益、吴晗等。正在北京访问的阿尔及利亚其他外宾、部分亚洲和非洲国家驻中国的使节也应邀出席了宴会。]

9 月 30 日下午 吴晗出席首都各界欢迎阿尔及利亚民主政府代表团全体贵宾的集会。[②]

[按:首都各界 1500 多人在政协礼堂隆重热烈欢迎英雄的阿尔及利亚人民的友好使者——以阿马尔·乌兹加尼部长为首的阿尔及利亚民主人民共和国政府代表团全体贵宾。中非友好协会会长刘长胜在集会上致欢迎词。中非友协副会长包尔汉和阿马尔·乌兹加尼部长发表讲话。出席欢迎集会的还有各方面负责人廖承志、黄镇、张奚若、王树

---

① 本条引自 1963 年 10 月 1 日《人民日报》第四版。

② 本条引自 1963 年 10 月 1 日《人民日报》第四版。

声大将、许光达大将、南汉宸、朱光、屈武、许广平、吴晗、张铁生、赵国强、刘品一、钱李仁、徐葵等。]

10月2日晚 吴晗出席张奚若举行的欢迎巴基斯坦参加中国国庆观礼团的宴会。①

[按:中国人民外交学会会长张奚若举行宴会,欢迎以巴基斯坦著名公众领袖巴沙尼大毛拉为首的巴基斯坦参加中国国庆观礼团。政协全国委员会副主席包尔汉以及人大常委赵寿山、梅龚彬,政协常委孙晓村、吴晗、张友渔,各有关部门和人民团体的负责人出席了宴会。巴基斯坦大使罗查应邀出席宴会。出席宴会的还有政府有关部门和中巴友协、中国伊斯兰教协会等方面的负责人林海云、朱光、韩念龙、申伯纯、张杰、刘品一、沈图等。]

10月6日 吴晗出席中国巴基斯坦友好协会举行的欢送巴基斯坦参加中国国庆观礼团的招待会。②

[按:中国巴基斯坦友好协会举行欢送巴基斯坦参加中国国庆观礼团的招待会。国务院副总理贺龙,人大常委会副委员长郭沫若,政协全国委员会副主席包尔汉,中国人民外交学会会长张奚若,外交部副部长黄镇,以及其他各有关方面的负责人,出席招待会同巴基斯坦朋友亲切欢聚。出

---

① 本条引自1963年10月3日《人民日报》第三版。

② 本条引自1963年10月7日《人民日报》第二版。

席招待会的还有蔡廷锴、胡愈之、张含英、朱光、林海云、武新宇、史良、侯德榜、刘清扬、吴晗、周培源等各方面负责人。]

10月10日下午 吴晗出席首都各界反对美国帝国主义、支持美国黑人反对种族歧视斗争的盛大集会。①

[按:首都各界1万多人在人民大会堂举行反对美国帝国主义、支持美国黑人反对种族歧视斗争的盛大集会。出席大会的有中国人民保卫世界和平委员会主席郭沫若,国务院副总理贺龙,人大常委会副委员长黄炎培、彭真、陈叔通,政协全国委员会副主席包尔汉,以及我国各人民团体和有关方面的负责人廖承志、刘宁一、茅盾、朱学范、李德全、吴德峰、许广平、朱光、吴晗、阳翰笙、茅以升、老舍、王芸生、王照华、张寅安等。]

10月14日晚 吴晗出席张奚若举行的欢迎坦噶尼喀文化代表团的宴会。②

[按:对外文化联络委员会主任张奚若举行宴会,热烈欢迎由坦噶尼喀国民文化和青年部部长西乔纳率领的坦噶尼喀文化代表团。张奚若主任和西乔纳部长在宴会上讲话,共祝中坦两国的友好关系和人民友谊日益发展。出席宴会作陪的,有包尔汉、胡愈之、朱光、刘季平、吴晗、杜干

---

① 本条引自1963年10月11日《人民日报》第一版。

② 本条引自1963年10月15日《人民日报》第三版。

全、张铁生、钱李仁等各方面负责人。]

11月6日上午 吴晗到机场欢送贺龙离京前往雅加达。①

［按：国务院副总理、体育运动委员会主任贺龙元帅，应印度尼西亚共和国第二副首席部长、外交部长苏班德里约博士的邀请前往印度尼西亚进行友好访问，参加第一届新兴力量运动会的观礼乘专机离开北京前往雅加达。国务院总理周恩来，副总理陈毅元帅、聂荣臻元帅，全国人民代表大会常务委员会副委员长林枫等国家领导人前往机场送行。到机场欢送的还有政协全国委员会副主席、中国印度尼西亚友好协会会长包尔汉，以及政府各部门负责人、解放军高级将领、人民团体和北京市的负责人廖承志、李一氓、黄镇、许光达、萧华、杨成武、李聚奎、李达、张致祥、夏衍、周荣鑫、萨空了、吴晗等。]

11月6日晚 吴晗出席首都各界人民庆祝十月革命46周年集会。②

［按：首都各界人民隆重举行集会，热烈庆祝全世界无产阶级、劳动人民、被压迫民族和全体进步人类的共同节日——伟大的十月社会主义革命46周年。中共中央政治局委员、中华人民共和国副主席董必武，中共中央政治局委

① 本条引自1963年11月7日《人民日报》第一版。

② 本条引自1963年11月7日《人民日报》第一版。

员、国务院副总理陈毅，中共中央政治局候补委员、书记处书记康生等党和国家领导人，以及首都劳动人民和各界代表1500多人，出席了大会。参加大会的还有黄炎培、程潜、李四光、包尔汉、张奚若、沈雁冰、张宗逊、李德全、李烛尘、曾涌泉、刘志坚、吴有训、张致祥、邓拓、马纯古、杨之华、蔡楚生、吴晗、王照华等各方面负责人。前来我国参加十月革命46周年庆祝活动的苏中友好协会代表团全体成员，应邀出席了大会。]

11月22日下午 吴晗出席首都各界庆祝中国阿富汗边界条约的签订的集会。[1]

[按：首都各界1万多人在人民大会堂举行盛大集会，隆重庆祝中国和阿富汗两国友好关系史上的大喜事——中国阿富汗边界条约的签订。陈毅副总理兼外交部长，李先念副总理，林枫副委员长，政协全国委员会副主席包尔汉，国防委员会副主席张治中等出席了庆祝大会。彭真市长和阿富汗内务大臣阿布杜·卡尤姆博士在会上讲话。出席会议的还有曾山、张奚若、黄镇、万里、冯基平、吴晗、王昆仑、贾庭三、乐松生、白寿彝等有关方面的负责人和中国驻阿富汗大使郝汀。阿富汗驻中国大使馆外交官员和其他在北京的阿富汗朋友，各国驻华使节和外交官员，也应邀参加了大会。]

---

① 本条引自1963年11月23日《人民日报》第一版。

一九六四年

1月4日 吴晗出席北京市三里河第二小学命名三里河中古友谊小学会议。①

[按:北京市三里河第二小学师生隆重集会,热烈庆祝古巴解放五周年和学校被命名为北京市三里河中古友谊小学。以古斯塔沃·马索拉为首的古巴友好代表团,以及古巴驻中国大使馆商务参赞艾杜阿尔多·桑托斯等参加了大会。参加大会第还有北京市副市长吴晗、中国古巴友好协会总干事任映仑等。大会举行前,在掌声和锣鼓声中,吴晗和校长白智把一块崭新的"北京市三里河中古友谊小学"牌子挂在大门边。庆祝会开始,吴晗首先讲话。他说,今天,北京市三里河第二小学被光荣地命名为北京市三里河中古友谊小学,它必将为进一步加强和发展中古两国人民之间的友谊作出贡献。古斯塔沃·马索拉也在热烈的掌声中讲了话。]

① 本条引自1964年1月5日《人民日报》第四版。

1月5日　吴晗在北京市三里河二小命名三里河中古友谊小学会议上的讲话(摘录)在《光明日报》上发表。①

1月20日晚　吴晗出席张奚若举行的法国议员代表团的宴会。②

[按:中国人民外交学会会长张奚若举行宴会,欢迎以弗朗索瓦·贝纳尔为首的法国议员代表团。全国人民代表大会常务委员会副委员长陈叔通,中国人民外交学会副会长胡愈之,各有关方面负责人李烛尘、武新宇、李一氓、卢绪章、连贯、赵伯平、孙晓村、吴晗、冯铉、吴冷西、宦乡、郑森禹等出席了今天的宴会。]

1月24日晚　吴晗出席中国非洲人民友好协会举行的欢迎肯尼亚首任驻华大使亨利·穆利的酒会。③

[按:中国非洲人民友好协会举行酒会,欢迎肯尼亚首任驻华大使亨利·穆利。中国非洲人民友好协会副会长丁西林、张铁生在酒会上表示热烈欢迎肯尼亚的首任驻华使节,并且把亨利·穆利大使和夫人、大使馆参赞凯罗介绍给参加酒会的各有关负责人姬鹏飞、胡愈之、屈武、卢绪章、林礪儒、黄中、萧向荣、吴晗和中非友好协会在京的理事们。]

---

① 本条引自1964年1月5日《光明日报》第三版。

② 本条引自1964年1月21日《人民日报》第四版。

③ 本条引自1964年1月25日《人民日报》第三版。

2月10日晚 吴晗出席归国华侨春节联欢晚会。①

[按:正在北京的八千多名归国华侨今天在人民大会堂举行了春节联欢晚会。中华人民共和国华侨事务委员会主任廖承志在会上致词祝贺。参加晚会的还有华侨事务委员会副主任方方、北京市副市长吴晗以及举办这次晚会的北京市民政局、北京市教育局、共青团北京市委员会、中华全国归国华侨联合会、北京市归国华侨联合会等8个单位的负责人。]

2月17日晚 吴晗出席中国尼泊尔友好协会举行的庆祝尼泊尔王国民主日的招待会。②

[按:中国尼泊尔友好协会举行招待会,庆祝尼泊尔王国民主日。尼泊尔驻中国大使凯谢尔·巴哈杜尔和夫人,使馆官员以及在北京的尼泊尔朋友应邀出席了招待会。中尼友协副会长吴晗和巴哈杜尔大使先后在招待会上讲话,热烈祝贺中尼两国人民间的传统友谊,在和平共处五项原则的基础上,不断巩固和发展。今晚同尼泊尔朋友一起欢聚的还有,夏衍、丁西林、周而复、周叔迦、杨公素等有关方面人士。]

3月3日晚 吴晗出席郭沫若举行的招待新西兰和平理事

---

① 本条引自1964年2月11日《人民日报》第二版。

② 本条引自1964年2月18日《人民日报》第三版。

会全国执行主席威利斯·艾雷教授和夫人的宴会。①

[按:中国人民保卫世界和平委员会主席郭沫若和夫人设宴招待来我国访问的新西兰和平理事会全国执行主席威利斯·艾雷教授和夫人。出席作陪的有包尔汉、吴晗、周培源、周而复、曹孟君、张香山、吴茂荪、郑森禹等。出席宴会的还有在京的新西兰朋友路易·艾黎、道格拉斯·雷克和夫人。]

3月9日 吴晗随李富春陪同罗马尼亚工人党中央委员会代表团游览长城等地。②

[按:罗马尼亚工人党中央委员会代表团团长、罗马尼亚工人党中央委员会政治局委员扬·格·毛雷尔和代表团团员、政治局委员尼·齐奥塞斯库由李富春陪同,游览了长城,并参观了十三陵水库和定陵。陪同游览的还有中共中央委员伍修权和北京市副市长吴晗。]

3月23日上午 吴晗随彭真陪同日本共产党中央委员会代表团全体团员游览颐和园。③

[按:日本共产党中央委员会政治局委员、中央书记处书记袴田里见和由他率领的日本共产党中央委员会代表团

① 本条引自1964年3月4日《人民日报》第五版。
② 本条引自1964年3月10日《人民日报》第一版。
③ 本条引自1964年3月24日《人民日报》第四版。

全体团员，在中共中央政治局委员彭真陪同下游览颐和园。陪同游览的还有中共中央候补委员赵毅敏，北京市副市长吴晗。]

4月12日 吴晗到车站欢迎日本自由民主党顾问松村谦三等一行7人抵京。[①]

[按：应廖承志邀请来我国访问的日本自由民主党顾问松村谦三等一行7人由秦皇岛乘火车到达北京。廖承志和夫人到车站迎接松村谦三和他的随行人员。到车站欢迎日本客人的还有卢绪章、阳翰笙、吴晗、吴茂荪、赵安博、谢南光、勇龙桂、林林，以及有关贸易公司经理等各界人士。在北京的日本和平人士西园寺公一和正在北京的日本贸易公司代表也到车站欢迎。]

4月13日晚 吴晗出席廖承志举行的欢迎日本自由民主党顾问、国会议员松村谦三及其随行人员的宴会。[②]

[按：廖承志举行宴会，欢迎日本自由民主党顾问、国会议员松村谦三及其随行人员。出席宴会的有周恩来总理，叶季壮、卢绪章、柴树藩、胡愈之、张友渔、李强、阳翰笙、吴晗、周而复、王芸生、邓岗、沈兹九、李梦华、赵安博等有关方面人士。在京日本和平人士西园寺公一，以菅野和太郎为

① 本条引自1964年4月13日《人民日报》第四版。

② 本条引自1964年4月14日《人民日报》第一版。

首的日本关西经济友好访华代表团,也应邀出席宴会。]

4月17日下午 吴晗出席首都各界群众纪念古巴人民吉隆滩战役胜利3周年集会。①

[按:首都各界群众1万人隆重集会,纪念古巴人民吉隆滩战役胜利3周年。出席大会的有人大常委会副委员长、中国人民保卫世界和平委员会主席郭沫若,人大常委会副委员长黄炎培、林枫,中国亚非团结委员会副主席、中国古巴友好协会会长刘宁一,各民主党派、各人民团体和北京市的负责人曾涌泉、蔡廷锴、茅盾、李德全、许德珩、刘志坚、高崇民、张致祥、吴晗、冯基平、王绍鏊、李启新、顾大椿、王照华、沈兹九、严信民、严希纯、徐萌山、张寅安等。]

4月18日下午 吴晗出席首都各界纪念第一次亚非会议9周年集会。②

[按:首都各界1500多人,在政协礼堂举行集会,隆重纪念第一次亚非会议9周年。出席会议的有国务院总理周恩来,副总理贺龙,政协全国委员会副主席郭沫若、黄炎培、包尔汉,国防委员会副主席张治中,各方面负责人廖承志、姬鹏飞、李德全、丁西林、李烛尘、许德珩、周而复、吴晗、杨明轩、王绍鏊、陈其尤、蒋光鼐、季方、徐萌山、钱李仁等。]

---

① 本条引自1964年4月18日《人民日报》第一版。

② 本条引自1964年4月19日《人民日报》第一版。

4月19日晚　吴晗出席日本自由民主党顾问、国会议员松村谦三举行的告别宴会。[①]

［按：日本自由民主党顾问、国会议员松村谦三在北京举行告别宴会。人大常委会副委员长郭沫若，以及廖承志等各界人士，应邀出席宴会。应邀出席宴会的还有叶季壮、卢绪章、李强、胡愈之、朱光、柴树藩、张友渔、武新宇、连贯、吴晗、赵安博、王芸生、邓岗等。在京日本和平人士西园寺公一和其他日本客人也出席了宴会。］

4月22日晚　吴晗出席苏联驻中国大使馆为纪念列宁诞生94周年举行的电影晚会。[②]

［按：苏联驻中国大使馆举行电影晚会，纪念列宁诞生94周年。曾涌泉、曹瑛、武衡、吴晗等有关方面负责人，各国驻华使节和外交官员，应邀出席晚会。晚会上，放映了《列宁住在这里》等苏联影片。］

4月28日下午　吴晗到机场欢迎布隆迪王国国民议会代表团抵京。[③]

［按：由国民议会议长塔德·西里乌尤蒙西率领的布隆迪王国国民议会代表团乘专机由西安到达北京。到机场欢

---

① 本条引自1964年4月20日《人民日报》第三版。

② 本条引自1964年4月23日《人民日报》第三版。

③ 本条引自1964年4月29日《人民日报》第一版。

迎的有人大常委会委员长朱德，副委员长郭沫若、李维汉，政协全国委员会副主席包尔汉，人大常委会委员陈其尤、武新宇、张苏、张治中、季方、赵寿山、胡子昂、茅以升、高崇民、蔡廷锴、谢扶民，副秘书长余心清、赵伯平，外交部副部长曾涌泉，以及其它方面的负责人卢绪章、杨显东、杜干全、吴晗、周鲠生、张铁生、柳雨峰以及首都群众1千多人。]

4月28日晚 吴晗出席欢迎布隆迪王国国民议会代表团宴会。[①]

[按：全国人民代表大会常务委员会委员长朱德举行宴会，欢迎由国民议会议长塔德·西里乌尤蒙西率领的布隆迪王国国民议会代表团。出席宴会的有人大常委会副委员长郭沫若、李维汉、林枫，国务院副总理邓子恢，政协全国委员会副主席包尔汉等。出席宴会作陪的，还有人大常委会委员陈其尤、武新宇、张苏、张治中、季方、赵寿山、胡子昂、茅以升、高崇民、蔡廷锴、谢扶民，副秘书长余心清、连贯、赵伯平，外交部副部长姬鹏飞，以及各方面的负责人沈雁冰、卢绪章、杨显东、杜干全、吴晗、周鲠生、张铁生、柳雨峰等。]

4月30日下午 吴晗出席荷兰王国驻中国代办阿列克斯·拉博伊里举行的为庆祝荷兰女王朱丽安娜诞辰的招待会。[②]

---

① 本条引自1964年4月29日《人民日报》第一版。

② 本条引自1964年5月2日《人民日报》第三版。

［按：荷兰王国驻中国代办阿列克斯·拉博伊里举行招待会，庆祝荷兰女王朱丽安娜诞辰。曾涌泉、李烛尘、卢绪章、楚图南、吴晗等有关方面负责人，以及各国驻中国的使节应邀出席了招待会。］

5月3日下午 吴晗到机场欢迎肯尼亚政府代表团抵京。[①]

［按：肯尼亚内政部长奥廷加率领的肯尼亚政府代表团，应我国政府的邀请前来进行友好访问乘飞机到达北京。国务院副总理兼外交部长陈毅，副总理李先念以及首都各界一千多人，到机场热烈欢迎肯尼亚贵宾。到机场欢迎的，还有包尔汉、廖承志、曾山、叶季壮、姬鹏飞、方毅、王新亭上将、卢绪章、丁西林、吴晗、杨琳等各有关方面负责人。肯尼亚驻中国大使亨利·穆利也到机场欢迎。前往欢迎的还有非洲国家和苏联的驻华使节。］

5月4日上午 吴晗到机场欢送布隆迪王国国民议会代表团离开北京到武汉访问。[②]

［按：由国民议会议长塔德·西里乌尤蒙西率领的布隆迪王国国民议会代表团，乘专机离开北京到武汉访问。陈其尤、武新宇、季方、胡子昂、蔡廷锴、余心清、吴晗等到机场送行。］

---

① 本条引自1964年5月4日《人民日报》第一版。

② 本条引自1964年5月5日《人民日报》第一版。

5月4日下午 吴晗会见并宴请日本东京和平委员会代表团全体成员。[1]

[按：中国人民保卫世界和平委员会北京市分会副主席吴晗会见以阿部行藏为首的日本东京和平委员会代表团全体成员，同他们进行了友好的谈话。会见后，吴晗设宴招待日本客人。参加会见和宴会的有舒舍予、廖沫沙、崔月犁、区棠亮、辛毅等有关方面人士。]

5月6日下午 吴晗出席首都各界欢迎肯尼亚独立后派出的第一个政府代表团集会。[2]

[按：首都各界1500多在政协礼堂举行隆重集会，热烈欢迎肯尼亚独立后派出的第1个政府代表团。出席大会的有中国非洲人民友好协会副会长包尔汉，中非友协副会长丁西林，有关方面负责人姬鹏飞、朱学范、陈忠经、吴晗、曹孟君、丹彤、潘丽华等。肯尼亚驻中国大使亨利·穆利和非洲各国驻中国的使节，应邀出席了大会。]

5月9日下午 吴晗到机场迎接布隆迪王国国民议会代表团抵京。[3]

[按：布隆迪王国国民议会议长塔德·西里乌尤蒙西和

---

① 本条引自1964年5月5日《人民日报》第五版。

② 本条引自1964年5月7日《人民日报》第一版。

③ 本条引自1964年5月10日《人民日报》第一版。

由他率领的布隆迪王国国民议会代表团乘飞机从杭州回到北京。到机场迎接的有陈其尤、武新宇、季方、胡子昂、茅以升、吴晗、余心清等。]

5月10日晚 吴晗出席李维汉举行的欢送布隆迪王国国民议会代表团的宴会。①

[按:全国人民代表大会常务委员会副委员长李维汉举行宴会,欢送以国民议会议长塔德·西里乌尤蒙西为首的布隆迪王国国民议会代表团。出席宴会作陪的赛福鼎副委员长,李维汉副委员长,人大常委会委员华罗庚、陈劭先、陈其尤、陈其瑗、武新宇、张苏、季方、胡子昂、茅以升、谢扶民,副秘书长余心清、连贯、赵伯平,以及其它方面的负责人沈雁冰、曾涌泉、吴晗、杜干全、柳雨峰、张铁生等。宴会以后,中非友协举行歌舞晚会,招待布隆迪贵宾。]

5月11日晨 吴晗到机场欢送肯尼亚政府代表团离京回国。②

[按:肯尼亚内政部长奥廷加率领的肯尼亚政府代表团,结束在中国的友好访问乘飞机离开北京回国。国务院副总理兼外交部长陈毅,各方面负责人包尔汉、廖承志、曾山、叶季壮、姬鹏飞、方毅、卢绪章、丁西林、吴晗以及首都各

① 本条引自1964年5月11日《人民日报》第一版。

② 本条引自1964年5月12日《人民日报》第一版。

界1千多人，到飞机场欢送肯尼亚贵宾。肯尼亚驻中国大使亨利·穆利，非洲国家和苏联的驻华使节，英国驻中国代办，印度驻中国大使馆临时代办，也到机场送行。]

5月11日晨 吴晗到机场欢送布隆迪王国国民议会代表团离京回国。①

[按：由布隆迪王国国民议会议长塔德·西里乌尤蒙西率领的布隆迪王国国民议会代表团，结束在中国的友好访问，从北京乘飞机离开我国。全国人大常委会委员长朱德，副委员长李维汉，政协全国委员会副主席包尔汉，人大常委会委员华罗庚、陈劭先、陈其尤、陈其瑗、武新宇、张苏、季方、赵寿山、胡子昂、茅以升，副秘书长余心清、连贯、赵伯平，以及姬鹏飞、卢绪章、吴晗、杜干全、张铁生、柳雨峰等有关方面负责人以及首都各界1千多人，前往机场欢送贵宾。]

5月14日晚 吴晗出席廖承志举行的欢送北村德太郎等七人的宴会。②

[按：廖承志设宴欢送日本自由民主党著名人士北村德太郎和川崎秀二、松本俊一、德田与吉郎等七人。出席作陪的有陈翰笙、乔冠华、吴晗、周而复、刘希文等。在北京的日

---

① 本条引自1964年5月12日《人民日报》第一版。

② 本条引自1964年5月16日《人民日报》第三版。

本和平人士西园寺公一也出席了宴会。]

5月15日下午 吴晗在中国人民保卫世界和平委员会北京市分会和日本东京和平委员会第三次访华代表团签订的共同声明上签字。①

[按:中国人民保卫世界和平委员会北京市分会和日本东京和平委员会第三次访华代表团在北京签订共同声明,坚决共同反对美帝国主义和修正主义。中国方面在共同声明上签字的是中国人民保卫世界和平委员会北京市分会副主席吴晗、老舍,常务委员廖沫沙,北京市总工会副主席宋仲元,北京市妇联副主任王春平,北京市青联副主席孙孚凌。]

5月18日下午 吴晗出席首都各界欢迎易卜拉欣·阿布德将军等苏丹贵宾大会。②

[按:首都各界1万多人举行盛大集会,热烈欢迎苏丹共和国武装部队最高委员会主席、部长会议主席易卜拉欣·阿布德将军和随同他来的苏丹贵宾。出席大会的有刘少奇主席、董必武副主席,朱德委员长、周恩来总理,北京市市长彭真,国务院副总理陈毅、罗瑞卿,人大常委会副委员长林枫,政协全国委员会副主席包尔汉,国防委员会副主席张

① 本条引自1964年5月16日《人民日报》第三版。

② 本条引自1964年5月19日《人民日报》第一版。

治中、蔡廷锴，外交部副部长曾涌泉，中国驻苏丹大使谷小波，中非友协副会长丁西林、张铁生，北京市的负责人万里、吴晗、王昆仑、贾庭三、乐松生、王纯等。非洲国家和各国驻中国的使节也出席了大会。]

5月20日下午 吴晗陪同李先念接见巴基斯坦卡拉奇市政委员会副主席、伯拉查纺织厂经理哈比布拉。[1]

[按：李先念副总理接见巴基斯坦卡拉奇市政委员会副主席、伯拉查纺织厂经理哈比布拉，同他进行了友好的谈话。接见时在座的有林海云、吴晗等。巴基斯坦驻中国大使罗查也在座。]

5月28日中午 吴晗到机场欢迎休勒特·约翰逊和夫人抵京。[2]

[按：应周恩来总理和夫人邓颖超邀请，前来我国访问的英国前坎特伯雷教长休勒特·约翰逊和夫人乘专机由杭州到达北京。到机场欢迎有周恩来总理和夫人邓颖超，人大常委会副委员长、中国人民保卫世界和平委员会主席郭沫若和夫人于立群，有关方面负责人廖承志、童小鹏、吴晗、龚澎、区棠亮、唐明照、葛步海等，以及赵复三、蒋翼振、殷继增、刘仲和、张应洁、陈文润等基督教界人士。]

---

① 本条引自1964年5月21日《人民日报》第三版。

② 本条引自1964年5月29日《人民日报》第一版。

5月29日中午　吴晗陪同周恩来总理和夫人邓颖超接见并宴请特伯雷教长休勒特·约翰逊博士和夫人。[①]

［按：周恩来总理和夫人邓颖超接见并设宴欢迎英国前坎特伯雷教长休勒特·约翰逊博士和夫人。接见出席宴会作陪的有人大常委会副委员长、中国人民保卫世界和平委员会主席郭沫若和夫人于立群，有关方面负责人廖承志、童小鹏、吴晗、宦乡、区棠亮、唐明照、葛步海等，以及丁光训、赵复三、蒋翼振、殷继增、刘仲和、张应洁、陈文润等基督教界人士。］

6月4日　吴晗出席首都各界欢迎阿卜杜拉·萨拉勒总统和由他率领的阿拉伯也门共和国访华代表团集会。[②]

［按：首都各界1万人在人民大会堂隆重集会，热烈欢迎阿卜杜拉·萨拉勒总统和由他率领的阿拉伯也门共和国访华代表团。国家主席刘少奇，国务院总理周恩来、副总理陈毅，人大常委会副委员长郭沫若、赛福鼎等出席了大会。出席今天大会的，还有政协全国委员会副主席包尔汉，外交部副部长曾涌泉，对外文委副主任陈忠经，北京市副市长万里、吴晗、贾庭三、王纯，以及北京市各方面的负责人。各国驻中国的使节也应邀出席了大会。］

---

① 本条引自1964年5月30日《人民日报》第一版。

② 本条引自1964年6月5日《人民日报》第一版。

6 月 5 日下午　吴晗陪同阿卜杜拉·萨拉勒总统等游览颐和园。[1]

［按：阿卜杜拉·萨拉勒总统和阿拉伯也门共和国访华代表团的贵宾由董必武副主席、外交部副部长曾涌泉和北京市副市长吴晗陪同游览颐和园。随后，董必武在听鹂馆设宴招待也门贵宾。］

6 月 10 日上午　吴晗陪同也门副总理穆罕默德·拉埃尼等参观八达岭长城等地。[2]

［按：阿拉伯也门共和国访华代表团团员：也门副总理穆罕默德·拉埃尼和阿卜杜·拉赫曼·埃里亚尼等贵宾，由人大常委会副委员长赛福鼎，外交部副部长曾涌泉，北京市副市长吴晗等陪同驱车前往八达岭，观看长城雄姿。贵宾们还参观了定陵和十三陵水库。］

6 月 11 日下午　吴晗出席尼泊尔驻中国大使凯谢尔·巴哈杜尔举行的为庆祝尼泊尔国王马亨德拉 45 岁诞辰的招待会。[3]

［按：尼泊尔王国驻中国大使凯谢尔·巴哈杜尔在北京饭店举行招待会，庆祝尼泊尔王国国王马亨德拉·比尔·

---

① 本条引自 1964 年 6 月 6 日《人民日报》第一版。

② 本条引自 1964 年 6 月 11 日《人民日报》第三版。

③ 本条引自 1964 年 6 月 12 日《人民日报》第一版。

比克拉姆·德瓦四十五岁诞辰。应邀出席招待会的有国务院总理周恩来、副总理陈毅，外交部副部长韩念龙，中尼友好协会副会长吴晗，以及沈雁冰、李德全、胡愈之、史良、楚图南、丁西林、卢绪章、葛琛等政府部门和有关方面的负责人。]

6月13日晚 吴晗出席英国驻中国代办贾维举行的为庆祝英国女王伊丽莎白二世诞辰的招待会。①

[按：英国驻中国代办贾维在代办处举行招待会，庆祝英国女王伊丽莎白二世诞辰。人大常委会副委员长郭沫若，外交部副部长王炳南，以及李烛尘、楚图南、卢绪章、夏衍、吴晗等各方面负责人，应邀出席招待会。贾维和王炳南先后在招待会上祝酒。各国驻华使节也出席了招待会。]

6月14日中午 吴晗陪同卡瓦瓦副总统在听鹂馆进餐。②

[按：是中国人民传统的"端阳"佳节。坦噶尼喀和桑给巴尔联合共和国第二副总统卡瓦瓦和他率领的政府友好经济代表团在周恩来的陪同下游览颐和园，中午，卡瓦瓦副总统由周恩来总理和曾涌泉、彭绍辉、吴晗等陪同，一起在听鹂馆进餐。]

---

① 本条引自1964年6月14日《人民日报》第四版。

② 本条引自1964年6月15日《人民日报》第三版。

6月14日下午 吴晗出席首都各界欢迎卡瓦瓦和他率领的政府友好经济代表团集会。[①]

[按:首都各界1万人隆重集会,热烈欢迎坦噶尼喀和桑给巴尔联合共和国第二副总统拉希迪·姆福米·卡瓦瓦和他率领的政府友好经济代表团。出席会议的有国务院总理周恩来、副总理陈毅,人大常委会副委员长郭沫若,政协全国委员会副主席包尔汉等出席大会。北京市市长彭真,外交部副部长曾涌泉,北京市副市长万里、吴晗、王昆仑、贾庭三、乐松生,以及北京市各方面的负责人。各国驻中国的使节应邀参加大会。大会结束以后,首都文艺工作者演出精彩的歌舞、杂技节目,欢迎卡瓦瓦副总统等贵宾。]

6月22日晨 吴晗到机场欢送约翰逊博士和夫人离京回国。[②]

[按:英国前坎特伯雷教长休勒特·约翰逊博士和夫人,结束在我国的访问以后乘专机离开北京回国。国务院总理周恩来和夫人邓颖超,人大常委会副委员长、中国人民保卫世界和平委员会主席郭沫若和夫人于立群,前往机场欢送英国朋友。到机场送行的,还有廖承志、吴晗、童小鹏、宦乡、区棠亮等有关方面负责人,以及蒋翼振、赵复三、殷继增、刘仲和、陈文润等基督教界人士。]

---

① 本条引自1964年6月15日《人民日报》第一版。

② 本条引自1964年6月23日《人民日报》第一版。

6月25日下午 吴晗出席首都各界纪念朝鲜人民祖国解放战争14周年集会。[①]

[按：首都各界1500多人在政协礼堂隆重集会，纪念朝鲜人民祖国解放战争14周年。出席会议的有国务院副总理李先念，人大常委会副委员长、中国人民保卫世界和平委员会主席郭沫若，中国亚非团结委员会主席、中国人民保卫世界和平委员会副主席廖承志，各方面的负责人韩念龙、李德全、张致祥、蔡廷锴、史良、吴晗、李烛尘、杨之华、王绍鏊、严信民、茅以升、严希纯、徐萌山、魏传统、范瑾、狄子才、钱李仁、张寅安等出席了大会。在北京的亚非国家的朋友应邀参加了大会。]

8月1日下午 吴晗出席瑞士驻中国大使凯乐为瑞士国庆举行的招待会。[②]

[按：瑞士驻中国大使凯乐为瑞士国庆举行招待会。李先念副总理、黄炎培副委员长、外交部副部长王炳南、各有关方面的负责人李德全、楚图南、雷任民、吴晗等应邀出席了招待会。]

8月7日 吴晗参加北京市50万群众欢呼越南人民抗击美

① 本条引自1964年6月26日《人民日报》第一版。

② 本条引自1964年8月2日《人民日报》第一版。

国侵略者取得的胜利的示威游行。①

［按：从早上到傍晚，成群结队的首都工人、农民、学生、机关干部、民兵和街道居民从四面八方涌上市区主要街道，涌向天安门广场，涌向东郊越南驻中国大使馆前，在酷热的阳光下，游行者的队伍首尾绵延达数十里。北京市民主同盟主任委员吴晗，市政协副主席梁思成，市工商联主任委员乐松生等，随着游行队伍来到越南大使馆门前，向大使陈子平热烈祝贺越南人民抗击美国侵略的胜利，并且表示全力支持越南人民的正义斗争。陈子平大使也对他们表示，有中国人民和全世界人民的支持，越南人民必定取得胜利。］

8月9日 吴晗出席首都各界10万人支持越南人民反对帝国主义武装侵略的盛大集会。②

［按：国务院总理周恩来，国务院副总理陆定一，国务院副总理兼中国人民解放军总参谋长罗瑞卿大将，人大常委会副委员长、中国人民保卫世界和平委员会主席郭沫若，副委员长黄炎培、林枫，政协全国委员会副主席李四光、包尔汉，国防委员会副主席傅作义，我国各人民团体、各民主党派的负责人，中国人民解放军高级将领和北京市的负责人，同来自越南民主共和国以及亚洲、非洲、拉丁美洲和世界各地的外国朋友们一起，出席了大会。参加大会的我国各方

① 本条引自1964年8月8日《人民日报》第一版。

② 本条引自1964年8月10日《人民日报》《北京日报》第一版。

面负责人还有杨秀峰、茅盾、彭绍辉上将、楚图南、乔冠华、万里、吴德峰、陈忠经、朱蕴山、史良、吴晗、李烛尘、孙晓村、王绍鏊、季方、陈其尤、茅以升、徐萌山、陈其瑗、顾大椿、王伟、黄家驷、范瑾、孙轶青、胡启立。北京市各人民团体的负责人也出席了大会。]

8月21日至31日 吴晗参加北京科学讨论会的有关活动。①

[按:世界科协北京中心举办"一九六四年北京科学讨论会",亚洲、非洲、拉丁美洲、大洋洲44个国家和地区的科学家367人参加。各国代表包括自然科学、社会科学两方面。中国代表团由61人组成,另有特邀代表32人。周培源任团长,张劲夫、范长江、张友渔、张维、钱信忠、于光远任副团长。会议交流了科学研究的成果和经验,探讨了争取和维护民族独立,发展民族经济、文化和科学事业,促进各国间科技合作等共同关心的问题。]

8月23日晚 吴晗出席杨秀峰举行的欢迎尼泊尔教育代表团的宴会。②

[按:高等教育部部长杨秀峰举行宴会,欢迎以柯沙瑞·罗加·潘迪为首的尼泊尔教育代表团。参加宴会的有

① 本条引自王宏志、金若年著:《吴晗画传》第119页。

② 本条引自1964年8月24日《人民日报》第四版。

教育部副部长刘季平、对外文委副主任楚图南，外交部第一亚洲司副司长张彤，中尼友协副会长吴晗，中国教育工会全国委员会秘书长周之奇，北京大学副校长黄一然等。尼泊尔驻华大使馆临时代办巴斯尼亚特也应邀出席。]

8月24日晚 吴晗出席陈毅举行的欢迎中非共和国友好代表团的宴会。①

[按：国务院副总理兼外交部长陈毅举行宴会，欢迎由经济社会委员会主席费尔迪南·巴萨姆古率领的中非共和国友好代表团。出席宴会的有外交部副部长曾涌泉，对外贸易部副部长雷任民，对外经济联络委员会副主任杨琳，对外文委副主任陈忠经，中非人民友协副会长张铁生，北京市副市长吴晗等。]

8月28日晚 吴晗出席中国尼泊尔友好协会举行的欢迎尼泊尔教育代表团和尼泊尔科学代表团的招待会。②

[按：中国尼泊尔友好协会举行招待会，热烈欢迎由柯沙瑞·罗加·潘迪率领的尼泊尔教育代表团和以桑布·德布·潘德为首的尼泊尔科学代表团。在招待会上，中尼友协副会长吴晗和柯沙瑞·罗加·潘迪团长、桑布·德布·潘德团长先后讲话。他们都热情地赞扬了中尼两国人民深

---

① 本条引自1964年8月25日《人民日报》第一版。

② 本条引自1964年8月29日《人民日报》第四版。

厚的传统友谊。尼泊尔驻中国大使馆临时代办巴斯尼亚特，曾经访问过尼泊尔的中国友好代表团团长胡愈之，也在招待会上祝酒。出席招待会作陪的有楚图南、刘子载、刘季平、黄一然等有关部门负责人。]

在北京科学讨论会上，吴晗、范文澜同越南、印尼科学代表团交谈。[①]

[按：1964 年北京科学讨论会上，吴晗和史学家范文澜同越南科委史学院院长陈辉燎、印尼科学代表团团长进行了交谈。]

吴晗出席北京科学讨论会招待外国历史学家的宴会。[②]

[按：这个宴会是会议议程安排之外的，由郭沫若、范文澜主持，参加宴会的外国历史学家有研究西洋近代史、国际政治史的日本历史学家江口朴郎，研究中国近代史、政治学的日本早田大学教授安腾彦太郎等，我国著名历史学家翦伯赞、侯外庐、吴晗、夏鼐、黎澍等都出席了这次宴会。宴会之前还和中外历史学家一起合影留念。参加合影的中国史学家有：郭沫若、范文澜、周一良、夏鼐、陈翰笙、严中平、侯外庐、吴晗、尹达、白寿彝、张友渔、黎澍等。]

---

① 本条引自王宏志、闻立树编：《怀念吴晗　百年诞辰纪念》第 608 页。

② 本条引自周秋光、黄仁国著：《刘大年传》第 293 页。

9月1日下午 吴晗出席首都各界人民庆祝越南民主共和国成立19周年集会。[①]

[按:首都各界人民在民族文化宫礼堂举行集会,热烈庆祝越南民主共和国成立19周年。北京市总工会副主席宋仲元主持大会。中国越南友好协会会长杨秀峰和陈子平大使先后在会上讲话。出席大会的有陈毅副总理,各方面负责人韩念龙、曹瑛、吴晗、孙晓村、康永和、许广平、刘芝明,王道义、潘丽华等。大会结束后,中国文艺工作者演出了中越两国精彩的歌舞节目。]

9月8日中午 吴晗到机场迎接中国党政代表团回京。[②]

[按:由李先念率领的中国党政代表团,在参加罗马尼亚解放20周年庆祝活动以后乘专机从昆明回到北京。到机场迎接的有中共中央总书记邓小平,中共中央政治局委员、人大常委会副委员长彭真,中共中央政治局委员、国务院副总理陈毅元帅,中共中央政治局候补委员、国务院副总理陆定一,中共中央书记处书记、国务院副总理兼中国人民解放军总参谋长罗瑞卿大将,中共中央委员、人大常委会副委员长林枫等。到机场迎接的,还有中共中央和国务院各部门的负责人,中国人民解放军高级将领,中国罗马尼亚友好协会和北京市的负责人:廖承志、伍修权、许光达大将、王炳

---

① 本条引自1964年9月2日《人民日报》第一版。

② 本条引自1964年9月9日《人民日报》第一版。

南、江明、屈武、王学明、吴法宪空军中将、刘道生海军中将、陆平、吴晗等。罗马尼亚驻中国大使馆临时代办贝舍里安和使馆官员，巴基斯坦驻中国大使馆武官查希德上校，也到机场欢迎。]

9月12日晚 吴晗出席中国尼泊尔友好协会和中国人民外交学会联合举行的招待尼泊尔友好代表团的宴会。[1]

[按：中国尼泊尔友好协会和中国人民外交学会联合举行宴会，招待以尼泊尔国务委员会常务委员、全国评议会议员拉·昌德为首的尼泊尔友好代表团。出席宴会的有中尼友协副会长吴晗、中国人民外交学会副会长胡愈之和楚图南、武新宇、连贯、孙晓村、吴茂荪、杨公素、张亦桦等。尼泊尔驻中国大使馆临时代办巴斯尼亚特和夫人也出席了宴会。]

9月18日上午 吴晗到机场欢迎越南南方民族解放阵线常驻我国代表团抵京。[2]

[按：越南南方人民的使者——越南南方民族解放阵线常驻中华人民共和国代表团乘火车到达北京。中国亚非团结委员会主席、中国人民保卫世界和平委员会副主席廖承志，中国亚非团结委员会副主席、中国人民保卫世界和平委

---

① 本条引自1964年9月13日《人民日报》第三版。

② 本条引自1964年9月19日《人民日报》第一版。

员会副主席包尔汉和各方面负责人以及首都各界群众到车站热烈欢迎。到车站欢迎的各方面负责人还有,张友渔、丁西林、吴晗、孙晓村、沈兹九、张天民、范瑾、刘芝明、李梦华、区棠亮、姚广、潘丽华等。越南民主共和国驻中国大使陈子平和使馆外交官员,在北京的越南留学生也到车站欢迎。到车站欢迎的,还有社会主义国家和亚非国家驻中国的使节和外交官员。]

9月18日晚 吴晗出席中国亚非团结委员会和中国人民保卫世界和平委员会举行的欢迎越南南方民族解放阵线常驻我国代表团的宴会。①

[按:中国亚非团结委员会和中国人民保卫世界和平委员会举行宴会,热烈欢迎以团长陈文成和副团长阮明芳为首的越南南方民族解放阵线常驻我国代表团。应邀出席宴会作陪的有中国人民保卫世界和平委员会主席郭沫若,中国亚非团结委员会主席廖承志,有关方面负责人包尔汉、茅盾、韩念龙、张友渔、丁西林、吴晗、孙晓村、张香山、范瑾、张天民、沈兹九、孙轶青、潘丽华等。越南民主共和国驻中国大使陈子平和使馆外交官员,在北京的新西兰和平人士艾黎和苏丹和平人士凯尔,也应邀出席了宴会。]

9月19日下午 吴晗到机场欢迎刚果(布)军事友好代表

---

① 本条引自1964年9月19日《人民日报》第一版。

团抵京。[①]

[按:由刚果共和国(布)武装部队参谋长穆兹·阿马卡尼·费利克斯少校率领的刚果(布)军事友好代表团从上海乘专机到达北京。到机场欢迎贵宾的有国务院副总理兼中国人民解放军总参谋长罗瑞卿大将,中国人民解放军高级将领彭绍辉上将、梁必业中将、萧向荣中将、杜义德海军中将、曹里怀空军中将,外交部副部长姬鹏飞,中非友协副会长张铁生,北京市副市长吴晗,以及人民解放军陆海空军的军官。各国驻华大使馆武官也到机场迎接。]

9月19日晚 吴晗出席罗瑞卿举行的欢迎刚果(布)军事友好代表团全体贵宾的宴会。[②]

[按:国务院副总理兼中国人民解放军总参谋长罗瑞卿接见并宴请以穆兹·阿马卡尼·费利克斯少校为首的刚果(布)军事友好代表团全体贵宾。陪同接见并出席今晚宴会的有彭绍辉上将、梁必业中将、萧向荣中将、唐天际中将、杜义德海军中将、曹里怀空军中将、外交部副部长姬鹏飞、中非友协副会长张铁生、北京市副市长吴晗等。各国驻中国大使馆武官也应邀出席了宴会。宴会后,罗瑞卿大将等陪同贵宾出席了国防部为欢迎刚果(布)贵宾而举行的歌舞晚会。]

---

① 本条引自1964年9月20日《人民日报》第一版。

② 本条引自1964年9月20日《人民日报》第一版。

9月23日晚　吴晗出席和大和亚非团结委员会举行的欢迎越南南方民族解放阵线驻华代表团招待会。①

［按：我国和大和亚非团结委员会举行招待会，欢迎越南南方民族解放阵线驻华代表团。办招待会的两个单位的负责人郭沫若、廖承志、刘宁一、包尔汉、李四光、茅盾，我国有关部门、各人民团体的负责人和各界人士杨秀峰、韩念龙、胡愈之、张志让、吴德峰、张友渔、丁西林、王芸生、茅以升、马纯古、许广平、刘清扬、陈翰笙、刘芝明、老舍、赵朴初、杜干全、勇龙桂、赵伯平、吴晗、胡启立等出席了招待会。］

9月24日晚　吴晗出席中国人民保卫世界和平委员会举行的欢迎著名美国黑人领袖罗伯特·威廉及其全家的宴会。②

［按：著名美国黑人领袖罗伯特·威廉及其全家应邀出席中国人民保卫世界和平委员会为他们举行的欢迎宴会，受到中国各人民团体负责人的热情接待。出席宴会的有中国人民保卫世界和平委员会副主席廖承志和夫人、刘宁一、包尔汉和夫人等。出席宴会作陪的还有吴德峰、丁西林、周培源、吴晗、刘芝明、王芸生、丹彤、沈兹九、张天民、唐明照、区棠亮、郑为之、孟用潜、勇龙桂、吴茂荪、郑森禹、杨骥、张寅安等有关方面负责人。在北京的美国朋友和其他外国朋友斯特朗、柯弗兰和夫人、李敦白、谭宁邦、沙博理、艾琳、史

① 本条引自1964年9月24日《人民日报》第一版。

② 本条引自1964年9月25日《人民日报》第一版。

克、费兰德、西园寺公一、艾黎、艾德勒和夫人、爱泼斯坦等也应邀出席宴会，同威廉一家人亲切欢聚。]

9月25日晚 吴晗出席越南驻我国大使陈子平为欢迎越南南方民族解放阵线常驻我国代表团举行的招待会。[1]

[按：越南民主共和国驻我国大使陈子平，为欢迎以陈文成为首的越南南方民族解放阵线常驻中国代表团在大使馆举行招待会。陈子平大使、陈文成团长和中国人民保卫世界和平委员会副主席、中国亚非团结委员会主席廖承志先后讲话，共祝中越人民的伟大团结和战斗友谊日益增进。应邀出席招待会的还有包尔汉、杨秀峰、沈雁冰、韩念龙、张致祥、丁西林、张友渔、许广平、胡愈之、钱信忠、喜饶嘉错、屈武、吴晗、周培源、茅以升、杜干全、朱穆之、张天民、勇龙桂、孙轶青、胡启立等各方面的负责人百余人。社会主义国家和亚非国家的驻华使节，也应邀出席招待会。]

9月29日 吴晗陪同尼泊尔王国政府代表团游览十三陵水库等地。[2]

[按：由尼泊尔王国大臣会议副主席兼财政、经济计划、司法和行政管理大臣苏里雅·巴哈杜尔·塔帕率领的尼泊尔王国政府代表团，由北京市副市长、中尼友协副会长吴晗

---

① 本条引自1964年9月26日《人民日报》第一版。

② 本条引自1964年9月30日《人民日报》第四版。

等陪同，游览了十三陵水库以及八达岭、定陵等名胜。]

10月2日下午 吴晗陪同陈毅接见印度尼西亚巴厘省省长苏特雅和夫人。①

[按：国务院副总理陈毅接见印度尼西亚巴厘省省长苏特雅和夫人，同他们进行了亲切友好的谈话。接见时在座的有吴晗、辛毅等。]

10月4日上午 吴晗出席我国政府和尼泊尔政府关于修建灌溉渠首枢纽和西干渠工程的议定书签字仪式。②

[按：中华人民共和国政府和尼泊尔王国政府关于修建灌溉渠首枢纽和西干渠工程的议定书在北京签字。国务院副总理兼外交部长陈毅、尼泊尔王国政府代表团团长、大臣会议副主席兼财政、经济计划、司法和行政管理大臣苏里雅·巴哈杜尔·塔帕，分别代表两国政府在议定书上签字。中国方面参加签字仪式的有国务院总理周恩来，对外经委主任方毅、副主任杨琳，外交部副部长韩念龙，水利电力部副部长钱正英，中国尼泊尔友协副会长吴晗，外交部第一亚洲司司长张彤。]

10月4日中午 吴晗出席周恩来和陈毅招待尼泊尔王国政

---

① 本条引自1964年10月3日《人民日报》第四版。

② 本条引自1964年10月5日《人民日报》第二版。

府代表团的宴会。[①]

［按：周恩来总理和陈毅副总理设宴招待由苏里雅·巴哈杜尔·塔帕率领的尼泊尔王国政府代表团。出席宴会作陪的有各方面的负责人方毅、韩念龙、王新亭上将、胡愈之、雷任民、吴晗、钱正英、陈维稷、顾大川、杨琳、张珍、王学明、阿旺嘉措等。］

10月4日晚 吴晗出席周总理和陈毅副总理举行的招待阿尔及利亚党政代表团的宴会。[②]

［按：周总理和陈毅副总理宴请阿尔及利亚党政代表团。出席宴会作陪的有叶季壮、方毅、姚依林、朱学范、姬鹏飞、李志民、钟夫翔、曹瑛、徐平羽、吴晗、张铁生、张杰、王照华、郭建等有关方面负责人。］

10月5日上午 吴晗到机场欢送尼泊尔王国政府代表团离京前往上海参观访问后回国。[③]

［按：以尼泊尔王国大臣会议副主席兼财政、经济计划、司法和行政管理大臣苏里雅·巴哈杜尔·塔帕为首的尼泊尔王国政府代表团乘飞机离开北京，前往上海参观访问后回国。国务院副总理贺龙、陈毅，以及首都各界数千人到机

① 本条引自1964年10月5日《人民日报》第一版。

② 本条引自1964年10月5日《人民日报》第一版。

③ 本条引自1964年10月6日《人民日报》第二版。

场欢送贵宾。到机场欢送的，还有中国人民解放军高级将领李志民上将，外交部副部长刘新权，中国尼泊尔友好协会副会长吴晗等，以及政府各部门、各人民团体、各民主党派和北京市的负责人，中国人民解放军的将军们。尼泊尔驻中国大使馆临时代办巴斯尼亚特和各国驻华使节也到机场送行。]

10月7日上午 吴晗到机场欢送刚果(布)军事友好代表团前往武汉参观访问。①

[按：由刚果共和国(布)武装部队参谋长穆·阿·费利克斯少校率领的刚果(布)军事友好代表团乘专机前往武汉参观访问。中国人民解放军副总参谋长杨成武上将，以及萧向荣中将、曹里怀空军中将、贾若瑜少将、汪易少将、纪亭榭海军少将，外交部非洲司副司长谢丰，中非友协副会长张铁生，北京市副市长吴晗和陆海空三军军官，到机场热烈欢送。刚果(布)驻华大使阿方斯·贝约纳，各国驻华大使馆武官也到机场送行。]

10月30日上午 吴晗出席首都各界人民庆祝阿尔及利亚革命十周年大会。②

[按：首都各界人民庆祝阿尔及利亚革命十周年大会在

① 本条引自1964年10月8日《人民日报》第二版。

② 本条引自1964年10月31日《人民日报》第一版。

政协礼堂隆重举行。国务院总理周恩来、副总理陆定一，人大常委会副委员长郭沫若，以及各有关方面负责人和首都各界1500多人，出席了大会。参加大会的，还有各主办单位和有关方面负责人廖承志、姬鹏飞、陈忠经、傅钟上将、吴晗、刘清扬、孙轶青、潘丽华等。]

11月1日上午 吴晗随朱德陪同阿富汗国王穆罕默德·查希尔·沙阿和随行的阿富汗贵宾北京第二棉纺织厂等地。①

[按：阿富汗国王穆罕默德·查希尔·沙阿和随行的阿富汗贵宾，在朱德的陪同下，参观了北京第二棉纺织厂。参观后，阿富汗国王和王后游览了颐和园。陪同贵宾们参观游览的，还有韩念龙、吴晗、张彤和夫人、葛步海等有关方面负责人。]

11月2日上午 吴晗和董必武等一起陪同马里共和国总统莫迪博·凯塔和夫人等游览颐和园。②

[按：马里共和国总统莫迪博·凯塔和夫人以及随行人员，由董必武副主席、外交部副部长姬鹏飞和夫人、北京市副市长吴晗等陪同游览了颐和园。宾主在听鹂馆共进午餐。]

11月2日下午 吴晗等出席首都各界热烈欢迎阿富汗国王

---

① 本条引自1964年11月2日《人民日报》第一版。

② 本条引自1964年11月3日《人民日报》第二版。

和王后的盛大集会。[①]

[按：首都各界1万多人在人民大会堂隆重举行盛大集会，热烈欢迎阿富汗国王默罕默德·查希尔·沙阿陛下和王后霍梅拉陛下。国家主席刘少奇和夫人王光美，国务院总理周恩来，北京市市长彭真和夫人张洁清，国务院副总理贺龙和夫人薛明，全国人民代表大会常务委员会副委员长郭沫若，政协全国委员会副主席李四光，国防委员会副主席蔡廷锴，彭真市长和夫人，外交部副部长韩念龙和夫人，中国驻阿富汗大使郝汀和夫人，北京市副市长万里、吴晗、乐松生、王纯、崔月犁，以及北京市各方面的负责人等出席了大会。]

11月6日晚 吴晗出席首都各界人民热烈庆祝十月社会主义革命47周年集会。[②]

[按：首都各界人民1500多人，在中南海怀仁堂隆重举行集会，热烈庆祝伟大的十月社会主义革命47周年。宋庆龄、彭真、陆定一、郭沫若、黄炎培、陈叔通、程潜、吴晗等出席集会。]

11月10日上午 吴晗陪同彭真接见日本各界青年代

---

① 本条引自1964年11月3日《人民日报》《北京日报》第一版。

② 本条引自1964年11月7日《北京日报》第二版。

表团。[1]

[按:全国人民代表大会常务委员会副委员长彭真接见以铃木彻众为首的日本各界青年代表团,同他们进行了亲切友好的谈话。接见时在座的有武新宇、吴晗、王伟等有关方面负责人。]

11月12日上午 吴晗陪同查希尔国王和随行参观游览了八达岭、十三陵水库、定陵和长陵。[2]

[按:查希尔国王和随行的部分阿富汗贵宾,由全国人大常委会副委员长郭沫若、北京市副市长吴晗等陪同,参观游览了八达岭、十三陵水库、定陵和长陵。贵宾们乘车穿过居庸关,直上八达岭,在长城城楼上欣赏四围景色。陪同贵宾参观游览的,还有中国驻阿富汗大使郝汀,外交部礼宾司代司长葛步海。]

11月14日下午 吴晗到机场欢迎中国党政代表团回到北京。[3]

[按:由周恩来和贺龙率领的中国党政代表团,到苏联参加了伟大的十月社会主义革命47周年庆典以后乘专机回到北京。中共中央主席毛泽东,中共中央副主席、中华人民

---

① 本条引自1964年11月11日《人民日报》第三版。

② 本条引自1964年11月13日《人民日报》第一版。

③ 本条引自1964年11月15日《人民日报》第一版。

共和国主席刘少奇，中共中央副主席、全国人民代表大会常务委员会委员长朱德，中共中央政治局委员、中华人民共和国副主席董必武，中共中央总书记、国务院副总理邓小平等党和国家领导人，前往首都机场热烈欢迎。前往欢迎的还有各民主党派、人民团体负责人杨明轩、许德珩、陈其尤、王绍鏊、邵力子、陈炳基，各人民团体负责人李德全、南汉宸、康克清、马纯古、王伟、孙轶青，北京市负责人万里、郑天翔、吴晗等。]

11 月 20 日上午 吴晗到机场欢送苏中友好协会代表团离京回国。[①]

[按：以苏共中央委员、交通部长鲍·巴·别谢夫为首的苏中友好协会代表团乘飞机离开北京回国。到机场欢送的有中共中央委员、铁道部代部长吕正操、副部长郭鲁，北京市副市长吴晗、北京市中苏友协副会长杨述、中苏友协总会副秘书长李沾吾等有关方面负责人。苏联驻中国大使契尔沃年科也到机场送行。]

11 月 27 日下午 吴晗出席首都各界庆祝阿尔巴尼亚解放 20 周年集会。[②]

[按：首都各界一万人隆重举行集会，热烈庆祝阿尔巴

---

① 本条引自 1964 年 11 月 21 日《人民日报》第三版。

② 本条引自 1964 年 11 月 28 日《人民日报》第一版。

尼亚解放20周年。党和国家的领导人周恩来、朱德、邓小平、董必武、彭真、贺龙、陆定一、郭沫若，以及政协全国委员会副主席李四光，同阿尔巴尼亚驻中国大使奈斯蒂·纳赛，以泽内尔·哈米提为首的阿尔巴尼亚矿产地质部代表团，以贝尔代夫·吉古为首的阿尔巴尼亚邮电代表团，出席了庆祝会。出席庆祝会的还有各有关方面的负责人刘晓、陈少敏、许光达大将、李昌、方毅、彭绍辉上将、李聚奎上将、萧向荣中将、许广平、吴有训、李强、许立、贺彪、康世恩、吴晗、刘芝明、顾文华、王照华、张寅安等。]

11月28日上午 吴晗出席“社会主义阿尔巴尼亚20年图片展览”开幕式。[①]

[按：“社会主义阿尔巴尼亚20年图片展览”在北京展览馆开幕。展出的一百多幅图片，生动地介绍了这个英雄国家20年来在各方面取得的光辉成就。国务院副总理陆定一，全国人民代表大会常务委员会副委员长郭沫若，各方面的负责人张奚若、刘晓、贺彪、吴晗，以及首都各界五百多人出席开幕式。他们同应邀出席开幕式的阿尔巴尼亚驻华大使奈斯蒂·纳赛，大使馆官员以及在北京的其他阿尔巴尼亚同志，一起观看了展出的图片。]

11月29日上午 吴晗出席首都各界70万人严正声讨美、

---

① 本条引自1964年11月29日《人民日报》第四版。

比帝国主义支持刚果(利)人民的正义斗争的示威游行和集会。[①]

[按:首都各界70万人在天安门广场举行声势浩大的示威游行和盛大集会,严正声讨美、比帝国主义的滔天罪行,坚决支持刚果(利)人民争取民族解放的正义斗争。毛泽东主席以及党和国家的其他领导人刘少奇、周恩来、朱德、邓小平、董必武、彭真、李富春、贺龙、陆定一、康生、薄一波、郭沫若、黄炎培、陈叔通、林枫,参加了在天安门广场举行的群众集会。参加今天大会的,还有政协全国委员会副主席李四光,国防委员会副主席叶剑英元帅、傅作义,北京市副市长万里、吴晗、崔月犁以及中国亚非团结委员会副主席茅盾、李德全,中非友协副会长丁西林等。]

12月16日上午 吴晗到机场欢迎阿马尔·乌兹加尼等一行抵京。[②]

[按:阿尔及利亚民主人民共和国总统艾哈迈德·本·贝拉的特使、阿尔及利亚游览部长阿马尔·乌兹加尼,和随行人员贾德里·穆巴拉克乘专机由上海到达北京。陈毅副总理前往机场欢迎。到机场欢迎的还有章汉夫、吴晗、张铁生、章文晋、陈楚、葛步海等。少年儿童向乌兹加尼部长等献了花。阿尔及利亚驻中国大使馆临时代办穆罕默德·胡利也到机场迎接。]

---

① 本条引自1964年11月30日《人民日报》第一版。

② 本条引自1964年12月17日《人民日报》第一版。

12 月 16 日晚 吴晗出席陈毅副总理举行的招待阿马尔·乌兹加尼等一行的宴会。[1]

［按:陈毅副总理今天晚上举行宴会,招待阿尔及利亚总统艾哈迈德·本·贝拉的特使、阿尔及利亚游览部长阿马尔·乌兹加尼和他的随行人员贾德里·穆巴拉克。出席宴会作陪的有章汉夫、李一氓、雷任民、李应吉、丁西林、吴晗、张铁生、章文晋、陈楚、葛步海等。］

12 月 17 日上午 吴晗到机场欢送阿马尔·乌兹加尼等一行离京。[2]

［按:阿尔及利亚民主人民共和国总统本·贝拉的特使、阿尔及利亚游览部长阿马尔·乌兹加尼和随行人员贾德里·穆巴拉克乘专机离开北京。陈毅副总理到机场欢送。到机场欢送的还有章汉夫、吴晗、张铁生、章文晋、陈楚、葛步海。阿尔及利亚驻中国大使馆临时代办穆罕默德·胡利,印度尼西亚驻中国大使馆临时代办塔·阿·莫赫达尔,也到机场送行。］

12 月 18 日中午 吴晗到机场欢迎阿拉伯联合共和国工业经济代表团抵京。[3]

---

① 本条引自 1964 年 12 月 17 日《人民日报》第一版。

② 本条引自 1964 年 12 月 18 日《人民日报》第一版。

③ 本条引自 1964 年 12 月 19 日《人民日报》第一版。

［按：阿拉伯联合共和国副总理阿齐兹·西德基和夫人以及由西德基副总理率领的阿联工业经济代表团，应邀来我国进行友好访问，乘专机由广州到达北京。国务院副总理薄一波和夫人到机场欢迎。到机场欢迎还有叶季壮、章汉夫、方毅、雷任民、丁西林、史良、吴晗、张铁生，以及政府其他各有关部门的负责人。阿联驻中国大使伊马姆和夫人，阿拉伯国家和非洲国家驻中国的使节，正在北京访问的阿联黎达民间舞蹈团的部分团员，也到机场欢迎。］

12 月 19 日晚 吴晗出席越南南方民族解放阵线常驻中国代表团代理团长阮明芳举行的越南南方民族解放阵线成立四周年的招待会。[1]

［按：越南南方民族解放阵线常驻中国代表团代理团长阮明芳举行盛大招待会，庆祝越南南方人民革命斗争胜利的组织者和领导者——越南南方民族解放阵线成立四周年。周恩来总理，陈毅副总理，郭沫若、陈叔通、林枫副委员长，最高人民检察院检察长张鼎丞，国防委员会副主席蔡廷锴，应邀出席招待会。应邀出席招待会的还有政府各部门、各人民团体、各民主党派的负责人，北京市的负责人廖承志、叶季壮、刘宁一、杨秀峰、沈雁冰、李德全、许德珩、姬鹏飞、吴德峰、楚图南、许广平、史良、章蕴、吴晗、阿旺嘉措等。越南民主共和国驻中国大使陈子平，其他社会主义国家以

① 本条引自 1964 年 12 月 20 日《人民日报》第一版。

及亚洲和非洲国家驻中国的使节，以及其他来自亚洲、非洲、拉丁美洲国家的友人，也应邀出席了招待会。]

12月21日晚 吴晗出席阿联驻我国大使伊马姆和夫人为阿齐兹·西德基副总理访华举行的宴会。[①]

[按：阿拉伯联合共和国驻我国大使伊马姆和夫人为阿齐兹·西德基副总理访华举行宴会。周恩来总理，陈毅副总理，薄一波副总理和夫人，应邀出席宴会。应邀出席宴会的，还有叶季壮、章汉夫、方毅、雷任民、杨琳、丁西林、史良、吴晗、张铁生，以及其他有关方面的负责人。]

12月22日上午 吴晗到机场欢送阿联工业经济代表团离京前往上海参观访问。[②]

[按：阿拉伯联合共和国副总理阿齐兹·西德基和夫人，以及由西德基副总理率领的阿联工业经济代表团乘专机离开北京前往上海参观访问。薄一波副总理和夫人，以及首都各界数百人，到机场欢送。到机场欢送的，还有叶季壮、章汉夫、方毅、丁西林、史良、吴晗、张铁生等有关方面的负责人。阿联驻中国大使伊马姆和夫人，阿拉伯国家和非洲国家驻中国的使节，也到机场欢送。]

---

① 本条引自1964年12月22日《人民日报》第二版。

② 本条引自1964年12月23日《人民日报》第三版。

一九六五年

1月2日 吴晗到机场欢迎尼泊尔友好代表团。[①]

[按:应邀来我国访问的尼泊尔友好代表团,在尼泊尔动力和灌溉大臣普拉丹率领下乘飞机到达北京。到机场欢迎的有中尼友协副会长吴晗等。尼泊尔驻华大使凯谢尔·巴哈杜尔也到机场迎接。]

1月3日晚 吴晗设宴欢迎尼泊尔客人。[②]

[按:吴晗设宴欢迎尼泊尔动力和灌溉大臣普拉丹率领下的尼泊尔友好代表团全体贵宾。]

1月7日下午 吴晗陪同刘少奇接见尼泊尔友好代表团。[③]

[按:刘少奇主席接见尼泊尔动力和灌溉大臣普拉丹和由他率领的尼泊尔友好代表团团员图拉达尔、坎沙卡尔、马

---

① 本条引自1965年1月4日《人民日报》第三版。

② 本条引自1965年1月4日《人民日报》第三版。

③ 本条引自1965年1月8日《人民日报》第一版。

南达尔，同他们进行了亲切友好的谈话。接见时在座的有楚图南、吴晗、钱正英等。尼泊尔驻中国大使凯谢尔·巴哈杜尔也在座。]

1月8日下午 吴晗出席并主持尼泊尔经济及文化建设情况的报告会。①

[按：中国尼泊尔友好协会举行报告会，邀请正在我国访问的尼泊尔友好代表团团长、尼泊尔动力和灌溉大臣普拉丹向首都各界300多人作关于尼泊尔经济及文化建设情况的报告。普拉丹大臣在报告中介绍了尼泊尔人民在建设中所取得的成就，并且热情地赞扬了中尼两国人民在经济文化方面的友好往来和传统友谊。中尼友协副会长吴晗主持报告会。]

1月11日晚 吴晗出席对外文化联络委员会、中国尼泊尔友好协会举行的欢送尼泊尔友好代表团的宴会。②

[按：对外文化联络委员会、中国尼泊尔友好协会举行宴会，欢送以尼泊尔动力和灌溉大臣普拉丹为首的尼泊尔友好代表团。出席宴会的有对外文委主任张奚若，中尼友协副会长吴晗、周叔迦，以及各有关方面负责人钱正英、张彤、张亦桦、石钟等。]

---

① 本条引自1965年1月10日《人民日报》第四版。

② 本条引自1965年1月12日《人民日报》第四版。

2月8日晚 吴晗出席朝鲜驻中国大使馆武官崔济荣上校举行的庆祝朝鲜人民军建军17周年的招待会。[①]

[按:朝鲜驻中国大使馆武官崔济荣上校举行招待会,热烈庆祝朝鲜人民军建军17周年。国务院副总理贺龙元帅,国务院副总理兼中国人民解放军总参谋长罗瑞卿大将,应邀出席了招待会。应邀出席招待会的还有杨成武、李天佑、杨勇、李聚奎、李志民、廖汉生、梁必业、萧向荣、刘少文、刘道生、徐深吉等中国人民解放军高级将领。我国有关方面负责人韩念龙、李强、李应吉、曹瑛、刘寅、朱光、杨绍曾、吴晗、老舍、魏传统等,也应邀出席。朝鲜驻中国大使馆临时代办郑凤珪,各国驻华使节和武官,也出席了招待会。]

2月9日下午 吴晗参加首都各界支持越南人民反对美帝国主义新的武装侵略,祝贺越南军民反击美国强盗取得的辉煌战果的示威游行。[②]

[按:下午4点,全国政协、各民主党派和无党派民主人士、各人民团体的负责人以及宗教界人士前往越南驻中国大使馆,表示全力支持越南人民反对美帝国主义新的武装侵略,热烈祝贺英勇的越南军民在反击美国强盗的斗争中所取得的辉煌战果。参加示威游行的有杨明轩、黄炎培、陈

---

① 本条引自1965年2月9日《人民日报》第二版。

② 本条引自1965年2月10日《人民日报》第三版及北京市档案馆档案号为127—001—00192档案。

叔通、张奚若、季方、许德珩、史良、高崇民、胡愈之、楚图南、李烛尘、胡子昂、王芸生、茅以升、荣毅仁、乐松生等。北京市各民主党派、各人民团体的负责人吴晗、张成刚、浦洁修和韩凯等也参加了示威游行。吴晗代表北京市各界人民团体向越南驻华临时代办递交了支持信。]

2月10日上午 吴晗出席首都150万人声讨美国武装侵犯越南的滔天罪行的集会。①

[按:首都150万人在天安门广场举行集会,声讨美国武装侵犯越南的滔天罪行。毛泽东主席,刘少奇主席,党和国家的其他领导人周恩来、邓小平、彭真、陈毅、李富春、贺龙、李先念、陆定一、康生、薄一波、罗瑞卿、杨尚昆、郭沫若、黄炎培、陈叔通、杨明轩、林枫、刘宁一、阿沛·阿旺晋美等,同首都各界八十多万人一道,参加了今天上午在天安门广场举行的群众集会。参加今天大会的,还有政协全国委员会副主席徐冰、高崇民、李四光、沈雁冰、李烛尘、李德全,国防委员会副主席傅作义,各民主党派和各人民团体的负责人蔡廷锴、史良、季方、黄鼎臣、茅以升、廖承志、王芸生、区棠亮、伍绍祖,中国人民解放军高级将领萧劲光、王树声、许光达、廖汉生、杨成武、杨勇、李天佑、刘志坚、梁必业、李聚奎、刘震、萧向荣、吴克华,北京市的负责人万里、吴晗、范瑾等,也参加了大会。]

---

① 本条引自1965年2月11日《人民日报》《北京日报》第一版。

2月17日下午 吴晗出席中国尼泊尔友好协会举行的庆祝尼泊尔王国民主日的酒会。[1]

[按:中国尼泊尔友好协会举行酒会,热烈庆祝尼泊尔王国民主日。尼泊尔驻中国大使凯谢尔·巴哈杜尔和夫人,使馆官员,以及在北京的其他尼泊尔朋友,应邀出席酒会。在洋溢着友好气氛的酒会上,中尼友协副会长吴晗和巴哈杜尔大使先后讲话,共同祝愿中尼两国人民的深厚友谊不断巩固和发展。出席酒会的还有外交部副部长韩念龙,对外文委副主任丁西林,文化部副部长胡愈之等。]

2月20日下午 吴晗出席首都各界举行欢迎坦桑尼亚联合共和国总统朱利叶斯·克·尼雷尔总统和夫人、庆祝我国和坦桑尼亚友好条约签订的集会。[2]

[按:首都各界1万多人在人民大会堂隆重举行集会,热烈欢迎坦桑尼亚联合共和国总统朱利叶斯·克·尼雷尔总统和夫人,热烈庆祝中华人民共和国和坦桑尼亚联合共和国友好条约签订。刘主席和夫人、周总理、彭市长和夫人、陈副总理、郭副委员长出席大会。出席大会的,还有政协全国委员会副主席高崇民,国防委员会副主席蔡廷锴,以及政府各部门、人民团体和北京市的负责人,中国人民解放军的将军们。他们当中有方毅、张奚若、张爱萍、乔冠华、卢

---

① 本条引自1965年2月18日《人民日报》第三版。

② 本条引自1965年2月21日《人民日报》第一版。

绪章、陈忠经、张铁生、万里、吴晗、范瑾、乐松生，中国驻坦桑尼亚大使何英。坦桑尼亚驻中国大使哈基·特瓦·赛义德·特瓦，在北京的坦桑尼亚朋友，各国驻中国的使节，出席了大会。吴晗应邀在主席台前排就坐。]

3月5日下午 吴晗出席首都各界欢迎巴基斯坦伊斯兰共和国总统穆罕默德·阿尤布·汗元帅的集会。[①]

[按：首都各界1万人在人民大会堂隆重集会，热烈欢迎巴基斯坦伊斯兰共和国总统穆罕默德·阿尤布·汗元帅。国家主席刘少奇，国务院总理周恩来，北京市市长彭真和夫人张洁清，国务院副总理陈毅和夫人张茜，全国人民代表大会常务委员会副委员长林枫，出席了欢迎大会。参加今天大会的，还有政协全国委员会副主席高崇民，国防委员会副主席蔡廷锴，以及政府有关部门、人民团体和北京市的负责人张奚若、蒋光鼐、韩念龙、万里、吴晗、乐松生、方石珊，中国驻巴基斯坦大使丁国钰和夫人常乃志。巴基斯坦驻中国大使罗查和夫人，在北京的巴基斯坦和其他亚非国家的朋友，出席了大会。]

3月6日 吴晗随周恩来、陈毅陪同阿尤布·汗总统游览八达岭长城。[②]

---

① 本条引自1965年3月6日《人民日报》第一版。

② 本条引自1965年3月7日《人民日报》第四版。

［按：巴基斯坦总统阿尤布·汗，总统的女儿奥兰泽布夫人，外交部长布托和夫人等贵宾，由国务院总理周恩来、副总理陈毅等陪同游览八达岭长城。同游的北京市副市长吴晗向阿尤布·汗总统作了有关长城历史的介绍。］

3月8日上午 吴晗等乘机去非洲访问。[①]

［按：由人大常委会副委员长刘宁一率领的全国人民代表大会代表团，乘飞机离开北京前往一些非洲国家进行友好访问。代表团团员有：马青年、王光伟、连贯、吴茂荪、吴晗、金直夫、胡子昂、黄甘英。到机场送行的，有人大常委会副委员长彭真、郭沫若、杨明轩，国务院副总理薄一波，政协全国委员会副主席高崇民，国务院外事办公室副主任廖承志，外交部副部长乔冠华，人大常委会部分委员，以及政府其他有关部门、民主党派、人民团体和北京市的负责人。马里驻中国大使比拉马·特拉奥雷，加纳驻中国大使乔—菲奥·麦耶，刚果（布）驻中国大使阿方斯·贝约纳，几内亚驻中国大使馆临时代办邦古拉·莫莫等也到机场送行。］

3月10日 吴晗在马里的锡加索市为谌介国题诗。[②]

［按：吴晗随代表团在马里共和国锡加索市参观茶园。当时受中央对外经委和农业部派遣去马里共和国执行中马

---

① 本条引自1965年3月9日《人民日报》第一版。

② 本条引自1993年第1期《茶叶通讯》。

科技合作协议，从事茶树的试种和茶叶生产的指导工作的谌介国同志向代表团作了有关在马里种植的有关情况汇报。听完汇报后，吴晗兴高采烈地对谌介国说："专家，拿笔墨来，给你题词留念。"然后，吴晗就在一张16开的白纸上写下了："参观马里锡加浆茶园留赠谌介国同志　新从中国植名茶，斩荆除棘育幼芽。中马一家情谊重，逢人乐道锡加浆。吴晗　一九六五年三月十日　"

此处的锡加浆是吴晗将锡加索(SiKasso)译为锡加浆了。]

4月7日至8日　吴晗访问加纳第二大城市库马西。[①]

[按：全国人大代表团在加纳部长级议会秘书科努以及中国大使黄华和夫人陪同下，访问了加纳第二大城市库马西，并于8日下午回到阿克拉。]

4月8日下午　吴晗和刘宁一、王平一起拜会加纳总统恩克鲁玛。[②]

[按：中国全国人民代表大会代表团团长刘宁一、副团长王平和代表团团员今天下午拜会了加纳总统恩克鲁玛。他们进行了亲切友好的谈话。拜会时在座的有加纳部长级国民议会秘书汤普森和科努，中国驻加纳大使黄华也在场。]

---

① 本条引自1965年4月11日《人民日报》第五版。

② 本条引自1965年4月11日《人民日报》第五版。

4 月 8 日晚　吴晗出席中国驻加纳大使黄华和夫人为中国人大代表团举行的宴会。①

[按：中国驻加纳大使黄华和夫人为中国全国人民代表大会代表团访问加纳举行盛大宴会。120 多位客人出席了宴会，其中包括加纳议会领袖、政府部长、议员和其他国家外交使节。]

4 月 9 日晨　吴晗在加纳黑星广场的战争纪念碑前献花圈。②

[按：刘宁一、王平和代表团成员由中国驻加纳大使黄华陪同，在黑星广场的战争纪念碑前献了花圈。]

4 月 9 日上午　吴晗访问加纳执政党人民大会党的总部。③

[按：全国人大代表团成员由中国驻加纳大使黄华陪同，访问了加纳执政党人民大会党的总部。在场的有党总部行政书记恩托苏奥、农民和合作社部部长麦克里恩、青年部部长邓肯—威廉斯和加纳全国妇女理事会总书记玛格丽特·玛尔泰夫人。]

4 月 9 日晚　吴晗随人大代表团乘飞机离开加纳的阿克拉前往开罗访问。④

---

① 本条引自 1965 年 4 月 11 日《人民日报》第五版。

② 本条引自 1965 年 4 月 11 日《人民日报》第五版。

③ 本条引自 1965 年 4 月 11 日《人民日报》第五版。

④ 本条引自 1965 年 4 月 11 日《人民日报》第五版。

[按:全国人大代表团在加纳进行了五天的友好访问后,离开阿克拉前往开罗。到机场热烈欢送代表团的有加纳国民议会议长约·里·阿塞杜,国防部长、人民大会党议会领袖科菲·巴科,社会福利部长苏萨纳·哈桑夫人,部长级国民议会秘书汤普森和科努,世界著名的已故美国黑人学者杜波依斯的夫人歇莉·格雷姆·杜波依斯,全非工会联合会总书记特特加。加纳工会大会和其他组织的许多干部在机场等着向代表团告别。到机场送行的还有中国大使黄华和中国大使馆人员,其他国家的外交使节们,在阿克拉的中国专家和华侨的代表。]

4月21日 吴晗到机场欢迎在巴西遭受迫害的我9位贸易、新闻工作者回国。[①][②]

---

① 本条引自1965年4月22日《人民日报》第一版。

② 巴西胜利归来的九位同志 1964年3月31日深夜至4月1日凌晨,巴西发生了政变,亲美反共的巴西军人上台。在巴西的9个中国人全部被投入监狱。在狱中,巴西当局为了套取所谓的“罪证”,对9位同志进行刑讯逼供,巴西当局还使出卑鄙的两手:一是阴谋劫持我方人员去台湾;二是企图以在华关押的美国间谍交换我方被扣人员。为了粉碎敌人的阴谋,9名同志开始集体绝食。9人商定宁死不去台湾。4月6日晚,巴西当局被迫撤消了将9人送往台湾的决定。王唯真9人在巴西被捕的消息传回国内,中国外交部在4月12日、14日接连就此事向巴西当局提出了严重抗议,国内各社会团体也掀起了声势浩大的声援浪潮。世界各国的社会团体、知名人士也纷纷发表声明,要求巴西政变当局释放无辜被捕的中国人。1965年4月17日,经过9位同志的英勇斗争,巴西政府匆匆为自己找了个下台阶,宣布将9位中国人“驱逐出境”。王唯真等9名中国同志在巴西的黑牢里被监禁长达一年之后,终于于1965年4月20日回到北京。

[按:在巴西遭受迫害的我9位贸易、新闻工作者,回到了祖国的首都。首都各界数千人在机场上热烈欢呼他们胜利归来。在机场欢迎的有中共中央政治局委员、国务院副总理李先念,陈叔通副委员长,九同志所属单位对外贸易部、中国国际贸易促进委员会和新华通讯社的负责人南汉宸、林海云、吴冷西,以及其他各方面的负责人张奚若、姬鹏飞、楚图南、张友渔、赵朴初、康永和、曹孟君、王照华、吴晗等。世界五大洲30多个国家在北京的专家、贸易界人士、新闻界人士和其他各方面的国际友人,以及柬埔寨驻中国大使张岗,今天也来到北京机场,迎接从巴西归来的我国贸易和新闻工作者。]

4月24日 吴晗出席首都欢迎从巴西胜利归来的九位同志的大会。[①]

[按:首都欢迎从巴西胜利归来的九位同志的大会在人民大会堂举行。欢迎大会由北京市副市长万里主持。陆定一副总理代表党、政府和全国人民,向九位同志表示亲切慰问,并号召大家学习他们坚贞不屈的革命气节。中国国际贸易促进委员会主席南汉宸,代表中国国际贸易促进委员会、中华全国新闻工作者协会和新华通讯社,也在会上讲了话。参加大会的有国务院副总理李先念,各方面的负责人高崇民、李一氓、姬鹏飞、林海云、吴冷西、楚图南、马纯古、张友渔、沈兹九、王照华、范瑾、吴晗等。]

---

① 本条引自1965年4月25日《人民日报》第一版。

4月27日下午　吴晗出席中国尼泊尔友好协会举行的庆祝中国和尼泊尔王国和平友好条约签订5周年的招待会。[①]

[按:中国尼泊尔友好协会举行招待会,热烈庆祝中国和尼泊尔王国和平友好条约签订5周年。招待会上洋溢着热烈友好的气氛。郭沫若副委员长以及有关方面负责人姬鹏飞、楚图南、谢怀德、吴晗等,同尼泊尔大使馆临时代办巴斯尼亚特,以及使馆其他人员和尼泊尔留学生亲切交谈,互祝两国友好关系不断发展。吴晗在招待会上发表讲话,吴晗说:"中尼两国人民的友谊是蒸蒸日上的,是任何力量都破坏不了的。在两国政府和人民的共同努力下,中尼两国人民深厚友情之花将越开越鲜艳。"]

4月28日中午　吴晗到机场欢迎加纳政府代表团抵京。[②]

[按:由外交部长科佐·博齐约率领的加纳共和国政府代表团从广州乘专机到达北京。国务院副总理兼外交部长陈毅,有关方面负责人张奚若、姬鹏飞、李应吉、傅生麟、徐光霄、萧向荣、连贯、张铁生、吴晗等,以及首都各界群众数千人,到机场热烈欢迎贵宾。各国驻华使节,加纳驻华大使馆外交官员,也到机场迎接。]

4月29日下午　吴晗出席"美国侵略者从越南滚出去"图

① 本条引自1965年4月28日《人民日报》第五版。
② 本条引自1965年4月29日《人民日报》第一版。

片展览开幕式。[①]

［按："美国侵略者从越南滚出去"图片展览在北京展览馆开幕。全国人大常委会副委员长、中国人民保卫世界和平委员会主席郭沫若，政协全国委员会副主席高崇民，各有关方面负责人张奚若、韩念龙、孙晓村、吴晗，以及首都各界群众1千多人出席开幕式。越南民主共和国驻中国大使陈子平、大使馆参赞黄北，越南南方民族解放阵线常驻中国代表团代理团长阮明芳，以陈怀南为首的越南南方劳动解放协会代表团，以及在北京的其他越南朋友，应邀出席开幕式，同首都群众一起观看了展览图片。］

4月29日晚 吴晗出席周恩来总理举行的欢迎加纳政府代表团的宴会。[②]

［按：周恩来总理举行宴会欢迎以外交部长科佐·博齐约为首的加纳政府代表团。出席宴会作陪的有张奚若、姬鹏飞、李一氓、傅生麟、李应吉、徐光霄、陈忠经、萧向荣、张铁生、吴晗等各方面的负责人。加纳驻中国大使乔·菲奥·麦耶，在北京的其他加纳外宾，各国驻中国的使节，应邀出席宴会。］

---

① 本条引自1965年4月30日《人民日报》第五版。

② 本条引自1965年4月30日《人民日报》第一版。

5月2日晚 吴晗出席加纳政府代表团举行的告别宴会。①

[按:加纳共和国政府代表团团长、加纳外交部长科佐·博齐约在北京举行告别宴会。周恩来总理、刘宁一副委员长应邀出席宴会。应邀出席宴会的,有张奚若、姬鹏飞、傅生麟、李应吉、徐光霄、陈忠经、萧向荣、张铁生、吴晗等有关方面的负责人。加纳驻中国大使乔—菲奥·麦耶,各国驻中国的使节,在北京的非洲朋友,出席了宴会。]

5月3日上午 吴晗到机场欢送加纳政府代表团离京回国。②

[按:由外交部长科佐·博齐约率领的加纳政府代表团,结束了在中国的参观访问乘飞机离开我国。周恩来总理,各方面负责人张奚若、姬鹏飞、李应吉、傅生麟、徐光霄、陈忠经、萧向荣、张铁生、吴晗以及首都各界数千人到机场欢送贵宾。加纳驻华大使乔—菲奥·麦耶,各国驻华使节,也到机场欢送。]

5月4日下午 吴晗出席首都工人坚决支持越南人民抗美救国的伟大斗争集会。③

[按:1万多名工人在人民大会堂举行盛大集会,表示坚决支持越南人民抗美救国的伟大斗争。国务院总理周恩

---

① 本条引自1965年5月3日《人民日报》第一版。

② 本条引自1965年5月4日《人民日报》第二版。

③ 本条引自1965年5月5日《人民日报》第一版。

来，人大常委会副委员长彭真、郭沫若，同在北京的越南同志以及来自世界五大洲30多个国家和地区的工会代表团和代表们一起，出席了大会。中华全国总工会主席刘宁一，越南南方解放工会联合会代表团团长陈怀南，越南总工会代表团团长杜道潜在大会上讲了话。大会是由中华全国总工会和北京市总工会联合召开的。这两个单位的负责人朱学范、陈少敏、马纯古、张维桢、顾大椿、康永和、张天民、赵国强、黄民伟、彭思明、王瑛璞，其他有关部门的负责人蔡畅、韩念龙、孙晓村、吴晗等，也参加了大会。]

5月9日下午　吴晗出席首都各界庆祝反法西斯战争胜利20周年暨庆祝德国人民和捷克斯洛伐克人民解放20周年集会。①

[按：首都各界一千五百多人隆重集会，热烈庆祝反法西斯战争胜利20周年，热烈庆祝德国人民和捷克斯洛伐克人民解放20周年。中共中央政治局委员、国务院副总理贺龙元帅等出席了大会。郭沫若副委员长在大会上发表长篇讲话。大会由中国人民解放军总政治部副主任刘志坚主持。政协全国委员会副主席李四光、沈雁冰，国防委员会副主席张治中，以及有关方面负责人刘晓、伍修权、杨成武、陈忠经、李强、武衡、竺可桢、许广平、吴晗等，出席了大会。各国驻华使节，苏联、德意志民主共和国、捷克斯洛伐克3个国家在北京的客人，应邀出席大会。]

① 本条引自1965年5月10日《人民日报》第一版。

5月12日下午 吴晗出席首都各界强烈抗议和严厉声讨美帝国主义武装侵略多米尼加的滔天罪行集会和示威游行。①

[按:首都各界10万人冒雨在北京工人体育场举行盛大集会和示威游行,强烈抗议和严厉声讨美帝国主义武装侵略多米尼加的滔天罪行。国家主席刘少奇,全国人民代表大会常务委员会委员长朱德,国务院总理周恩来,中共中央总书记邓小平,以及彭真、李富春、贺龙、康生、薄一波、罗瑞卿、陈叔通、杨明轩、张治中等领导人,参加了今天的大会。中国人民保卫世界和平委员会主席郭沫若主持今天的大会。参加今天大会的,还有政协全国委员会副主席高崇民、李四光,国防委员会副主席叶剑英、傅作义、蔡廷锴,以及蔡畅、陈少敏、张奚若、楚图南、李一氓、乔冠华、胡愈之、吴晗、连贯、张友渔、舒舍予、刘芝明、王芸生、崔月犁、王照华、伍绍祖等有关方面的负责人。]

5月21日晚 吴晗出席连贯举行的欢迎前来我国进行友好访问的秘鲁众议员、人民行动党前总书记马里奥·比利亚兰·里维拉等一行的宴会。②

[按:中国人民外交学会副会长连贯设宴欢迎前来我国进行友好访问的秘鲁众议员、人民行动党前总书记马里奥·比利亚兰·里维拉,众议员卡洛斯·萨莫拉·佩苏亚和

---

① 本条引自1965年5月13日《人民日报》第一版。

② 本条引自1965年5月22日《人民日报》第五版。

众议员海梅·塞鲁托·弗洛雷斯。出席宴会的,有吴晗、金城、赵伯平、李琦涛、王荫圃等。]

5月31日下午 吴晗出席蒙古驻中国大使馆临时代办达赉举行的庆祝蒙古国和我国友好互助条约签订5周年的酒会。[①]

[按:蒙古驻中国大使馆临时代办达赉举行酒会,庆祝蒙古人民共和国和中华人民共和国友好互助条约签订5周年。陈毅副总理出席了酒会,并在会上致词。他祝中蒙两国人民的友谊和友好合作关系进一步发展。达赉临时代办在酒会开始时致词,他提议为蒙中两国人民的兄弟友谊干杯。应邀出席酒会的,还有韩念龙、楚图南、李强、杨琳、石志仁、吴有训、吴晗、曹禺等各方面的负责人。]

6月5日中午 吴晗出席陈毅举行的欢迎阿尔及利亚代表团的宴会。[②]

[按:国务院副总理兼外交部长陈毅举行宴会,阿尔及利亚国民议会外交事务委员会主席穆罕默德·亚齐德以及由他率领的阿尔及利亚代表团。出席宴会作陪的有各方面的负责人乔冠华、陈忠经、吴晗、张铁生、章文晋、刘希文、勇龙桂、朱子奇等。阿尔及利亚驻中国大使馆临时代办胡利应邀出席了宴会。]

---

① 本条引自1965年6月1日《人民日报》第三版。

② 本条引自1965年6月6日《人民日报》第一版。

6月5日晚 吴晗出席丹麦驻中国大使馆临时代办卡柏尔举行的庆祝丹麦王国宪法日的招待会。①

［按:丹麦驻中国大使馆临时代办卡柏尔举行招待会,庆祝丹麦王国宪法日。国务院副总理陈毅、全国人民代表大会常务委员会副委员长林枫,以及有关方面负责人罗贵波、林海云、楚图南、吴晗等出席了招待会。各国驻华使节也出席了招待会。］

6月7日晚 吴晗出席瑞典王国驻中国大使佩特里举行的庆祝瑞典国旗日的招待会。②

［按:瑞典王国驻中国大使佩特里举行招待会,庆祝瑞典国旗日。陈毅副总理、陈叔通副委员长以及有关方面负责人楚图南、林海云、罗贵波、吴晗、董越千等应邀出席了招待会。佩特里大使和陈毅副总理先后在招待会上祝酒,共祝中瑞两国的友好合作关系进一步发展。各国驻中国外交使节应邀出席了招待会。］

6月12日下午 吴晗出席英国驻中国代办霍普森举行的庆祝英国女王伊丽莎白二世诞辰的招待会。③

［按:英国驻中国代办霍普森举行招待会,庆祝英国女

---

① 本条引自1965年6月6日《人民日报》第一版。

② 本条引自1965年6月8日《人民日报》第一版。

③ 本条引自1965年6月13日《人民日报》第四版。

王伊丽莎白二世诞辰。外交部副部长罗贵波，有关方面负责人林海云、楚图南、吴晗、竺可桢等，应邀出席了招待会。出席招待会的还有各国驻中国的使节。]

6月23日下午 吴晗到机场欢迎朝鲜人民代表团抵京。[①]

[按：由朝鲜最高人民会议常任委员会副委员长、朝鲜拥护和平全国民族委员会委员长康良煜率领的朝鲜人民代表团，应邀前来我国参加纪念“六·二五”朝鲜祖国解放战争15周年和支持朝鲜人民反美斗争月活动，乘专机到达北京。全国人大常委会副委员长陈叔通，全国人民代表大会常务委员会副委员长、中国人民保卫世界和平委员会副主席、中国亚非团结委员会副主席刘宁一，以及首都各界2000人，到机场热烈欢迎朝鲜贵宾。今天到机场欢迎的还有各有关方面负责人：楚图南、韩念龙、唐天际、魏传统、朱学范、刘清扬、刘季平、吴晗、胡启立、伍绍祖等。朝鲜驻中国大使朴世昌，越南驻中国大使陈子平，也到机场迎接。]

6月25日下午 吴晗陪同董必武等接见朝鲜人民代表团全体成员。[②]

[按：董必武、邓小平、彭真、康生、刘宁一接见朝鲜最高人民会议常任委员会副委员长、朝鲜拥护和平全国民族委

① 本条引自1965年6月24日《人民日报》第二版。

② 本条引自1965年6月26日《人民日报》第一版。

员会委员长康良煜，和由他率领的朝鲜人民代表团全体成员，同他们进行了亲切友好的谈话。接见时在座的有楚图南、韩念龙、吴晗、刘清扬、胡启立、伍绍祖等。朝鲜驻中国大使朴世昌也在座。]

6月25日下午 吴晗出席首都各界纪念“六·二五”朝鲜祖国解放战争15周年和支持朝鲜人民反美斗争月大会。①

[按：首都各界8千多人在北京体育馆隆重举行纪念“六·二五”朝鲜祖国解放战争15周年和支持朝鲜人民反美斗争月大会。董必武副主席，邓小平代总理，彭真、康生、刘宁一副委员长出席了大会。政协全国委员会副主席高崇民，国防委员会副主席蔡廷锴，以及有关方面负责人杨勇、楚图南、韩念龙、李昌、魏传统、刘清扬、吴晗、狄子才、胡启立、伍绍祖等，出席了大会。应邀出席大会的，还有在北京的其他朝鲜同志，社会主义国家和亚非国家驻中国的使节。]

6月26日下午 吴晗出席芬兰驻中国大使馆临时代办沙格兰为庆祝芬兰国旗日举行的招待会。②

[按：芬兰驻中国大使馆临时代办沙格兰举行招待会，庆祝芬兰国旗日。全国人大常委会副委员长林枫，有关方面负责人罗贵波、丁西林、杨浩庐、吴有训、吴晗等，应邀出

① 本条引自1965年6月26日《人民日报》第一版。

② 本条引自1965年6月27日《人民日报》第一版。

席招待会。沙格兰和我国外交部副部长罗贵波在招待会上举杯,共祝中芬两国之间的友好关系进一步加强。出席招待会的还有各国驻华使节。]

6月30日 吴晗为调整后的中国人民保卫世界和平委员会副主席。①

[按:中国人民保卫世界和平委员会、中国亚非团结委员会以及其它各人民团体的代表,今天举行联席会议,经过讨论,决定调整中国人民保卫世界和平委员会、中国亚非团结委员会的组织机构和领导成员。会议通过中国人民保卫世界和平委员会的主席是郭沫若,副主席是廖承志、刘宁一、陈叔通、赵毅敏、李昌、李一氓、孟用潜、金仲华、周培源、赵朴初、吴晗、唐明照、区棠亮(女)、杨蕴玉(女)、郑森禹、李储文、王照华、杨骥。]

7月14日下午 吴晗出席首都各界欢迎阿波洛·密尔顿·奥博特总理和全体乌干达贵宾集会。②

[按:首都各界1万6千多人在北京工人体育馆隆重举行盛大集会,热烈欢迎阿波洛·密尔顿·奥博特总理和全体乌干达贵宾。周恩来总理,彭真市长,谢富治副总理,郭沫若、杨明轩副委员长等国家领导人,出席了大会。参加今

---

① 本条引自1965年7月1日《人民日报》第一版。

② 本条引自1965年7月15日《人民日报》第一版。

天大会的，还有外交部副部长姬鹏飞，北京市副市长吴晗、范瑾、王纯、崔月犁、乐松生，中国驻乌干达大使陈志方，以及北京市各方面的负责人。大会结束后，首都文艺工作者为乌干达贵宾表演了中乌两国的精彩歌舞音乐节目。]

7月15日下午 吴晗出席首都各界欢迎越南国会访华友好代表团集会。①

[按：首都各界1万6千多人在北京工人体育馆举行的隆重集会，欢迎以黄文欢同志为首的越南国会访华友好代表团全体同志。朱德委员长，郭沫若、陈叔通、林枫副委员长，彭真市长，罗瑞卿、谢富治副总理等国家领导人，出席了今天的大会。参加今天大会的，还有外交部副部长韩念龙，中越友好协会会长杨秀峰，北京市副市长万里、吴晗、范瑾、乐松生，以及人大常委会部分委员和北京市各方面的负责人。]

7月18日 吴晗到机场欢迎印度尼西亚和平代表团和日本和平代表团抵京。②

[按：应中国人民保卫世界和平委员会邀请来中国访问的印度尼西亚和平代表团萨拉瓦第夫人等11人，日本和平代表团田万清臣等4人，乘飞机到达北京。前往机场欢迎的，有中国人民保卫世界和平委员会副主席吴晗，各人民团

① 本条引自1965年7月16日《人民日报》第一版。

② 本条引自1965年7月20日《人民日报》第四版。

体负责人沈兹九、周叔迦、王传斌、胡耐秋、杨润身、王良、王晓云、张复生、张洁珣等。]

7月24日上午 吴晗陪同索马里总统欧斯曼游览北京动物园。[①]

[按:索马里总统欧斯曼由吴晗陪同,游览了北京动物园。下午由李先念和荣毅仁陪同,参观了北京国棉二厂。]

8月2日下午 吴晗出席瑞士驻中国大使凯乐为瑞士联邦国庆举行的招待会。[②]

[按:瑞士驻中国大使凯乐为瑞士联邦国庆在大使馆举行招待会。陈毅副总理,林枫副委员长,外交部副部长罗贵波,以及有关方面负责人楚图南、杨浩庐、吴晗等,应邀出席招待会。凯乐大使和陈毅副总理在招待会上致词。他们祝中瑞两国的关系继续发展。各国驻中国的使节出席了招待会。]

8月18日下午 吴晗到机场欢迎几内亚政府代表团抵京。[③]

[按:由几内亚邮电部部长阿拉萨纳·迪奥普率领的几内亚政府代表团,应邀来我国进行友好访问乘飞机到达北

---

① 本条引自1965年7月25日《人民日报》第一版。

② 本条引自《人民日报》1965年8月3日第一版。

③ 本条引自《人民日报》1965年8月19日第一版。

京。李先念副总理，邮电部部长朱学范，外交部副部长姬鹏飞，其他有关方面的负责人汪道涵、钟夫翔和夫人，以及吴晗、张铁生等，到机场热烈欢迎贵宾。到机场欢迎的，还有我国驻几内亚大使柴泽民和夫人，几内亚驻中国大使卡马拉·马马迪，以及非洲国家驻中国的使节和外交官员。]

8月18日下午 吴晗到机场欢迎赞比亚政府代表团抵京。①

［按：赞比亚共和国农业部长、议员伊利贾·穆登达和由他率领的赞比亚政府代表团，应邀来我国进行友好访问，乘飞机到达北京。到机场欢迎贵宾的有李先念副总理，外交部副部长姬鹏飞，以及各有关方面的负责人汪道涵、程照轩、林砺儒、张铁生、杨蕴玉、吴晗、刘希文等首都各界1千多人。非洲国家驻中国的使节和外交官员也到机场欢迎。]

8月25日下午 吴晗到机场欢迎尼泊尔大臣会议副主席基尔提·尼迪·比斯塔和夫人抵京。②

［按：尼泊尔大臣会议副主席兼外交、土地改革、粮食和农业大臣基尔提·尼迪·比斯塔和夫人，应陈毅副总理兼外交部长邀请来我国进行友好访问，乘飞机到达北京。陈毅和夫人张茜，方毅，韩念龙和夫人王珍，王树声，杨浩庐，丁西林，吴晗以及首都各界1千余人到机场热烈欢迎。]

---

① 本条引自《人民日报》1965年8月19日第一版。

② 本条引自《人民日报》1965年8月26日第一版。

9月27日上午 吴晗到机场欢迎印度尼西亚临时人民协商会议代表团抵京。[1]

［按：印度尼西亚临时人民协商会议代表团，乘专机到达北京。朱德委员长，郭沫若、李雪峰、杨明轩、程潜、周建人副委员长，薄一波副总理，政协全国委员会副主席沈雁冰等，到机场欢迎印度尼西亚贵宾。到机场欢迎贵宾的，还有人大常委会委员、政府有关部门、各人民团体、民主党派、中国人民解放军和北京市的负责人韩念龙、彭绍辉、史良、胡子昂、许广平、季方、许德珩、陈其尤、刘清扬、胡愈之、吴晗等首都各界数千人到机场欢迎。正在北京访问的印度尼西亚体育部长马拉迪，印度尼西亚驻中国大使查禾多，朝鲜民主主义人民共和国驻中国大使朴世昌等，也到机场欢迎。］

9月30日下午 吴晗到机场欢迎北加里曼丹统一邦政府参加中华人民共和国16周年国庆代表团抵京。[2]

［按：由阿里芬·马哈茂德率领的北加里曼丹统一邦政府参加中华人民共和国16周年国庆代表团，乘飞机到达北京。贵宾们在机场上受到了外交学会会长张奚若、中国亚非团结委员会主席廖承志、政协全国委员会副主席沈雁冰，以及胡愈之、宦乡、吴晗、沈兹九等有关方面负责人的热烈欢迎。首都少年儿童向贵宾们献了花。］

---

① 本条引自1965年9月28日《人民日报》第一版。

② 本条引自1965年10月1日《人民日报》第六版。

9月 吴晗陪同周恩来总理和巴基斯坦总统阿尤布汗来定陵参观。

［按:周恩来总理陪同巴基斯坦总统阿尤布汗来定陵参观,随行还有吴晗等人。从地宫出来,阿尤布汗总统伸出拇指说:"这地下宫殿,有如此辉煌的建筑和气势,太伟大了!"总理脸上流露出兴奋之情:"这里有十三座帝王陵墓,每一座都是这个样子。"］

10月2日晚 吴晗出席苏尔亚迪举行的告别宴会。①

［按:印度尼西亚经济代表团团长、印度尼西亚国家预算事务部部长苏尔亚迪举行告别宴会。应邀出席宴会的中国方面负责人有李先念副总理,方毅、武衡、王光伟、刘明夫、高扬文、杨琳、杜向光、陶琦、梁昌武、贾林放、朱荣、方皋、曹鲁、邓洁、陈维稷、李超伯、于光汉、于桑、竺可桢、萧方洲、吴晗等。印度尼西亚经济代表团的成员,印度尼西亚驻中国大使查禾多和使馆官员,出席了宴会。］

10月4日上午 吴晗出席我国人大常委会和印度尼西亚临时人民协商会议联合声明签字仪式。②

［按:中华人民共和国全国人民代表大会常务委员会和印度尼西亚共和国临时人民协商会议联合声明,今天在北

---

① 本条引自1965年10月3日《人民日报》第三版。

② 本条引自1965年10月4日《人民日报》第一版。

京签字。我国全国人大常委会委员长朱德和印度尼西亚共和国临时人民协商会议主席哈鲁尔·萨勒代表双方,在联合声明上签了字。中国方面参加签字仪式的有人大常委会副委员长彭真、刘宁一、周建人,国务院副总理陈毅,人大常委会委员和各民主党派的负责人史良、陈其瑗、武新宇、罗叔章、季方、胡子昂、胡愈之、梅龚彬、吴晗、余心清、陈此生、赵伯平。]

10月4日上午 吴晗到机场欢送印度尼西亚临时人民协商会议代表团离京。[①]

[按:印度尼西亚临时人民协商会议主席哈鲁尔·萨勒和副主席阿里·沙斯特罗阿米佐约,率领印度尼西亚临时人民协商会议代表团,乘专机离开北京,前往我国南方访问。朱德委员长,周恩来总理,郭沫若、李雪峰、杨明轩、程潜副委员长,陈毅、薄一波副总理,政协全国委员会副主席沈雁冰等,到机场欢送。到机场欢送贵宾的,还有人大常委会委员和政府有关部门、中国人民解放军、人民团体、民主党派和北京市的负责人:韩念龙、彭绍辉、蔡廷锴、史良、许广平、季方、许德珩、陈其尤、刘清扬、胡愈之、吴晗等。正在北京访问的印度尼西亚国防学会代表团团长、临时人民协商会议副主席威路约·普斯波尤多,也到机场送行。]

---

① 本条引自1965年10月5日《人民日报》第一版。

10月5日下午 吴晗出席苏联驻中国大使馆为庆祝中华人民共和国成立16周年举行的电影招待会。①

[按:苏联驻中国大使馆举行电影招待会,庆祝中华人民共和国成立16周年。有关方面负责人王炳南、李琦涛、周化民、武衡、吴晗等应邀出席了招待会。苏联驻中国大使拉宾出席了招待会。]

10月21日上午 吴晗作为中国人民代表团团员应邀前往朝鲜进行友好访问。②

[按:应朝鲜民主主义人民共和国政府邀请,中国人民代表团乘专机离开北京,前往朝鲜进行友好访问,并参加朝鲜人民纪念中国人民志愿军入朝参战15周年的活动。中国人民代表团团长为杨勇,团员有王蕴瑞、吴晗、张文舟、萧丹峰、邓芳芝、廖鼎祥、丁甘如、张积慧、胡修道。到机场欢送的,有全国人民代表大会常务委员会副委员长、中国人民保卫世界和平委员会主席郭沫若,国务院副总理兼中国人民解放军总参谋长罗瑞卿,以及有关方面负责人李天佑、梁必业、王炳南、萧向荣、黄志勇、崔月犁、老舍、郑维山、陈先瑞、丁本淳、王静敏、董学林等。朝鲜驻中国大使朴世昌和夫人,以及大使馆官员也到机场欢送。]

---

① 本条引自1965年10月6日《人民日报》第四版。

② 本条引自1965年10月22日《人民日报》第一版。

11 月 5 日　吴晗出席首都各界人民热烈庆祝伟大的十月社会主义革命 48 周年集会。[①]

［按：首都各界人民今晚隆重举行集会，热烈庆祝伟大的十月社会主义革命 48 周年。中共中央政治局委员、中华人民共和国副主席董必武，中共中央政治局委员、国务院副总理陈毅，中共中央政治局候补委员、书记处书记、人大常委会副委员长康生，人大常委会副委员长郭沫若、程潜、张治中，中共中央委员、人大常委会副委员长林枫，中共中央委员、人大常委会副委员长、中苏友协总会副会长刘宁一，以及首都劳动人民、各界代表和各国来宾一千八百多人，出席了大会。参加大会的，还有廖承志、高崇民、邵力子、张奚若、王炳南、梁必业、许广平、范长江、刘芝明、邓拓、吴晗、李琦涛、黄民伟、王道义等各方面的负责人。］

11 月 15 日　吴晗出席并主持欢送日本群马县访华代表团晚宴。[②]

［按：日本群马县拥护民主主义联合会访华代表团将于 15 日晚 8 点离京回国，吴晗代表北京市政府在全聚德设宴欢送。崔月犁、孙孚凌、浦洁修等作陪。晚宴五点开始，七点半结束。］

---

① 本条引自 1965 年 11 月 6 日《人民日报》第一版。

② 本条引自北京市档案馆档案号为 127—001—00165 的档案。

11 月 16 日下午　吴晗出席首都青年欢迎前来参加中日青年友好大联欢的日本青年朋友的集会。[①]

［按：首都青年 1 万多人在人民大会堂举行盛大集会，热烈欢迎冲破美日反动派的阻挠、前来参加中日青年友好大联欢的日本青年朋友。人大常委会副委员长、中日友好协会名誉会长郭沫若，中日友好协会会长廖承志，副会长南汉宸，中国人民对外文化协会会长楚图南，北京市副市长吴晗等，出席了大会。出席今天大会的，还有各有关方面人士李梦华、张德华、沈兹九、栗树彬、林林、李文耀、钱大卫、曹锦如、伍绍祖、庄则栋、李文义、韩凯、徐荣凯等。］

11 月 18 日晚　吴晗出席彭真举行的欢迎参加中日青年友好大联欢的日本各青年代表团的宴会。[②]

［按：人大常委会副委员长、北京市市长彭真举行宴会，热烈欢迎参加中日青年友好大联欢的日本各青年代表团。人大常委会副委员长、中日友好协会名誉会长郭沫若和夫人于立群，人大常委会副委员长、中华全国总工会主席刘宁一和夫人李淑英，中日友好协会会长廖承志和夫人经普椿，彭真市长的夫人张洁清，中日青年友好大联欢各主办团体和我国其他人民团体的负责人，以及首都工人、农村人民公社社员、学生，文艺界和少数民族青年代表今晚出席了宴

① 本条引自 1965 年 11 月 17 日《人民日报》第一版。

② 本条引自 1965 年 11 月 19 日《人民日报》第一版。

会，同日本朋友欢聚。出席宴会的，还有各有关方面负责人张奚若、南汉宸、楚图南、张彦、万里、吴晗、崔月犁、胡克实、胡启立、钱大卫、李梦华、沈兹九、王晓云、伍绍祖、李文义、韩凯等。]

11 月 19 日下午 吴晗出席首都各界强烈反对“日韩条约”的集会。①②

[按：首都各界 1 万多人举行盛大集会强烈反对“日韩条约”。国务院总理周恩来，人大常委会副委员长、中国人民保卫世界和平委员会主席郭沫若，人大常委会副委员长彭真、刘宁一，政协全国委员会副主席徐冰，国防委员会副主席蔡廷锴，中日友协会长、中国亚非团结委员会主席廖承志，中国人民解放军副总参谋长李天佑，外交部副部长王炳南等，出席了大会。各方面的负责人张奚若、蒋光鼐、南汉宸、吴德峰、吴晗、竺可桢、许广平、老舍、伍云甫、区棠亮、栗树彬、赵安博、胡启立、伍绍祖等。]

---

① 本条引自 1965 年 11 月 20 日《人民日报》第一版。

② 日韩条约　即日本与南朝鲜建交条约，正式名称为《日本国与大韩民国基本关系条约》。“日韩条约”签订后，朝鲜民主主义人民共和国就此发表一系列声明，郑重宣布“日韩条约”以及南朝鲜与日本缔结的其他“条约”和“协定”是非法的。

本书参考文献

1. 1949 年至 1965 年《人民日报》

2. 1949 年至 1965 年《光明日报》

3. 1949 年至 1965 年《北京日报》

4. 常君实主编:《吴晗全集》(十卷本)第 8 卷

5. 常君实主编:《吴晗全集》(十卷本)第 9 卷

6. 常君实主编:《吴晗全集》(十卷本)第 10 卷

7. 王增如、李向东编著:《丁玲年谱长编(上卷)》

8. 吴晗著:《访苏印象》

9. 徐友春主编:《民国人物大词典》

10.《北京盟讯》第二期(1954 年 2 月)

11. 北京市档案馆档案号为 002—020—00090 的档案

12. 北京市档案馆档案号为 002—020—00091 的档案

13. 北京市档案馆档案号为 002—008—00068 的档案

14. 北京市档案馆档案号为 002—020—00095 的档案

15. 北京市档案馆档案号为 002—020—00097 的档案

16. 北京市档案馆档案号为 002—020—00098 为的档案

17. 北京市档案馆档案号为 002—010—00070 的档案

18. 北京市档案馆档案号为 002—020—00114 的档案

19. 北京市档案馆档案号为 002—020—00110 的档案

20. 北京市档案馆档案号为 002—020—00891 的档案

21. 北京市档案馆档案号为 127—001—00165 的档案

22. 王宏志、金若年著:《吴晗画传》

23. 周秋光、黄仁国著:《刘大年传》

24.《胡耀邦史料信息网》

25. 新浪军事文:《抗美援朝大事记(1953 年 1 月 ~1958 年 10 月)》

26. 中国社会科学院西亚非洲研究所网页文:《中国社会科学院西亚非洲研究所建所五十周年》

27. 中央民族大学校友网文:《中央民族学院时期 1959 ~1960 年》

28. 王宏志、闻立树主编:《怀念吴晗　百年诞辰纪念》

29. 1960 年第 1 期《北京档案史料》

30. 1993 年第 1 期《茶叶通讯》文:《吴晗关心援马种茶》

后　记

一、由于本书编纂的是有关吴晗从事外事活动的年谱，吴晗从事的其他活动（如政务活动、党派活动、学术活动、交友活动等）均未收录其中，故有时活动的时间跳动性比较大。

二、本书的按文一般都引自当时报刊的报道原文，考虑到本书的篇幅问题，对引用原文篇幅比较长的、对出席会议（或宴会等）的与会人员均做了一些删减。保留的人员一般是党和国家主要领导人、较为知名的社会人士、与吴晗有过交往的人士，对原文篇幅较短的一般就保留原文，未做删减。

三、本书谱文中的历史资料的引用出处均列入"本书参考文献"之中。本书按文中的历史资料绝大多数是引用自1949年至1965年的《人民日报》、《北京日报》、《光明日报》三家报纸，对个别引用其他报纸、杂志、图书和网上有关文献的，本书就未在"本书参考文献"中一一列出。

四、本书编者在按文中介绍吴晗在从事当时外事活动的历史背景时，大都是按照当时我国新闻媒体的报道口径予以引用、介绍的，有些事件，用现在的观点看来就不一定准确、合适了，但编者考虑到本书主要是一本历史资料性的著作，主要阅读对象是从事吴晗问题研究的学者和热心吴晗问题研究的读者，所以在按文中就保持了原来新闻媒体报道口径的原貌，敬请广大读者注意。

五、本书是从编者正在编纂、尚未完稿的《吴晗年谱》中抽出来先行出版的，目的是想尽早让广大读者熟悉、了解吴晗尚不为人知的另一面——他不仅是一位我国现代著名的历史学家，是我国杰出的明史研究专家，而且还是一位勤劳的、卓越的外事活动家，由于成书的时间较短，搜集的资料可能还不甚全面，编者在编纂《吴晗年谱》的过程中肯定还有可能搜集到其它有关吴晗从事外事活动的有关资料，等本书需要再版的时候予以增补。

跋

在《民盟历史文献》丛书付梓之际，掩卷回首，民盟先贤们的音容笑貌挥之不去，不绝如缕，久久难忘。在编辑此丛书的过程中，我们每每被他们为信仰、为理想奋斗的坚定精神所感召和感动。

人不能没有理想和信仰，一个民族也不能没有自己的理想和信仰。我们的先辈们，正是怀揣民族富强、人民福祉的赤诚之心，身先士卒、鞠躬尽瘁；凭借自身高尚的人文品格和社会良知，与中国共产党团结合作，为中国社会的前途和命运探索了一条新的宪政之路；和平、民主是人类社会的两大主题，也是中国共产党人和各民主党派所共同追求的理想。

如今，面对着他们的拳拳之心和丰功伟绩，我们感叹！赞叹！怀念！更要继承！

《民盟历史文献》在整个创作和出版过程中，得到了来自社会各界人士的关注和厚爱。我们要特别感谢为此丛书孜孜不倦地考证、核实、梳理、完善的各位专家、学者，是他们的认真严谨，才使此丛书能够客观地展现历史的真貌；更要特别感谢中共中央统战部与民盟中央给予我们的鼎力支持和重视，没有他们的指导和帮助，我们不可能完成如此厚重的出版工作任务；还要感谢各省、市、地区的民盟组织，为搜集、挖掘、抢救民盟的历史文献资料做出的不懈努力和贡献；感谢每一本书的作者，是他们的辛勤笔耕和一点一滴的忠实记录，才集成了民盟历史的全貌；感谢为此丛书付出辛劳的编辑以及所有工作人员，感谢你们辛勤的劳动和无私的奉献。

谨以此丛书献给所有伟大的民主革命先驱者；献给为共和国诞生抛洒了智慧和热血的先贤们；献给那一段筚路蓝缕、以启山林的峥嵘岁月。

《民盟历史文献》编委会